JN415999

“동서양 인문고전선독” 정오표

위치	수정전	수정후	비고
39쪽 마지막줄	사마광이 편찬한 『사마광』	사마광이 편찬한『자치통감』	오지
43쪽 5줄	28세	38세	나이가 틀렸음
43쪽 아래에서 4줄	복지하였다.	복직하였다.	오자
44쪽 6줄	보임소경서[報任安書]	보임소경서[報任安書라고도 한다]	任安이 字가 少卿
70쪽 13줄	문장을 지우려면	문장을 지으려면	오자
76쪽 감상 아래 3줄	영관女官	여관女官	오자
77쪽 감상 아래 2줄	조헌태청굽부	조헌태청궁부	오자
77쪽 ‘가도의 시’	1행 가도송하문동자	‘가도’삭제	저자 이름 중복 기재
93쪽 6줄	국자감제주國子監祭酒	국자감좨주國子監祭酒	祭酒의 관직명은 ‘좨주’임.
97쪽 ‘비평’4줄	소서강 少西山	소서산 少西山	오자
140쪽 6째줄	풀배개	풀베개	오자
163쪽 두 번째 문단 2줄	전주공리보통학교	전주공립보통학교	오자
164쪽 6줄	1930년대 … 태평양전쟁을 일으킨다.	1930년대 … 중일전쟁을 일으킨다.	1930년대에는 31년 만주사변과 37년 중일전쟁 일으켰고 태평양전쟁은 1940년대(1942년)임
164쪽 3번째 문단 4줄	휴전 후 1952년	1952년	‘휴전 후’를 삭제
178쪽 5번째 문단 첫줄	삼수(數三)	수삼(數三)	한자어는 그대로 두고 한글만 수정
232쪽 2줄	이이주스	이지어스	오자
233쪽 아래에서 9줄	헬레 나	헬레나	띄어쓰기
234쪽 아래에서 7줄	역을을	역을	‘을’ 삭제
240쪽 아래에서 3줄	셀린저[ ]	셀리저	기호 ‘[ ]’삭제
301쪽 5장	*Gunter* Grass	Günter Grass	307쪽의 귄터 그라스Günter Grass와 동일하게 표기
306쪽 ‘수정의 밤’, 3줄	… ‘수정의 밤 사건은 …	‘수정의 밤’사건은	’(작은따옴표)추가
314쪽 11줄	… 도망친 빅토르 베룬이다.	… 도망친 빅토르 벨룬이다.	베 → 벨
315쪽 1줄	…가지고, 오스카는 소시민으로서	…가지고, 소시민으로서	‘오스카’는 삭제

동서양
인문고전선독

동서양 인문고전선독

황갑연 김성규 박순철 김은희 최준호 이강하
김요한 박부순 이양재 송덕호 이해경 최낙원

전북대학교출판문화원

차례

1부

동양 인문 고전

1장

도덕경

道 德 經

노자

01
주요 용어 해설

1. 은자(隱者)

'은자'의 문자적 의미는 '숨어 사는 사람'이지만, 크게는 공동체의 일에 별다른 관심을 보이지 않는 사람을 지칭하기도 한다. 은자라는 명칭은 『논어』에 제일 먼저 출현한다. 당시에 공자가 인의仁義라는 도덕을 내세우면서 무도無道한 천하 질서를 바로잡고, 무너진 예악禮樂의 문화를 부흥시키려고 하자, 은자들은 공자를 '안 되는 줄 뻔히 알면서도 그래도 하는 우매한 사람' 혹은 '덕이 쇠락한 사람' 혹은 '세상 사람들이 피하는 사람' 등으로 힐난하면서 조롱한다. 은자들의 외적인 형태는 약간 다르지만, 공통적인 것은 바로 공동체에서 추구하는 가치보다는 개인의 온전한 생명의 가치를 중시한다는 점이다.

2. 도가와 도교

일반적으로 도교를 노자와 장자 사상과 동일계통으로 이해하기도 하는데, 도가老莊와 도교는 구분해서 이해해야 한다. 도가는 양주 · 노자 · 장자 · 현학玄學 등으로 전승되어 온 학술사상가 집단(학파)을 의미하지만, 도교는 학파가 아니라 동한東漢 시기에 장도릉張道陵이 노자를 교조敎祖로 추존하고, 『도덕경』을 주요 경전의 하나로 내세우면서 성립된 종교단체이다. 이들은 새로 입문하는 교도들에게 쌀 다섯 말을 받았기 때문에 오두미도교五斗米道敎라고도 부른다. 후에 도교는 왕조가 공식적으로 인정하는 교단도교敎團道敎와 일반 백성을 중심으로 형성된 민중도교民衆道敎로 나누어진다. 이들은 처음에는 민간 신앙을 토대로 한 방술과 도술로써 병을 치료하는 일을 담당하였으나, 동한 말기에 장각張角의 태평도太平道와 장노張魯의 오두미도가 연합하여 황건적이라는 민중 봉기를 주도하면서 정치단체로 변모하였다. 후에 갈홍葛洪이 『포박자』(抱朴子)를 지어 도술과 도교의 이론을 정립하였다.

3. 자연(自然)

도가철학에서 말한 자연은 자연과학의 대상이 되는 물리적 자연현상 혹은 자연계의 사물을 의미하지 않는다. 어떤 후천적인 인위와 작위의 꾸밈이 가해지기 이전의 자연스러움, 바로 이것이 노자가 말한 자연의 원초적인 의미이다. 노자는 자연을 도道·무위無爲와 연계시켜 유기적으로 해설한다. 『도덕경』에서 도는 만사만물萬事萬物의 근원이지만, 본질적 내용은 무위이고, 그것의 속성은 자연이다. 어떤 인위와 작위가 덧칠해지기 이전의 '스스로 그러한' 것이 바로 도의 본 모습이고, '스스로 그러한' 원리에 따라서 살아가는 삶이 바로 무위의 행위이다. 춘하추동의 변화에는 어떤 인위도 없고 작위도 없다. 생로병사도 마찬가지이다. 그것이 바로 자연이고, 도의 유행이며, 이러한 원리를 인간의 행위 방식에 적용한 것이 바로 무위와 자연이다.

4. 성인(聖人)

성인이라는 말은 도가뿐만 아니라 유가·묵가·법가·음양가 등에서도 출현하지만 유가철학자들이 가장 애용하는 용어이다. 『도덕경』에도 많이 출현한다.

그렇다면 제가諸家에서 사용되는 성인은 동일한 의미인가? 형식적인 측면에서 보면 동일할 것이다. 완전한 인격자가 성인이다. 그러나 각 학파에서 규정하는 '완전'의 내용이 다르기 때문에 내용적인 측면에서 보면 전혀 다른 성격의 인물이라고 할 수 있다. 유가에서는 덕치와 예치禮治를 주장하였으므로 유가가 긍정하는 성인의 생명은 인의예지의 도덕이다. 묵자는 겸애兼愛를 내세웠기 때문에 묵자가 긍정하는 성인은 서로 사랑하고 이익을 교류하면서 최대다수의 이익과 행복을 추구하는 사람일 것이다. 그러나 도가에서 성인은 무위의 원리에 따라서 자기의 공적을 자랑하지 않고 자취를 남기지 않으며, 백성을 다스리되 억지스러운 명분과 법규를 내세우지 않은 사람이다. "성인은 무위로써 일을 처리하고 말하지 않은 가르침을 행한다"(「2장」)가 바로 노자가 긍정하는 성인이다.

5. 경물중생(輕物重生)

경물중생은 노자 사상의 선구라고 할 수 있는 양주의 사상에 대한 후학자들의 평이지만, 『도덕경』에도 일관되게 흐르고 있는 이념이다. 경물중생의 문자적 의미는 '사물을 가볍게 여기고 생명을 귀중하게 여긴다'이지만, '물物' 자와 '생生' 자의 의미가 그리 명확하지 않다는 것이 문제이다. 그 이유는 양주의 저작이 전해지지 않아 '물'과 '생'에 대한 양주 자신의 언설을 알 수 없기 때문이다. 비록 후학자들이 경물중생에 관한 언급을 하고 있지만, 그들의 언설 역시 일관되지 않아 정확한 의미를 규정하기는 힘들 것 같다. 그러나 후학들의 여러 평가를 종합해서 보면, '물'은 인간의 생명과 본질적 관계가 없는 것으로, 예를 들어 명예 · 재화 · 권력 등이 이에 해당한다. '생'은 정신적 자유뿐만 아니라 육체적 생명까지 포함한 광의적 의미의 생명 전체를 지칭하는 것 같다. 따라서 경물중생은 생명과 비본질적 관계에 있는 것으로서 생명의 가치를 훼손해서는 안 된다는 의미, 즉 생명 중시 사상의 표현이다.

6. 전성보진(全性保眞)

이것 역시 양주의 학설에 대한 후학자들의 평가이다. 전성보진의 의미는 무엇인가? '전성'은 정신과 육체를 포함한 생명 작용을 온전하게 하는 것이다. '보진'은 '어떤 것에도 제한당하지 않고 생명작용이 온전하게 표현되는 것이 바로 생명의 참된 모습이기 때문에 그것을 보존해야 한다'는 의미이다. 육체적인 측면에서 보면 이목구비가 아름다운 소리와 색, 그리고 맛있는 음식과 향기로운 냄새를 추구하는 자연스러운 작용, 그리고 육체가 편안함을 추구하는 것, 그뿐만 아니라 마음에서 자연스럽게 솟아나오는 연민과 측은의 도덕정감 등 모든 것이 '성'의 범주에 속한다. 이러한 본성이 어떤 것에 의해서도 꾸며지지 않은 본래면목이 바로 '진'이다. '보진'은 '중생경물'처럼 생명과 비본질적으로 관련된 어떤 것에 의하여 제한을 받지 않으면서 생명의 참된 모습과 작용을 온전하게 보전하는 것이다.

7. 승부(承負)와 재이(災異)

승부와 재이는 『태평경』에 수록되어 있는 도교의 윤리이다. '승'은 앞이고, '부'는 뒤이다. 승은 '앞의 것을 이어받는다'는 의미이고, 부는 '그 업보를 짊어진다'는 의미이다. 본래 사람은 하늘의 마음을 이어받아 행위 해야 하는데 조금씩 하늘의 마음을 상실하고, 그것이 오래되면 쌓이고 쌓여 뒤에 태어난 사람이 오히려 무고하게도 그 허물 때문에 재앙을 이어받는다. 앞에 쌓는 사람은 '승'이고, 뒤에 그 업보를 짊어진 사람은 '부'이다. '승'은 원인이고, '부'는 결과이다. 다시 말하면 '승'은 하늘의 마음을 위반한 조상들의 행위이고, '부'는 그 재앙을 후손들이 받는 결과이다. 『태평경』에서는 승부 외에 '재이' 관념을 제시한다. 재이는 시간적인 측면보다는 공간적인 측면을 강조한 것이다. 즉 군주가 악행을 하면 그것이 자연계에 영향을 끼쳐 자연의 질서가 혼란하게 된다. 즉 가뭄이 들고 홍수가 날 수도 있다. 도교에서는 인간의 행위계 질서와 자연계 질서를 서로 범주가 다른 것으로 이해하지 않고 하나의 질서, 즉 유기적 관계로 인식하였기 때문에 승부와 재이의 윤리관을 제시한 것이다.

02

작가의 생애와 시대 배경

1. 『도덕경』은 노자의 작품인가?

사마천司馬遷의 『사기』(史記) 「열전」(列傳)에 따르면 노자老子는 초楚나라 고현苦縣 사람이고, 성은 이李씨이며, 이름은 이耳이고, 자字는 백양伯陽이며, 시호는 담聃이라고 되어 있고, 주나라 황실에서 도서를 관장하는 임무를 맡았다고 한다. 그러나 노자의 성이 이씨라는 점에 대해서는 별다른 이설이 없지만, 나머지 주장에 대해서는 이론이 분분하다. 왜냐하면 사마천 『사기』 「열전」 내용이 불확실하기 때문이다. 『도덕경』의 저자에 대한 설은 다양하지만, 그중 대표적인 것을 소개하면 다음과 같다.

> 첫째, 『도덕경』은 세상의 혼란을 질시하는 은자들이 썼다.
>
> 둘째, 노래자老萊子라는 사람이 『노자』라는 책을 썼다.
>
> 셋째, 『도덕경』은 노자의 유언이다.
>
> 넷째, 『도덕경』은 태사담太史儋이 썼다.
>
> 다섯째, 노자의 격언을 모아서 『도덕경』을 쓴 사람은 이이李耳이다.

이것 외에도 많은 주장이 있지만, 정론은 없다. 그러나 비록 『도덕경』이 누구에 의해 언제 작성되었는지는 알 수 없지만, 『도덕경』이라는 책에 서술되어 있는 사상 그리고 그것의 가치에는 아무런 영향을 끼치지 않는다. 왜냐하면 설령 『도덕경』의 저자가 노자가 아닐지라도 『도덕경』의 사상 지향성은 공자의 유가뿐만 아니라 기타 제가諸家의 학설과 확연히 다른 독립적인 사유 체계를 정연하게 구성하고 있기 때문이다.

2. 『도덕경』이 이루어진 시기는 언제인가?

『도덕경』이 누구의 작품인가에 대한 정론이 부재하니 저작 연대 역시 불명확한 것은 당연하다. 그러나 저작 시기에 대해서는 어느 정도 추측이 가능하다. 『도덕경』의 저작 시기에 대해서는 크게 세 가지 설이 있다. 첫째, 공자와 동시대에 살았던 노래자라는 사람이 『노자』를 썼다. 둘째, 『도덕경』은 전국戰國시대의 작품이다. 셋째, 『도덕경』은 진秦나라와 한漢나라의 교체기에 저작된 작품이다.

첫 번째 주장을 지지하는 사람들은 사마천 『사기』에 기록된 "공자가 노자에게 예禮를 물었다"는 것을 근거로 삼는다. 이때의 노자는 노래자와 동명이인일 것이다. 만일 공자가 노자에게 예를 물었다는 것이 역사적 사실이라면 노자는 공자보다 이전 혹은 동시대 사람일 것이다. 공자의 언행록인 『논어』에는 수많은 사람이 등장하지만 노래자 혹은 노자는 등장하지 않는다. 예를 물었다는 기록 역시 등장하지 않는다. 또 노자와 유사한 세계관과 인생관을 가진 은자들이 많이 등장하지만 노자에 관한 예화는 없다. 다만 유사한 명칭의 사람을 들자면 한 사람이 있다. 즉 『논어』「미자」(微子) 편에 나오는 하조노인荷蓧老人이다. 하조노인과 노자의 사유가 유사한 점은 있지만 그렇다고 두 사람을 동명이인으로 규정하는 것은 무리이다.

또 한 가지 『논어』의 핵심 개념은 인仁 · 의義 · 예禮이지만 그중에서 '의'와 '예'는 '인'으로부터 파생된 2차적 개념이다. '인'이 근본 혹은 중심 내념이다. 따라서 『논어』에는 '인'과 '의' 혹은 '인' · '의' · 예'를 병렬시켜 인의仁義 혹은 인의예仁義禮라고 표기된 곳이 한 군데도 없다. 그런데 『도덕경』에는 '인'과 '의'가 병열 되어 '인의'로 표기되어 있다. 유가철학의 발전사를 보면 '인'과 '의'가 병열 되어 인의로 표기된 시초는 『맹자』이다. 왜냐하면 맹자철학에서 핵심 개념은 심心과 성性이고 인의예지는 2차적 개념이기 때문이다. 청말 학자인 양계초梁啓超는 "인의 두 글자를 병열하여 사용한 사람은 맹자가 처음이다"라고 하였고, 또 『도덕경』

에는 왕후王侯·후왕侯王·만승지군萬乘之君·왕공王公·취천하取天下 등의 용어가 출현하는데, 이러한 용어는 공자가 살았던 춘추시대에는 출현하지 않았다고 한다. 이것만을 보면 『도덕경』 혹은 『노자』라는 책이 춘추 말기의 공자와 동시대의 작품이라고 추론하기는 무리이다.

세 번째 주장을 지지하는 사람들은 『도덕경』에 진과 한대의 흔적들이 존재한다는 것을 근거로 내세운다. 그러나 그러한 흔적은 오로지 『도덕경』에만 보이는 것은 아니다. 『주역』·『묵자』뿐만 아니라 심지어 『논어』와 『순자』에도 한대의 후인들이 끼워 넣은 흔적들이 보인다. 그렇다고 그것 때문에 작품이 이루어진 연대가 한대일 것이라고 의심하지는 않는다.

필자는 두 번째 주장을 지지한다. 그 이유는 전국 말기의 학자인 한비자가 『도덕경』의 주요 관념 중의 하나인 무위無爲와 허정虛靜 사상을 인용하고 있고, 그보다 앞선 인물인 순자(약 기원전 313-기원전 238) 역시 노자를 언급하고 있기 때문이다. 또한 1993년에 중국 호북성湖北省 곽점郭店에서 죽간竹簡에 기록된 『노자』가 출토되었는데, 이 무덤의 시기가 약 기원전 310년으로 추정된다. 그렇다면 순자보다 앞선 작품이라는 것은 확실하다. 그러나 아쉽게도 그 이전인 『맹자』에는 노자에 관한 언급이 없고 오로지 양주에 관한 주장만 존재한다. 따라서 비록 『도덕경』에 진과 한 대의 흔적이 있을지라도 그것만을 근거로 『도덕경』을 진과 한의 교체기에 만들어진 작품으로 보는 것은 무리이고, 또 설령 사마천의 『사기』에 노자가 공자와 동시대 사람이라고 수록되어 있다 해도 사마천 역시 그점에 대해서는 확신하지 않은 것 같기 때문에 공자와 동시대라고 단정하기도 어렵다. 따라서 객관적인 문헌을 근거로 보면 전국시대 작품 설이 가장 합리적이다.

03
작품 읽기

1. 『도덕경』을 읽기 전에 생각해 볼 문제

『도덕경』에 입문하기 전에 잠시 다음의 문제를 생각해보자. 지금의 어린이들은 3-4세부터 무한 경쟁에 놓여 있는 것 같다. 서울에 있는 어느 영어학원은 5세가 안된 어린 학생에게만 수강을 허용한다는데 한 달 수강료가 무려 280만 원이란다. 그래도 이 학원을 들어가기 위하여 또 다른 학원에서 미리 영어를 배워야 한다니 참으로 유아 시절부터 뜨거운 경쟁의 전선줄에 놓여있는 것 같다. 초등과 중등 학생은 학교보다는 학원을 더 가깝게 지낸다고 한다. 학교 선생님의 훈계가 지나친 경우, 인권 등 여러 문제를 제기하지만 학원 교사에게 그런 문제를 제기하였다는 소식을 접한 적이 없다. 왜 이처럼 치열하게 경쟁하는가? 특목고와 일류 대학에 진학하는 것이 1차적인 목표일 것이지만, 1차적인 목표이건 아니면 최후의 목표이건 '무엇을 위해서 그 목표를 달성하려고 하는가'라고 묻는다면 이구동성으로 행복을 얻기 위해서라고 대답할 것이다.

그렇다면 과연 1등은 행복한 삶을 보장할까? 결과는 알 수 없지만, 필자가 보기에 1등처럼 불행한 사람도 없는 것 같다. 왜냐고? 1등은 2등, 3등 더 심하면 꼴등으로 추락할 가능성밖에 없다. 따라서 1등을 유지하기 위하여 밤낮을 쉬지 않고 노력해야 한다. 그러나 노력은 나만 하는 것이 아니다. 내가 100%를 노력했는데, 2등이 200%를 노력했다면 순위는 뒤바뀔 수 있다. 또 나에게 주어진 상황은 항상 나에게 유리하거나 공정한 것만은 아니다. 또 2등은 눈에 불을 켜고 나를 추격해 온다. 추격해 오는 2등이 얄밉다. 2등에게는 따라잡히지 않는 1등이 증오의 대상일 것이다. 일단 2등으로 추락하면 불안의 심리가 필연적으로 수반되며,

바로 1등을 회복하면 다행이지만, 그 끝은 보이지 않는다. 그 때문에 1등은 고독한 존재일 뿐 행복한 사람이 결코 아니다. 성적을 비관하여 자살한 사람은 대부분 성적이 상위 층에 속한 학생이지 하위 층에 속한 학생이 아니다. 그래도 1등을 행복하다고 할 수 있겠는가?

반면 최하위 꼴등을 보자. 꼴등은 순위가 올라갈 가능성밖에 없다. 그렇다면 꼴등은 행복한 삶인가? 꼴등에게 "당신은 꼴등인데 순위가 올라갈 가능성밖에 없으니 얼마나 행복한가요?"라고 물어보자. 과연 그가 "네. 저는 정말로 행복한 사람입니다"라고 대답할까? 꼴등 학생은 아마 "제발 지긋지긋한 꼴등을 청산하고 저도 상위권 학생으로 우뚝 서 번듯한 대학에 진학하고 싶다"고 대답할 것이다. 1등 역시 순위가 올라갈 가능성밖에 없는 꼴등을 결코 부러워하지 않을 것이다. 정말 누가 행복한 삶을 사는지 모르겠다.

필자는 영화를 좋아하지 않는데, 우연한 기회에 『황산벌』이라는 영화를 보았다. 그 영화에 계백과 그의 아내 사이에 참 재미있는 대화가 나온다. 계백은 이미 신라와의 전쟁에 승산이 없다는 것을 알고 있었다. 그 때문에 자신 사후에 가족들이 신라군의 노예가 될 것이 걱정되어 출전에 앞서 처자식을 죽이려고 한다. 계백이 "호랑이는 죽어서 가죽을 남기고 사람은 죽어서 이름을 남긴다"고 말하며 명예롭게 독약을 먹고 자살할 것을 요구하자 계백의 아내는 "호랑이는 가죽 때문에 죽는 것이고 사람은 이름 때문에 죽는 것"이라고 대답한다. 죽으면서까지 이름을 남기려는 계백의 태도가 좋은가? 아니면 명예 따위에는 전혀 신경 쓰지 않고 천수를 다하려는 계백의 아내 태도가 바람직한가? 호랑이의 가죽이 돼지가죽처럼 지저분하게 생겼다면 누가 호랑이를 잡으려고 하겠는가? 가죽이 아름답지 않다면 사람들에게 죽임을 당할 이유가 없다. 사람이 명예를 초개와 같이 여긴다면 명예를 지키고자 죽을 이유가 없다. 가죽과 생명 그리고 명예와 생명 중에서 무엇이 귀중한가?

2. 『도덕경』의 핵심 사상

1) 도가의 생명 중시 사상

노자와 장자뿐만 아니라 위・진魏晉 시대의 현학까지 일관되게 흐르고 있는 도가 철학의 사유 경향은 공동체의 가치보다는 개인의 고유한 삶의 가치를 중시한다는 점이다. 그래서 도가 철학을 위아주의爲我主義라고 규정하기도 한다. 위아주의를 이기주의로 혼동하기도 하는데, 양자는 분명 다르다. 이기주의의 핵심은 이익에 있다. 이기주의자는 타인 혹은 사회 전체의 이익을 고려하지 않고 자신의 이익을 우선적으로 고려하는 사람 혹은 자신의 이익만을 취하는 사람을 지칭한다. 그러나 위아주의자는 이익보다는 타자 혹은 공동체에 의하여 개인의 삶이 구속 혹은 제한당하지 않으려고 하는 사람이다.

『논어』의 「미자」편에는 은자들의 여러 행태가 기록되어 있다. 자로가 성문 밖에서 유숙하고 아침 일찍이 성안으로 들어가려고 하자 성문을 열어주는 사람이 자로에게 "누구의 제자인가?"라고 묻자, 자로가 "공자의 문하"라고 대답하였다. 그러자 그는 "아! 불가능한 줄을 알면서도 하는 사람 말인가"라고 빈정댄다. 당시 공자는 자신의 정치 이념인 인정仁政을 실현하고자 천하 열국을 주유하였지만, 어느 누구도 공자의 말을 경청하지 않았다. 이는 공자의 노력이 부족해서가 아니다. 당시 시대의 흐름이 그렇게 진행되었기 때문이다. 누구 한 사람의 노력으로 바뀔 가능성이 전혀 없었다. 그렇다면 그만두고 자신들처럼 초야에 은거하면서 모든 번뇌를 잊고 유유자적한 삶을 살아야 하는데, 공자는 실현 가능성도 없는 인정을 외치고 다니니 얼마나 어리석은 사람이란 말인가?

또 공자가 초나라에 갔을 때 접여接輿라는 미치광이가 공자 앞을 지나가면서 "봉황이라고 소문이 났던데 왜 이다지도 덕이 쇠하였다는 말인가"라고 힐난한다. 공자가 수레에서 내려 그와 담론하고자 하였으나 접여는 재빨리 도망가 숨어버린다. 또 장저長沮와 걸익桀溺이라는 사람은 공자를 세상 사람들이 피하는 사람이라고 하고, 하조노인荷蓧老人은 공자를 "사지를 부지런히 놀리지 않고, 오곡을 분별할 줄도 모르는 사람"이라고 한다.

『논어』에 기록된 은자의 이름은 실명이 아니라 가명이다. 예를 들어 접여는 '수레를 잡고 따라오는 사람'이고, 장저와 걸익은 두 사람 모두 키가 큰 것 같고 물논에서 일을 하고 있었기 때문에 그렇게 호칭한 것 같다. 하조노인은 대나무 삼태기를 들고 가는 노인장을 가리킨다. 춘추전국 시기의 문헌에 양주라는 실명으로 전해오는 은자가 있는데, 그는 단순한 은자로서 만족하지 않고 은자 행위의 정당성을 이론으로 남겼다. 그러나 아쉬운 점은 그의 저작은 전하지 않고 타인들의 문헌에 간헐적으로 기록되어 있다는 것이다. 타인의 기록은 양주의 사상에 대한 기록자 자신의 인식이 전제되어 있다. 어떤 사람은 양주의 사상을 비판적 시각에서 언급하고 있고, 어떤 사람은 긍정적 측면에서의 수용하기도 하지만 기록자의 한 차례 인식이 전제되어 있기 때문에 그들의 관점이 곧 양주 사상의 실상이라고 단정하기는 어렵다. 다음은 양주의 사상에 대한 후인의 기록이다.

『맹자』: "양자楊子(양주)는 위아주의를 취하여 털 한 올을 뽑아 천하를 이롭게 한다고 하더라도 하지 않았다."(「盡心篇」)

『여씨춘추』(呂氏春秋): "양생(양주)은 자기를 귀하게 여기었다."(陽生貴己)

『회남자』(淮南子): "삶을 온전히 하고 참됨을 간직하며 '물'로써 형체를 얽매지 않는다. 이것은 양자(양주)가 세운 것인데 맹자가 이를 비난하였다."(輕物重生, 不以物累形)

『한비자』: "외물의 가치를 가볍게 여기고 생을 중시한다."(輕物重生)

『열자』(列子): "옛날 사람들은 털 한 올을 뽑아 천하를 이롭게 해도 결코 하지 않았고 온 천하를 맡긴다 해도 받지 않았다. 모든 사람이 털 한 올을 뽑지 않고 또 사람마다 천하를 이롭게 하려 하지 않는다면 천하는 안정될 것이다."

이곳에는 '위아주의'와 '자기를 귀하게 여긴다'[貴己] 그리고 '삶을 온전히 하고 참됨을 간직하며 사물物에 의하여 형체가 얽매이지 않는다'[全性保眞과 不以物累形]와 '경물중생輕物重生'이 출현한다. 이 말들의 공통점은 바로 '나'[我 · 己 · 性 · 生]를 중시하고, '사물'을 부정하는 것이다. 양주를 포함한 은자들이 긍정하는 '나'는 육체 생명과 정신 생명 양자를 모두 포괄하는 광의적 의미에서의 '나'인 것 같다.

양주의 생명 중시 사상은 맹자가 말한 "털 한 올을 뽑아 천하를 이롭게 한다고 하더라도 하지 않았다"라는 말에 극명하게 표현되어 있다. 비록 맹자가 양주를 비판하기 위하여 극단적으로 양주 사상을 서술한 것이지만, 역으로 보면 맹자가 실상을 정확하게 지적하였다고 할 수 있다. 정강이의 털은 매우 미소한 것이지만 그것 역시 생명 중의 일부이다. 양주의 입장에서 보면, "천하의 일은 본래 자신과 아무런 관련이 없는데 왜 내가 천하의 이익을 위하여 털을 뽑는 고통까지 감수하면서 나서야 하는가"라는 의문이 든다. 양주와 반대로, 모든 사람이 천하의 이익을 위하여 정강이의 털을 뽑는다고 가정해보자. 천하의 이익을 위한다는 정치인 중에는 자신의 입장을 강조하기 위하여 털 뿐만 아니라 더 귀중한 것도 희생한다고 할 것이다. 요즘 정치인들의 구호를 보라. 모두 자신의 목숨을 초개와 같이 국가 혹은 공동체에 바친다고 외치지 않는가? 어떤 사람은 수십 개의 털을 뽑는다고 할 것이고, 어떤 사람은 다리를 바친다고 할 것이며, 어떤 사람은 자신의 목숨을 바친다고 할 것이다. 역사의 실례를 보면, 천하를 위한다고 설치다가 자신의 목숨뿐만 아니라 멸문지화滅門之禍를 당한 사람이 부지기수이다. 그것보다는 차라리 천하 사람들이 모두 천하의 이익을 고려하지 않는다면 근본적으로 다툼이 발생하지 않으리라는 양주의 생각이다.

양주에게 있어서 최적의 삶은 전성보진이다. 전성은 온전한 삶[全生]과 같은 의미이다. 전성은 자신의 본성을 온전하게 만족시켜준다는 것인데, 어떻게 하는 것이 온전한 만족인가? 혹자는 전성 혹은 전생을 육체와 정신 생명의 무절제한 만족으로 해석할 수도 있지만 전성과 전생의 의미는 전全 자에 이미 규정되어 있다. 전全은 '온전'의 의미이지만 '넘침의 만족'을 뜻하는 것은 아니다. '넘침의 만족'은 '감정에 따라 욕망을 함부로 발산하는' 임정종욕任情縱欲일 뿐 전성이 아니다. 삶에는 온전한 삶인 전생도 있고, 일그러진 삶인 휴생虧生이 있고, 막다른 삶인 박생迫生도 있다. 휴생과 박생은 모두 부족한 삶이다. 휴생과 박생이 지나치면 살아 있는 것이 죽음보다도 못하다는 생각을 할 것이다. 이것이 가장 큰 불행이다. 따라서 양생養生의 도리를 올바르게 인식하고서 불필요한 생각을 줄이고, 만족의 표준을 스스로 조절할 수 있어야 하며, 타인과 비교를 하지 않으면서 자신만의 고유한 삶의 태도를 유지할 때 비로소 전생을 이룰 수 있을 것이다.

2) 노자의 도와 무위 그리고 자연의 의미

동양철학을 접하면서 가장 추상적인 개념 하나를 지적하라고 하면 대부분 '도'를 들 것이다. 중국철학 발전사에서 추상적이면서도 포괄적인 철학 개념은 춘추말기에 이르러 비로소 출현하는데, 대표적인 것이 공자의 인仁과 노자의 도道이다. 공자의 '인'은 우리의 마음에 살아 숨 쉬는 도덕의지 혹 선의지이다. 즉 양심이다. '인' 역시 추상적인 개념이지만, 우리는 일상생활에서 양심의 발현을 수시로 경험할 수 있기 때문에 '인'에 대한 인식은 그리 어렵지 않다. 그러나 『도덕경』을 보면 도에 대한 해설, 즉 도가 적용되는 영역이 너무나도 넓다. 가장 일반적 의미인 도리와 규범으로도 쓰이고, 우주 내에 존재하는 모든 사물도 도의 원리에 따라서 생성하고 소멸된다. 또 도는 형이상의 본체임과 동시에 각각의 현상과도 한순간도 격리되지 않는다. 있음[有]과 없음[無]·영원과 변화·차별과 무차별 등 어떤 개념도 도로부터 이탈되어 있지 않다. 따라서 도에 대한 해설이 참으로 어렵고 난해하다. 『도덕경』을 보면 도가 얼마나 넓고 다양하게 사용되는지 곧 알 수 있을 것이다. 필자는 도를 언어로써 개념화하여 정의하기보다는 먼저 『도덕경』에서 '도' 자의 다양한 쓰임을 직접 보고서 그것들을 종합하여 자신의 마음으로 이해하려는 태도가 필요하다고 생각한다.

혹자는 『도덕경』은 도에서 시작하여 도로 끝난다고 하지만, 도의 실제 내용은 무위이고, 자연은 도의 유행, 즉 무위에 대한 형용이며 도의 진정한 속성이다. 만일 도를 무위자연과 독립시켜 놓고 이해하면 도 개념에 대한 설명 방식이 너무나 추상적이어서 도대체 무엇을 말하려는지 짐작하기도 어려울 것이다.

『도덕경』에서 제일 먼저 출현하는 문자가 바로 '도'이다. 『도덕경』「1장」에서 "道可道, 非常道"라고 말한다. 총 여섯 글자인데 그중에서 '도' 자가 세 차례나 나온다. 필자가 보기에 첫 번째 도와 마지막 도는 서로 동일한 대상을 말한 것 같다. 즉 명사로 쓰인다. 그러나 두 번째 도는 동사로 쓰인다. 이 문장은 '도를 말로 표현할 수 있으면 영원히 변치 않는 도가 아니다'라고 번역한다. 즉 도는 언어로써 정의할 수 없다는 것이다. 언어로써 정의할 수 없고, 개념으로써 규정할 수 없다면 우리는 『도덕경』의 핵심인 도를 무엇으로써 어떻게 해설할까? 노자는 도를 설명할 때 '도'라는 언어를 사용하지 않는가? 노자는 여섯 문자 중에서 무려 세 차례나 '도' 자를 사용하면서 남들에게는 언어 혹은 개념을 사용하지 말라고 하는데, 참 이기적인 사람이다라고 보아야 하는 것일까?

설마 노자가 이점을 모를까? 어차피 언어 외에 달리 유효한 방법이 없다. 혼자 고요히 눈을 감고서 깨달을까? 아니면 어떤 경험의 도움 없이 한순간에 직관을 할까? 필자는 그렇게 생각하지 않는다. 『도덕경』 역시 문자로 기록되어 있다. 노자는 단지 도를 전적으로 언어 혹은 개념에만 의존한다면 그것이 갖고 있는 상대성에 제약을 받기 때문에 언어에 담겨있는 의미를 초월해야 한다는 점을 강조하고 있는 것일 뿐이다.

도는 언어로써 표현할 수밖에 없는데, 그렇다면 언어 자체의 한계를 최대한 피할 수 있는 가장 좋은 개념은 무엇인가? 노자는 '무無'를 선택하였다. '무'에는 다양한 의미가 내재되어 있다. 첫 번째가 어떤 고정적인 형상과 형태가 없다는 무형無形이고, 그 다음이 언어로써 개념화 할 수 없다는 무명無名이며, 마지막은 항상 텅 비어있기 때문에 끝없이 채울 수 있는 무한 효용성[無用]이다. 형상과 형체가 있다면 그것은 감각기관에 의하여 인식될 수 있는 존재이기 때문에 유한성을 벗어나지 못한다. 그렇다면 도의 무한성을 드러낼 수 없다. 또한 이름이 있다면 그것 또한 이미 지각되었음을 의미하기 때문에 역시 도의 초월성을 드러낼 수 없다. 노자는 "서른 개의 바큇살이 한 개의 바퀴 통에 모인다"고 한다. 왜 한 개의 바퀴 통에 모이는가? 비어있기 때문에 모이는 것이다. 또 풀무는 바람을 내는 도구인데, 풀무 안이 꽉 차 있으면 바람이 나오지 않는다. 풀무는 비어 있어야만 바람을 낼 수 있다. 그릇도 마찬가지이다. 비어있음, 즉 '무'가 진정한 유용함이다. 때문에 노자는 '유형有形' 혹은 '유명有名' 혹은 '유용有用' 대신에 무형과 무명 및 무용으로써 도를 형용하려고 한다.

노자 철학에서 '유'와 '무' 모두 본래의 한계가 있지만, '유'보다는 '무'를 선택한 이유는 '무' 자에 포함되어 있는 작용의 의미 때문이다. '유'에 무엇을 한다는 '위' 爲 자를 첨가하면 '유위有爲'가 되고, '무' 자에 '위爲' 자를 첨가하면 '무위無爲'가 된다. 유위는 인위人爲와 연결되어 '억지로 한다'는 집착의 의미를 수반한다. 반면 무위는 무작위와 연결되어 '억지로 꾸미지 않고 자연스러움에 맡겨둔다'는 의미가 된다. 그러나 '무' 자가 '아무것도 없다'는 의미로 오해될 수 있는 가능성이 있는 것처럼, 무위 역시 '아무것도 하지 않는다[不爲]'로 오해될 수 있는 여지가 있다. 때문에 노자는 무위에서 쉽게 연상될 수 있는 '불위不爲'의 의미를 해소하려고 "억지로 하지 않지만 이루지 못함이 없다"[無爲而無不爲]고 한 것이다.

그렇다면 억지로 하지 않음에도 불구하고 이루지 못함이 없을 수 있는가? 여기에서 노자는 사람과 땅 그리고 하늘 및 도를 병렬시켜놓고 가장 마지막에 자연이라는 원리와 방식을 제시한다. 즉 사람은 쉽게 억지로 꾸미고 포장하면서 자기의 본모습을 숨기려고 한다. 반면 땅은 어떤 억지스러움도 없이 텅 비면 무엇을 채우고, 채우면 그것이 넘쳐흐른다. 땅에서 온갖 만물이 생장과 소멸을 반복하지만, 땅은 어떤 것에도 집착하지 않는다. 그 때문에 사람은 땅의 도리를 본받아야 한다. 하늘 역시 마찬가지이다. 봄과 여름 그리고 가을과 겨울이라는 순환을 계속하지만, 그 어떤 계절에도 미련을 두지 않고 순환을 계속할 뿐이다. 따라서 사람은 하늘의 도리를 본받아야 한다. 노자는 땅과 하늘이 어디에도 집착하지 않고 유행하는 것을 도로 표현하였고, 그것의 실질적인 모습을 자연으로써 형용한 것이다.

혹자는 『도덕경』「25장」의 "사람은 땅의 원리를 본받고, 땅은 하늘의 도리를 본받으며, 하늘은 도를 본받고, 도는 자연스러움이다"라는 구절을 해석하면서 사람・땅・하늘・자연을 상・하의 단계 개념으로 풀이하기도 한다. 그러나 필자는 그러한 풀이를 보면 어딘지 문자에만 구속된 해석 같다. 아마 필자보다도 오히려 노자가 더 답답해할 것 같다. 인위는 인간의 소산물일 뿐 다른 동식물 그리고 천지의 행태가 아니다. 다시 말하면 인간을 제외한 땅과 하늘 그리고 도에는 어떤 형태의 억지도 없다. 단지 무위가 도의 실질 내용이고, 자연이 무위의 원리이고 방식임을 강조하기 위하여 이러한 표현 방식을 선택하였을 뿐이다.

노자는 무위와 자연의 의미를 "최상의 선은 마치 물 흐름과 같다"[上善若水]로 해설한다. 노자는 물의 흐름을 보고서 '억지스러움이 없이 흘러가는 자연성'에 주목하였다. 물의 속성을 보자. 물은 아래로 흐른다. 비록 밖에서 힘이 가해지면 위로 솟아오르기도 하지만 일시적이다. 바로 아래로 떨어진다. 물이 아래로 흐른다는 것에는 겸손의 의미가 내재되어 있다. 물은 없는 곳이 없다. 물이 없는 곳은 곧 죽음을 의미한다. 이처럼 물은 모든 생명 활동을 가능케 하는 원동력이면서도 자신의 공적을 내세우지 않는다. 이것이 노자가 말한 현덕玄德이다. 그뿐만 아니라 물은 무엇에 막히더라도 그것과 싸우지 않는다. 기다렸다가 차면 다시 흐른다. 이것이 바로 도의 부쟁不爭이다. 또 물은 어떤 형태에 자연스럽게 응대하면서 변한다. 계곡과 호수 그리고 웅덩이와 술잔 등 어떤 형태에도 자연스럽게 응변한다. 노자는 물로써 어느 하나에 집착하지 않으면서 모든 것에 적응하는 도의 속성을 형용한다.

3) 德

『사기』에는 노자가 "상하 두 편을 책으로 저술하고 5,000여 글자를 말하고 떠났다"고 기록되어 있다. 이 기록 역시 신빙성은 없지만 사마천이 말한 상·하 두 편은 도경道經과 덕경德經을 지칭한다. 일반적으로 『도덕경』 1장에서 37장까지를 「도경」(道經)으로, 38장에서 81장까지를 「덕경」(德經)으로 분류한다. 그러나 1973년 중국 호남성湖南省 마왕퇴馬王堆에서 출토된 백서帛書, 『노자』에는 「도경」과 「덕경」으로 되어 있지 않고 「도편」(道篇)과 「덕편」(德篇)으로 분류되어 있으며, 순서 역시 「덕편」이 「도편」 앞에 편집되어 있다. 그러나 어떻게 편집되어 있건 『도덕경』은 '도'와 '덕'을 주제로 한 경전이다. 따라서 노자철학에서 덕은 도와 더불어 중요한 내용을 형성하고 있다. 어떤 사람은 도를 덕의 상위 개념으로, 덕을 도의 하위 개념으로 규정하기도 하지만, 도와 덕은 일자로 보아야지 층위가 구분된 개념으로 규정해서는 안 될 것 같다. 우리가 일반적으로 천지라고 하지만, 이는 '하늘[天]이 땅[地]보다 시간적으로 앞선다'를 의미하지 않고, 가치적으로도 우월함을 의미하지도 않는다. 음과 양, 건과 곤, 그리고 도와 덕도 마찬가지이다. 서로 분리되어 독립적으로 존재할 수 없는 것처럼 도와 덕 역시 상·하가 아닌 수평적 관계로 설정하여 이해해야 한다.

노자철학에서 도와 덕의 관계는 "도는 만물을 생하고, 덕은 만물을 기른다"[道生之, 德畜之](「51장」)는 말에 잘 나타나 있다. '생生'은 '무엇을 낳는다'는 것이기 때문에 도는 만물의 존재론적 근거이고, '축畜'은 '배양하고 기른다'는 것이기 때문에 덕은 행위를 통한 완성의 원리이다. 행위의 주체는 누구인가? 인간 외에는 누구도 만물의 완성과 관련된 행위의 주체가 될 수 없다. 따라서 덕은 인간의 행위와 관련된 것이다. 그렇다면 덕은 무엇 때문에 만물을 얻을 수 있는가? 그것은 다름 아닌 덕의 실질 내용이 '무위'이기 때문이다. 어떻게 하는 것이 무위의 덕인가? 노자는 "덕은 만물을 생성하였다고 해서 그것을 자기 소유로 하지 않고, 자기가 한 일이라고 해서 뽐내지 않으며, 만물의 수장이라고 해서 그것들을 주재하려고 하지 않는다. 이것을 일러 현덕玄德이라고 한다"「10장」고 하였다. 우리는 자기가 만든 물건은 당연히 소유하려고 하고, 어떤 일을 성취하면 자신의 능력을 한껏 뽐내기를 좋아한다. 그뿐만 아니라 어떤 부서 혹은 단체의 리더 지위에 오르면 구성원을 부리려고 한다. 그러나 덕을 갖춘 사람은 이것과 반대로 한다. 덕을 갖춘 사람은 자기가 이루었음에도 불구하고 그것을 소유하려고 하지 않고, 자기의 능력을 뽐내지도 않으며, 리더가 되어서도 그들을 부리려고도 하지 않는다. 노자에 의하면 이러한 무위를 내용으로 한 덕이 가장 좋은 현덕[玄德-上德]이다.

노자는 『도덕경』에서 가장 좋은 덕[上德]과 가장 아래의 덕[下德]을 구분한다. 상덕上德은 무위하지만 이루지 않음이 없는 처세이고, 하덕下德은 억지로 이루려고 하는 인위적인 처세이다. 또 상덕의 행위자는 스스로 덕을 갖추고 있다고 자처하지 않는다. 때문에 그 덕을 오랫동안 보존할 수 있다. 하덕의 행위자는 자신이 스스로 덕을 갖추고 있다고 자부하고 있기 때문에 덕의 본래성을 상실한다. 노자는 『도덕경』에서 상덕에서 하덕까지를 단계별로 구분하는데, 덕 · 인 · 의 · 예가 바로 그것이다. 덕의 아래가 인이고, 그 다음이 의이며, 맨 마지막 하덕이 예이다. 노자가 비록 공자를 직접적으로 언급하지는 않았지만, 인 · 의 · 예를 들어 공자의 학문이 상덕이 아닌 하덕의 학문임을 간접적으로 드러내고 있다. 사실 인위 혹은 억지만을 강조한다면 예보다 법이 더 아래 단계의 하덕일 것이다. 그러나 노자는 법에 대한 언급은 별로 없다. 노자는 예에 대하여 "가장 좋은 예는 인위적으로 하여도 모든 것이 뜻대로 호응해주지 않은 것이 많다. 그러면 호응해주지 않은 것을 강제로 끌어당겨 따르도록 한다…. 무릇 예라는 것은 진실함과 믿음의 끝에서 나온 것이고, 세상을 혼란스럽게 하는 우두머리이다"라고 한다. 노자는 『도덕경』에서 인과 의에 대해서는 부분적인 가치를 긍정하지만 예에 대해서는 조금도 긍정적인 태도를 보이지 않는다. 이는 노자가 당시 사회 혼란의 근본을 인위의 꾸밈 즉 거짓의 가식에서 찾았기 때문이다.

4) 노자의 인식론

앞에서 말한 바와 같이 '도'를 말로 표현할 수 있으면, '영원히 변치 않는' 도가 아니다. 도를 언어로 표현할 수 없다면 우리는 도를 어떻게 인식할 수 있을까? 노자는 우리에게 하나의 재미있는 방식을 제시한다. 노자는 "대문 밖으로 나가지 않아도 천하를 알 수 있고, 창틈으로 엿보지 않아도 천도를 볼 수 있다. 나갈수록 더욱 멀어지고 알수록 더욱 작다"(「47장」)고 한다. 일반적으로 천하를 알려면 대문 밖으로 나가서 천하의 사물들을 직접 관찰하여 견문지식을 넓혀야 하고, 창틈으로 고개를 내밀고 무엇인가를 보아야 한다. 그런데 노자는 정반대로 해설한다. 정확하게 말하면 정반대가 아니라 경험적인 방식으로는 도를 인식할 수 없다는 점만을 강조할 뿐이다. 왜냐하면 도는 어떤 하나의 형상을 갖는 유한성의 물리적 사물이 아니기 때문이다. 노자는 『도덕경』에서 도를 인식할 수 있는 어떤 하나의 고정적인 방식을 제시하지 않는다. 단지 물리적 대상을 인식하는 방법으로써는 도를 인식할 수 없다는 점만을 강조하였을 뿐이다. 이것이 바로 노자가 애용하는 부정의 방식이다. 즉 '도를 어떻게 체득할 수 있는가'의 방식을 밝히지 않고 '그렇게 하면 도를 체득할 수 없다'는 것만을 제시한다. 그렇기 때문에 밖으로 나가면 나갈수록 도에 대한 인식이 더욱 멀어지는 것처럼 일반적인 방식을 사용하여 지식을 축적하면 도에 대한 인식은 더욱 작아지는 것이다. 다시 말하면 경험적인 인식 방법을 사용하면 실생활에 유용한 지식의 얻을 수 있기 때문에 우리는 경험적 방법을 더욱 신뢰하고 집착하여 결국에는 도를 올바르게 이해할 수 있는 방식에 대하여 전혀 관심을 갖지 않게 된다.

그렇다면 도는 알 수 없는가? 결코 그렇지 않다. 일반적으로 사물을 인식하는 방법과 전혀 다른 방식을 사용해야 한다. 어떤 외적인 사물에도 마음을 빼앗기지 않고, 어떤 선입견에도 의지하지 않는 허정虛靜의 상태에서 사물의 양면을 두루 관찰해야 한다. 밖의 것은 눈 · 코 · 입 등의 감각기관을 의시할 수밖에 없다. 자기의 눈이 무엇에 유혹되면 아름답다고 한다. 배고픈 사람이 자장면을 먹으면 '자장면이 맛있다'고 말할 것이다. 그러나 포만 상태에서 자장면을 먹을 때도 맛있는가? 그렇지 않을 것이다. '맛이 있다'와 '맛이 없다'는 일시적이고 유한적인 판단일 뿐이다. 도의 입장에서 보면 본래 아름다운 것도 없고, 맛있는 것도 없다. 배고플 때는 맛이 없는 음식이 없을 것이지만, 배가 부르면 산해진미도 끌리지 않는다.

그렇다면 맛있는 음식이 있는가? 또 미국에서 10년을 산 사람보다도 10일 여행을 한 사람이 미국에 대해서 더 많은 말을 한다. 왜 그럴까? 10일 여행객의 눈에는 오로지 우리와 미국의 차이점만이 보이기 때문이다. 차이는 반절일 뿐 전체가 아니다. 10년 동안 미국에 거주한 사람의 눈에는 차이와 동일이 동시에 존재한다. 따라서 별다른 특이점이 크게 부각되지 않는다. 우리의 감각 경험도 마찬가지이다. 대립적 양면을 종합적으로 이해할 수 있는 것은 감각이 아니라 마음이다. 때문에 마음을 비우고서 만물의 정과 반 그리고 상과 하 등 양면을 두루 관조해야만 비로소 도의 인식에 진입할 수 있다.

노자는 배움에 대해서도 일반적인 사고와 전혀 다른 입장을 취한다. 노자는 "배우면 나날이 늘어난다. 도를 행하면 나날이 줄어든다. 계속 줄어들면서 무위에 이른다. 무위하지만 이루어지지 않는 것이 없다"(「48장」)고 한다. 다들 공부가 어렵다고 하지만 필자는 공부처럼 쉬운 것은 없다고 생각한다. 돈을 벌고 싶지 않은 사람은 거의 없을 것이다. 그런데 내 뜻대로 되지 않는다. 그러나 공부는 하면 할수록 지식이 증가한다. 단지 재미가 없을 수도 있고, 증가하는 양의 차이도 있을 수 있지만 지식이 축적되는 것은 사실이다. 그러나 노자는 뜻밖에도 "배우면 나날이 늘어나지만 도는 줄어든다"고 한다. 이는 경험과학 지식을 습득하는 방식으로써는 도에 관한 지식을 얻을 수 없다는 것을 의미하기도 하지만, 그보다도 중요한 것은 경험과학 지식의 효용성에 매료될수록 도로부터 더욱 멀어진다는 것에 있다. 왜 그런가? 산업혁명 이후 인류 문명의 현주소가 이점을 극명하게 대변하고 있다. 경험과학 지식의 무한 확대와 물질의 생산 그리고 편리한 교통 환경은 인류에게 공전空前의 행복을 주었지만 환경 파괴와 공동체 해체 등 수많은 역작용을 수반하였다. 이익이라는 한쪽만을 고려할 뿐 그에 따른 역작용을 고려하지 않는다면 이는 반쪽짜리 지식에 불과하기 때문에 도의 전면성과는 거리가 멀다. 이것이 인간들의 한계이다.

또 노자는 백성들에게 "지혜를 버리라"고 하고, "지혜는 위선의 근원이다"라고도 하며, "백성들을 다스리기 어려운 것은 지혜 때문이다"라고도 한다. 그렇다면 우리는 모든 지식을 버리고 마치 아무 것도 모르는 우매한 사람처럼 살아야 할까? 설마 노자는 인류 문명 자체를 부정하였다는 말인가? 필자는 그렇지 않다고 생각한다. 사람이 아프면 그것을 치료할 수 있는 지식이 있어야 하고, 이러한 지식은 인류의 지혜와 열정에 의해서 이루어진다. 노자가 설마 사람의 목숨을 살리는 지식을 반대할까? 노자가 지식과 지혜를 부정한 것은 사실이다. 그러나 모든 지식과 지혜의 활동을 부정한 것은 아니다. 『도덕경』에는 지식과 지혜를 포함한 지知의 기능을 긍정한 곳이 있다. 노자는 오로지 도와 상반된 성격의 가식적이고 허식적인 '지'만을 반대하였을 뿐이다.

그렇다면 노자는 어떤 '知'를 긍정하였는가? 노자는 "타인을 아는 사람은 지혜롭고, 자기 자신을 아는 사람은 밝다"(「33장」)고 하였다. 만일 타인만을 안다면 이것 역시 일부분의 지식에 불과하다. 그러나 노자는 타인뿐만 아니라 자기 자신에 관해서도 알아야 함을 주장한다. 이는 자신과 타인을 통괄한 지식을 강조한 것이다. 타인을 아는 것도 일종의 지식이고, 자신을 아는 것도 지식이다. 그러나 자신만 알고 타인을 모르며, 타인만 알고 자신을 모르는 지식은 자타가 구별된 지식이기 때문에 도에 합일된 지식이라고 할 수 없다. 따라서 이 단계에 머무르지 말고 한 단계 초월하여 자신과 타인을 이우르는 원만무애한 경지에 진입해야 함을 강조한 것이다. 노자는 학문을 부정하지 않았다. 단지 주관적이고 상대적인 가치만을 추구하는 학문을 반대하였을 뿐이다.

5) 노자의 정치론

정치에 관한 노자의 기본 입장은 『도덕경』「3장」에 잘 나타나 있다. 노자는 "능력이 있다고 칭송받는 사람을 우대하지 말라. 그래야만 남보다 잘나 보이기 위해 다툼을 벌이지 않는다. 얻기 어려운 보물을 귀하게 취급하지 말라. 그래야만 백성들이 그것을 가지려고 도둑질을 하지 않는다. …또한 항상 백성들을 무지무욕하게 하여 위정자들의 계략이 먹혀들어가지 않게 한다. 이처럼 인위적인 것을 없애야만 다스려지지 않는 것이 없다"고 한다. 노자에 의하면, 인류 공동체의 본래 모습은 혼란스럽지 않았다. 혼란을 초래한 어떤 후천적인 원인이 있었기 때문에 혼란스럽게 된 것이다. 가장 근본적인 원인은 무엇인가? 그것은 바로 인간의 욕망을 자극할 수 있는 어떤 것을 위정자들이 보여주었기 때문이다. 위정자들이 권모술수를 잘 부리는 사람을 우대하자 모두들 그러한 재능을 습득하기 위해 혈안이 된다. 이것이 혼란의 근원이다. 이러한 혼란은 누가 조성하였는가? 노자는 민중들이 그렇게 된 근본적인 원인을 민중에서 찾지 않고 위정자들의 계략에서 찾았다. 노자는 그러한 위정자들을 도적 중의 대빵이라고 한다.(「53장」)

노자에 의하면, 도는 만물의 근원이다. 도의 작용으로 말미암아 만물은 생겨나고 육성되고 완성되지만 도는 그것들을 자기의 공로라고 자부하지 않는다. 항상 무욕하며 무위해야만 비로소 도를 볼 수 있고, 실현할 수 있다. 노자는 "천하는 참으로 신령한 것인지라 억지로 다스려서는 안 된다. 억지로 다스리는 사람은 천하를 망칠 것이고, 천하를 장악하려고 하는 사람은 천하를 잃을 것이다"(「29장」)라고 하였다. 천하를 자기의 사적인 의도대로 부리려고 하는 사람은 반드시 천하의 혼란을 조장할 것이고, 천하를 자기 것으로 만들려고 하는 사람은 반드시 천하를 잃을 것이다. 반면 "성인은 항상 자신을 뒤로 하기 때문에 자신이 먼저 드러나고, 항상 자신을 도외시하기 때문에 자신이 온전하게 보전된다. 이는 마음에 사사로움이 없기 때문이 아닌가?"(「7장」) 이러한 성인의 태도는 '만물을 낳으면서도 소유하지 않는'(「2장」) 도에 의거한 덕의 표현이다.

노자가 말한 무위의 정치를 좀 더 구체적으로 말해보자. 노자는 "성인은 자기의 고정관념이 없고 항상 백성의 마음으로 자신의 마음을 삼는다"(「49장」)고 한다. 백성을 다스리는 사람은 백성의 기쁨과 슬픔을 자신의 기쁨과 슬픔으로 삼아야 한다. 그래야만 민심을 얻고 백성과 일체를 이룰 수 있다. 또 노자는 "나라로써 나라를 보아야 하고, 천하로써 천하를 보아야 한다"(「54장」)고 한다. 자신의 사사로움을 내세우면 나라가 자기의 사욕에 가려 보이지 않는다. 천하도 마찬가지이다. 때문에 먼저 사사로움이 없는 사람만이 무위로서 나라와 천하를 다스릴 수 있다.

그렇다면 정치에서 오로지 무위와 무욕의 도리만 있고, 기타 법령 등은 일체 불필요한 것인가? 결코 그렇지 않다. 비록 무욕과 무위가 최상의 정치이지만 법령의 필요성은 결코 부정할 수 없다. 노자는 법령의 조목은 최소화해야 하고, 간소화할 것을 강조한다. 이것이 바로 "큰 나라를 다스릴 때는 마치 작은 생선을 조리하듯이 하라"[若烹小鮮](「60장」)는 말의 의미이다. 요리를 할 때 생선이 크면 잘 익을 수 있도록 칼집을 낸다. 생선이 클 경우에는 칼집을 여러 번 내도 별 문제가 없지만, 작은 생선을 조리할 때 너무 잘게 칼집을 내어 끓이게 되면 생선은 흩어져 버린다. 노자가 말한 생선은 국가를 지칭하고, 칼집은 법령을 비유한 것이다. 이는 국가를 다스릴 때 법령과 제도 그리고 도덕적 규범을 너무 번잡하게 하지 말라는 것이다. 법령과 제도가 단순하면 인간들의 마음도 단순하게 전개되지만 복잡하면 복잡할수록 인간들의 마음도 자신들의 이해관계에 따라 복잡하게 전개된다는 것이다. 다시 말하면 도적을 막기 위하여 방범시스템을 견고하게 하면 할수록 도적은 그것을 뚫기 위하여 더욱 간교한 지혜를 짜낸다. 마찬가지로 큰 나라를 통치할 때는 작은 생선을 조리하는 것처럼 법령을 지나치게 세분화하지 않고 일반적인 상식에 의거하여 다스린다면 사람들 역시 간교한 지혜를 줄이고 자연스러운 성정에 따라 삶을 살아간다. 이것이 바로 노자의 무통無統의 통統, 즉 무위의 정치관이다.

3. 『도덕경』을 나가면서

『도덕경』을 읽기 전에 필자가 던진 문제를 음미해보자. 『도덕경』에도 필자가 제시한 문제를 시원하게 해결해주는 명언과 정답은 없다. 그러나 우리에게 해결의 실마리를 제공해주고 있는 것 같다. 『도덕경』에서는 상대적 대립을 초월한 원융의 세계관과 인생관을 제시한다. 이 세상 어떤 것도 상대적 대립 관계로 놓여있지 않은 것이 없다. 개념도 마찬가지이다. 크다와 작다 · 많다와 적다 · 아름답다와 추악하다 등 어떤 개념도 서로 짝을 이루고 있다. 하나가 무너지면 다른 하나 역시 자연스럽게 성립되지 못한다. 태풍이 불어 농작물에 막대한 피해가 왔다고 가정해보자. 그것은 불행 그 자체인가? 태풍 이후에 복구 공사에 참여하는 토건업자에게 태풍은 고마움 그 자체일 것이다. 세포를 죽지 않게 하는 약물이 개발되었다고 가정해보자. 누구나 그 약물을 환영할까? 아마 대부분의 의사들은 폐업 절차에 들어가야 할 것이고, 전국 의대는 최하위권으로 전락할 것이다. 호랑이의 가죽이 돼지가죽처럼 지저분하게 생겼다고 가정해보자. 백수의 제왕으로서 호랑이 체면이 서겠는가? 누가 지저분한 가죽을 원하겠는가? 아름답고 위풍당당한 백수의 제왕이라는 위상을 유지하려면 그 정도의 위험을 감수해야 할 것이다. 『도덕경』에서는 우리에게 한 사건의 단면만을 보지 말고 그것과 대립 관계에 놓여 있는 반면을 함께 관조함으로서 세계와 인생에 대하여 균형적인 인식을 할 것을 주문한다.

2장

사 기

史 記

사마천

01

주요 용어 해설

1. 한 무제(기원전 141–기원전 87 재위)

전한의 제7대 황제. 고대 제국의 완성기로 평가된다. 그의 54년간의 치세를 통해 대·내외적으로 많은 사업이 추진되었는데, 그 상당수가 중국 최초로 실시되었다는 점에서 더욱 의미 깊다. 유학을 국가의 지도 이념으로 채택, 태학에 오경박사의 설치, 연호의 사용, 주 자사의 설치, 실크로드의 개척 등은 모두 그 예이며, 그 밖의 여러 정책도 후대에 미치는 영향이 많았다.

2. 이릉(?–기원전 74)

한의 장군. 장군 이광李廣의 손자. 기원전 99년, 한 무제의 명으로 이광리의 흉노 원정을 돕기 위해 5천 명의 보병을 데리고 출전했다. 그러나 합류하기 전에 흉노 선우(국왕)의 군사 3만 명을 상대로 8일간 격전을 벌이다 중과부적으로 투항하였다. 부하들의 몰살을 막으려한 조치였으나, 이 소식을 들은 무제가 일족을 몰살시켰다는 소식을 듣고 한으로 돌아갈 생각을 단념하였다. 선우의 사위가 되어 흉노를 위해 공을 세우다 기원전 74년에 죽었다.

3. 편년체

역사적 사실을 연·월·일 순으로 기록하는 것으로, 동양에서 가장 일반적이고 오래된 방식이다. 현전하는 편년체 사서 중 가장 오래된 것은 공자가 노나라의 역사를 쓴 『춘추』(春秋)이고, 11세기 송대에 사마광이 편찬한 『사마광』이 유명하다.

4. 24사(二十四史)

중국의 각 왕조가 편찬한 24종의 사서에 대한 총칭으로, 역대 왕조에 의해 정통의 사서로 인정받은 점에서 '정사正史'라고도 한다. 모두 3,213권, 약 4,000만 자에 이르며, 기전체로 되어 있다. '正史'라는 명칭은 『수서』(隋書), 「경적지」(經籍志)에 처음 보이고, 청의 건륭제가 '24사二十四史'를 지정한 이후 정통 사서의 지위를 얻었다. 1921년 중화민국에서 『원사』를 고쳐 쓴 『신원사』 또는 청나라의 역사를 엮은 『청사고』를 합쳐 '25사'라 부르기도 한다.

5. 춘추전국시대

중국사에서 기원전 770년에 주 왕실이 수도를 낙읍洛邑으로 옮기고 나서 기원전 221년에 진秦이 중국을 통일할 때까지의 기간을 말한다. 주 왕실의 동쪽으로의 이동이라는 점에서 이 시기를 동주東周 시대라고도 하며, 또한 이 시기는 기원전 403년에 제후국 중 대국이던 진晉이 한韓·위魏·조趙의 3국으로 분열하는 사건을 기준으로 그 이전을 춘추시대, 이후를 전국시대라고 부른다. 이 시대는 제후들의 부국강병 추구를 위한 인재 기용에 따른 신분 질서의 재편, 철기 사용에 의한 생산력 증대, 그리고 제자백가의 출현 등으로 매우 역동적이었고 중국사에서 손꼽히는 변동기였다.

6. 제(齊) 환공(桓公, ?-기원전 643)

춘추시대 제齊의 제15대 제후로 이름은 소백小白. '춘추 5패'의 첫 번째 군주로 유명하다. 자신의 형 규糾와의 제후 계승권 대립에서 승리한 뒤, 관중管仲을 기용해 개혁 정치를 단행한 결과 제를 강국으로 만들었다. 천하의 제후를 모아 회맹會盟을 연 최초의 '패자'로서 그 위세를 자랑했고 대외적으로는 외적으로부터 주 왕실을 보호하는 '존왕양이尊王攘夷'의 입장을 보였다. 그러나 만년에는 실정失政이 이어져 제의 패권도 흔들리게 되었다.

7. 진의 시황제(기원전 259-기원전 210)

본명은 영정. 기원전 221년에 중국사상 처음으로 중국을 통일하고 최초의 황제가 되어, 기원전 210년 49세로 사망할 때까지 군림했다. 이후 약 2,000년에 달하는 중국 황제 제도를 만든 선구자이다. 하나가 된 중국을 위해 군현제의 실시, 문자, 도량형, 화폐의 통일 등 각 방면의 개혁과 중앙집권화를 단행하는 한편, 만리장성을 건설해 흉노에 대비하고, 사상 통일 과정에서 분서갱유를 단행하고, 자신의 능묘를 거대하게 축조하는 사업 등을 벌인 것으로 잘 알려져 있다.

8. 조씨고아

『사기』의 「조세가」(趙世家)에는 조씨의 조상이 진晉 경공景公 3년(기원전 597)에 도안고라는 정적에게 멸족의 화를 당했는데, 조삭趙朔의 처(조장희)만이 살아남아 낳은 유복자 조무趙武가 조삭의 식객이던 공손저구와 정영의 도움으로 성장하여 도안고 일족에게 복수한다는 이야기가 있다. 이 역사 고사가 원나라 시기에 극작가 기군상紀君祥에 의해 「조씨고아」라는 잡극으로 만들어졌고, 그 후 이 이야기가 청나라 시기에는 예수회 선교사들에 의해 유럽으로 전해져 볼테르 등이 각색하여 상연되었다.

9. 여불위(呂不韋, 기원전 292-기원전 235)

전국시대 말기의 저명한 상인, 정치가. 위衛나라 출신으로 문하에 '식객 3,000명'이라는 세력을 자랑하였고, 그들의 도움으로 당시 각 학파의 사상과 학설을 소개한 『여씨춘추』를 편찬하였다. 진왕 정(훗날의 진시황)의 생부라는 설도 있고, 그의 부친을 추대한 공로로 진秦에서 승상에 올랐고, 다시 정을 즉위시켜 그 권세가 막강했으나, 결국 반란 등의 혐의로 처형되었다.

10. 맹상군(孟嘗君, ?-기원전 279)

본명은 전문田文, 맹상군孟嘗君은 시호. 전국시대 제나라의 종실로 전국시대의 '4군君'의 한사람으로 유명하다. 종횡가의 세계관을 기조로 이른바 '전국 칠웅' 간에 외교가로 활약하였다. 널리 빈객을 불러 모아 '식객食客 3,000명'을 거느렸다는 이야기가 있다. 기원전 299년, 소양왕의 초청으로 진秦에 갔다가 위기를 느끼고 도망치는 과정에서 그 부하들 중에 닭 소리를 잘 내어 위기를 모면했다는 '계명구도鷄鳴狗盜'의 이야기는 유명하며, 이는 그 휘하 '식객'에 다양한 인재들이 있었다는 것을 암시한다.

02 작가의 생애와 시대 배경

1. 사마천에 대하여

사마천은 전한의 황제 무제가 재위 중이던 기원전 145년, 현재의 중국 산시성에서 태어났다. 부친 사마담이 태사령(천문과 역사 기록 등을 관장하는 부서)으로 있었기 때문에 사마천이 그의 영향을 받은 것은 자연스러운 일이었다. 어려서부터 고전을 익혀온 그는 10세 무렵에는 수도 장안에서 유명한 동중서로부터 유학을 배운 것으로 보인다.

20세 무렵에는 부친의 권유로 긴 여행을 떠나게 된다. 화북의 넓은 지역과 양자강 이남에 미치는 이 광범위한 여행에서 각지의 유적을 견학하고 기록을 모으고 민간의 전승 고사를 얻었는데, 이들 자료는 그의 훗날 작업에 크게 활용되었다.

2년 만에 장안으로 돌아온 사마천은 낭중(황제의 시종관)으로 관리 생활을 시작하지만, 그 후에도 여러 명목으로 각지를 여행하는 기회를 갖게 된다. 그러다가 무제가 태산에서 거행하는 봉선 제사를 수행하던 도중, 일시 귀환하여 위독한 부친으로부터 자신이 완수하지 못한 역사 집필의 완성을 부탁받았다고 한다.

얼마 후에는 드디어 부친의 자리를 이어 태사령에 취임하였고(28세, 기원전 108), 곧바로 『사기』 편찬을 위한 준비에도 착수한 것으로 보인다. 궁중 깊숙이 전해오던 귀한 도서를 자유롭게 이용할 수 있던 것도 가능해졌다. 또한 이 무렵에는 '태초력'이라는 새로운 달력이 만들어지게 되는데, 이는 태사령의 임무이기도 했기 때문에 사마천이 관여했음은 물론이다.

그런데 그의 나이 47세, 즉 기원전 99년은 사마천의 운명에 크나큰 영향을 주는 일이 발생하게 된다. 흉노 원정을 떠난 한의 장군 이릉이 그만 패하여 투항하자, 한의 조정에서는 이릉의 일족을 몰살해야한다는 의견이 나왔고, 거기에 사마천만이 이릉의 딱한 입장을 알고서 당당히 변호한 것이 무제의 화를 산 것이다. 황제를 모욕했다는 죄로 사형에 처해지게 된 사마천이 죽음을 모면할 수 있는 당시의 방법으로는 50만 전이라는 거금을 내던지 아니면 치욕스러운 궁형을 받는 길밖에 없었으나, 가난했던 사마천은 결국 후자를 택하여 겨우 목숨을 건지게 되었다. 이때 사형이 그대로 집행되었다면 『사기』는 세상에 나올 수 없었을 것이다.

궁형을 받은 지 3년쯤 뒤에 사면령이 반포되고 사마천은 사면과 동시에 중서령으로 관계에 복지하였다. 중서령은 태사령보다 훨씬 높은 관직으로, 여기에는 변덕스럽고 즉흥적이던 무제의 속죄의 마음이 있었다고 보인다. 이후 사마천은 무제의 조칙을 기초하거나 궁중의 문서를 취급하는 중서령으로서의 역할을 수행하는 한편, 『사기』 집필에 전력을 쏟다가 60세 정도로 사망하게 된다.

2. 사기의 탄생과 그 내용

사마천이 치욕스러운 형벌을 받으면서까지 살아남으려 했던 것은 오직 한 가지 신념 때문이었다. 부친의 유업이기도 한 역사의 집필, 즉 훗날 『사기』로 알려진 책을 완성하기 위해서였다. 궁형을 받음으로써 인생관 자체가 바뀌어 버린 사마천의 삶에 대한 진지한 태도는 그가 임안이라는 지인에게 보낸 편지에서 잘 나타난다. '보임소경서[報任安書]'라고 알려진 편지에서 사마천은 자신이 "사형을 받아 그대로 죽는다면 소 아홉 마리 중에서 터럭(털) 하나['九牛一毛']가 사라진 정도로 미물이 죽은 것과 무엇이 다르겠는가?"고 한 뒤, 죽음의 가치에 대해서 "사람은 본디 한번 죽지만 어떤 죽음은 태산보다 무겁고, 또 어떤 죽음은 새털보다 가벼우니, 이는 그것을 사용하는 방식이 다르기 때문이다"고 역설하였다.

설령 굴욕을 당한다 해도 그동안 누구도 해내지 못한 중국의 통사通史를 완성시켜 그것을 후대에 길이 전할 수 있다면, 그 굴욕은 순간적인 것이고 자신의 이름은 영원히 남을 것이라는 신념이 사마천의 울분을 불굴의 의욕으로 승화시킨 것이다. 하물며 그것은 부친이 죽으면서 남긴 유언이기도 했다. 사마천에게 『사기』의 완성은 부친과의 약속이자 가업의 완성이기도 했다. 이를 위해 사마천은 태사령에 취임할 무렵부터 사망 직전까지 작업을 계속한 것으로 보인다.

중국의 전통적인 역사 기술 방식은 '편년체編年體'와 '기전체紀傳體'라는 두 가지 방식이 대표적이다. 사건을 연대순으로 적는 '편년체'는 공자의 『춘추』 이래로 유지되어온 오래된 방식이었다. 여기에 사마천이 처음으로 '기전체'라는 방식을 고안함에 따라 역사 서술의 방식이 다양해졌다. 그뿐만 아니라 이 '기전체'야말로 이후 역대 중국 왕조는 물론 한국과 같은 동시아아 국가의 공식적인 역사서 즉 '정사正史'의 사체史體로도 채택되는 획기적인 것이었다. '정사'란 말하자면 국가 공인의 역사서를 말하며, 중국에서는 한 이래로 역대 왕조들이 기전체에 입각해 앞 왕조의 역사를 편찬하는 관례가 만들어진 결과 청나라 때까지 24종의 '정사', 즉 '24사'가 출현하게 된 것이다.

최초의 '정사'로서의 『사기』는 모두 130권으로 전설 상의 인물인 황제黃帝로부터 시작해서 자신이 살고 있던 무제 시기까지, 약 2,000년의 역사를 취급하고 있다. 당시까지 존재한 중국의 역사 전체를 대상으로 삼은 점에서 『사기』는 '통사通史'에 속하는 것이며, 이 점은 두 번째 '정사'인 『한서』(반고가 편찬) 이후의 사서들이 대부분 하나의 왕조만을 대상으로 한 '단대사斷代史'였다는 점에서 이색적이다.

『사기』의 가장 큰 특징은 내용을 주제별로 서로 다른 장르를 세워 기록하고 있는 점이다. 특히 '본기本紀'와 '열전列傳'이 근간을 이루며 '기전체'라는 말도 이 두 부분을 합친 약칭에서 유래한다. '본기'는 황제나 왕조의 중요 사항을 기록한 것이고, '열전'은 개인의 전기를 다룬 내용이지만 다만 거기에는 「흉노열전」, 「조선열전」처럼 인물만이 아닌 주변 국가의 정세를 기록한 경우도 있고 이들은 한국이나 일본의 고대사를 이해하는 데에 중요한 자료로 활용된다. 이 밖에 제후나 특별한 인물을 기록한 '세가世家', 여러 제도를 기록한 '서書', 연표나 세계世系 등을 표시한 '표表'까지 『사기』는 모두 5개의 장르로 구성되어 있다. 이 같은 구성이 이후의 '정사'에 기본적으로 계승되지만 다만 '세가'가 더 이상 존재하지 않게 되거나 '서'는 '지志'로 이름을 바꾸는 등 변동도 존재한다.

03
작품 읽기

최초의 시도인 만큼 『사기』에는 『한서』 이후의 정사와 비교해 아직 형식과 문체가 정비되지 않은 곳이 있고, 사마천 개인의 생각과 평가가 자유롭게 나타나 있다. 본문의 도처에 보이는 '태사공왈太史公曰'이라고 시작하는 유명한 논평이 그것이다. 처음부터 관찬으로 시작된 것이 아니라 사마천 개인의 가업으로 시작되어 이후 정부에게 공인된 특별한 사정이 이 같은 독특한 성격을 만든 것이다.

틀에 얽매이지 않은 자유로운 문체와 관점은 『사기』에 문학성을 갖추게도 했다. 객관적 사실에 기초하는 사서로서의 면모를 유지하면서도 특정 부분에 대해서 때로는 허구로 의심되리만큼 문학적 색채가 강한 것은 그가 역사를 통해 인간에게 보내려는 암시를 극대화하려한 것으로 보인다.

이 때문에 사마천은 역사상 성공한 인물보다 불우한 인물에 더 큰 관심을 두는 경향이 있으며, 그들에 대한 사건을 서술할 때 한층 문채에 빛이 난다. 「자객열전」(刺客列傳)은 그러한 사마천의 의중이 담겨 설정된 이야기이다. 즉 『사기』 권86에는 춘추전국시대에 생을 보낸 5명, 즉 조말曹沫, 전제專諸, 예양豫讓, 섭정聶政, 그리고 형가荊軻에 관한 감동적인 이야기를 「자객열전」(刺客列傳)이라는 범주로 묶어 박력 있는 인간 드라마를 통해 독자에게 감동과 교훈을 주고 있다. 그 내용의 주요한 부분은 대략 다음과 같다.

1. 조말(曹沫)

춘추시대 노나라의 장공莊公은 조말이 용맹한 이유로 장군에 임명하여 신임하고 있었다. 그러나 이후 조말이 이웃 나라인 제와 싸워 세 번이나 패하고 말았다. 겁이

난 장공이 제에게 수읍을 할양해주는 조건으로 화의를 제안했고, 제의 환공桓公도 제단을 세워 맹서의 의식을 치르기로 결정했다.

그런데 맹약의 자리에서 장공이 서약서를 쓸 무렵, 조말이 갑자기 뛰어들어 환공에게 비수를 들이대니 근위병들은 함부로 움직일 수가 없었다. 세가 악한 노의 땅을 힘으로 빼앗는 것이 부당하다고 그 반환을 요구한 것으로, 어쩔 수 없이 환공이 이를 허락하자, 조말은 비수를 버리고 원래 자리로 돌아가 얼굴색 하나 변하지 않고 아무 일 없다는 듯이 행동하였다.

환공은 자신의 궁으로 돌아와 크게 화를 내며 약속을 지킬 수 없다고 했다. 하지만 관중이 이를 말리며 "작은 이익을 탐하다 제후들의 신망을 잃어버리면 더 큰 손해가 생길 것이 두렵습니다"고 하는 말을 듣고 결국 노에게 땅을 돌려주었다.

2. 전제(專諸)

전제는 오나라 사람으로 오자서伍子胥가 초에서 도망쳐 오에 망명한 후에 그의 재능을 알게 되었다. 그 후 오자서는 공자公子 광光이 오의 국왕인 요를 살해하려는 생각을 알고서 전제를 그에게 추천하였다.

광의 아버지는 과거의 오나라 왕 제번諸樊으로 그에게는 세 명의 동생이 있었는데, 첫째가 여제, 둘째가 이매, 셋째는 계찰이었다. 제번은 특히 계찰이 현명하다는 것을 알아 태자를 세우지 않고, 세 명의 동생들에게 왕위를 차례로 물려주어 결국에는 계찰에게 순서가 넘어가게 하려 했다. 제번이 죽자 왕위가 여제와 이매를 거쳐 계찰 순서까지 되었으나, 계찰이 사양하고 도망가 버리니, 오의 사람들이 이매의 아들 요를 왕으로 삼았다. 이에 광이 "형제 순서대로라면 계찰이 마땅히 왕이 되어야하고, 아들로 치자면 내가 적장자로서 왕이 되어야 한다"고 하였다. 그리하여 평소 몰래 지략이 뛰어난 자들을 양성하여 왕위를 빼앗으려 하였다.

광은 전제를 얻은 후에 그를 극진히 대해주었다. 오의 요왕 9년에 초의 평왕이 죽자 요는 자신의 두 동생인 개여와 속용에게 병사를 이끌고 초를 공격하게 하고, 한편으로 사자를 강국 진晉에도 보내 그 동태를 살폈다. 하지만 초가 개여와 속용의 퇴로를 끊는 바람에 오나라 병사가 돌아올 수 없게 되었다.

이에 광이 전제에게 "이때를 놓쳐서는 안 되오. 또 나야말로 진정한 왕의 후손으로 왕이 되어야 하오"라고 하였고, 전제는 "요는 죽여 마땅하나 저의 어머니는 늙고 자식들은 어립니다. 요의 두 동생이 초를 공격했으나 돌아오지 못하고 있어 기회입니다만 어찌해야 좋을지 모르겠습니다"라고 하였다. 공자 광이 머리를 조아리며 "이제 나의 몸은 그대의 몸이오"라고 하였다.

초여름이 되어 광은 무장한 병사를 지하실에 매복시켜놓고, 술자리를 만들어 국왕 요를 초청했다. 요는 병사를 궁궐에서 광의 집 문과 계단까지 좌우로 배치시키고 모두 무기를 들고 있게 했다. 술자리가 무르익자 공자 광은 다리가 아프다고 가장해 지하실에 들어가, 전제를 시켜 구운 생선의 배에 비수를 숨겨놓고 진상하게 만들었다. 왕 앞에 다가선 전제가 생선을 갈라 비수를 꺼내 요를 찌르니 그 자리에서 죽었다. 이에 근위병이 전제를 죽이고, 왕의 부하들이 혼란스러워하자 광은 매복해둔 무장 병사들을 이용해 요의 군사들을 공격해 이를 모조리 없앤 뒤 즉위하니 이가 합려闔閭이다. 합려는 전제의 자식을 상경上卿에 봉하였다.

3. 예양(豫讓)

예양은 진晉나라 사람이다. 일찍이 범씨範氏와 중행씨中行氏를 섬겼으나 재능을 인정받지 못했다. 예양이 이들을 떠나 지백智伯의 부하로 들어가니 지백이 그를 존중하고 우대하였다. 지백이 조나라의 양자襄子를 공격했더니 양자가 거꾸로 한과 위의 세력을 끌어들여 지백을 멸망시키고 그 땅을 삼분하였다. 특히 양자는 지백을 증오하여 그 해골을 술잔으로 썼다. 예양은 산속으로 도망가 "선비는 자신을 알아주는 이를 위해 죽고, 여자는 자신을 기쁘게 해주는 자를 위해 얼굴을 화장한다"[士爲知己者死, 女爲悅己者容]라고 하면서, "지백이 나를 알아주었으니 나는 반드시 지백의 원수를 갚고 죽어야 할 것이다"고 했다.

이에 이름을 바꾸어 형벌 받은 죄인으로 위장해 궁궐의 화장실을 고치는 일을 하며 기회를 보아 양자를 살해하려 했으나 붙잡히게 되었다. 지백을 위해 보복하려 했다는 말에 측근들이 예양을 죽이라고 했으나, 양자는 "참으로 의인義人이구나"하고 풀어주었다.

얼마 지나지 않아 예양은 몸에 옻을 칠해 문둥이가 되고 숯을 삼켜 목소리를 바꾼 후 거지 행세를 하니 그 부인마저 알아보지 못했다. 그를 알아본 친구 한 명이 울면서 "자네가 그 재능으로 양자를 모신다면 총애를 받을 것이고 그 후 복수를 한다면 더 쉬울 터인데, 어찌 몸을 망치기를 이리하는가?"고 하였다. 그러자 예양은 "남에게 몸을 맡기어 신사臣事한 후에 그를 죽이려 한다면 이는 두 마음을 품고서 군주를 섬기는 것이다. 또한 내가 하고자 하는 일이 극히 어렵다는 것을 잘 안다. 그럼에도 내가 이렇게 하는 것은 장차 후세에 신하의 몸으로 두 마음을 품고 군주를 배반하는 자들을 부끄럽게 여기게 하고자 하는 것이다"고 답했다.

예양은 이번에는 양자가 지나가게 될 다리 밑에서 매복하였으나, 말이 놀라는 바람에 다시 붙잡히게 되었다. 양자가 예양에게 "자네는 일찍이 범, 중행씨를 섬겼는데 지백이 그들을 멸망시켰는데도 복수는커녕 지백의 신하가 되었다. 지백 또한 이미 죽었는데 자네는 어찌해서 그를 위해서만 이리도 복수심이 깊은 것인가?"하고 꾸짖으니, 예양은 "범과 중행씨를 모셨으나, 그들은 나를 보통 사람으로 대했기에 나 역시 그렇게 한 것이지만, 지백은 나를 국사國士로 대해주었기에 나도 그를 국사의 예로 보답하려는 것이오"라고 대답하였다.

양자는 "아아 예양선생, 자네의 지백을 위한 보답은 이미 충분하오"라고 감동하였지만 더 이상 예양을 풀어주지 않았다. 예양이 죽기 전에 양자에게 입은 옷을 벗어 달라고 부탁하였고, 이를 들어주니 예양은 자신의 검으로 그 옷을 세 번 크게 찌르고 난 뒤, "이제 죽어서도 지백을 만날 면목이 서게 되었다"하고 자살하였다. 조나라 사람들이 이를 듣고 모두 눈물을 흘렸다.

4. 섭정(聶政)

한나라 사람 섭정은 사람을 죽인 일로 복수를 피해 어머니와 누나를 모시고 제齊나라에 가서 푸줏간 일을 하며 살았다. 그 뒤에 한나라의 재상 협루와 원한이 깊은 엄중자嚴仲子가 박해를 피해 각지를 돌아다니다가 제에 있는 섭정이 용감하고 의롭다는 소문을 듣고 그 집을 찾아가 예를 다하면서 자신의 복수를 여러 번 부탁하게 되었다. 엄중자가 어느 날 술자리를 베풀어 큰돈을 건네면서 어머니의 장수를 빈다고 했으나 섭정은 사양하며, "노모가 계셔서 저는 감히 몸을 다른 이에게 맡길 수가 없습니다"고 하였고, 그러자 엄중자는 결국 아쉬운 듯 떠나갔다.

시간이 흘러 섭정의 어머니가 세상을 떠났다. 장사를 치른 뒤, 섭정은 "아아, 나는 칼로 소나 돼지를 잡는 미천한 자인데도 엄중자는 경상卿相의 몸으로서 천리 길을 찾아와 나와 사귀었다. 엄중자가 백금으로 어머니의 장수를 빌었는데도 나는 그 마음을 저버렸다. 이제 노모가 돌아가셨으니 내 목숨을 나를 알아주는 이를 위해 써야겠다"고 말하였다.

그렇게 해서 서쪽으로 가 엄중자를 다시 만난 섭정이 복수할 자가 누구인지를 물으며 자신이 그 일을 기꺼이 맡겠다고 하니, 엄중자는,

"저의 원수는 한나라의 재상 협루입니다. 그는 한나라 왕의 계부季父이기도 합니다. 친척이 매우 많고 거처에 병사도 많습니다. 제가 사람을 시켜 그를 암살하려

했으나 결국 모두 해내지 못했습니다. 당신이 다행히 저를 버리지 않았으니 기마와 장사들을 마련해 힘을 보태야겠습니다"고 하였다. 그러나 섭정은 사람이 많으면 예상치 못한 일이 생기거나 비밀이 새어나갈 수 있다는 이유로 이들을 모두 물리치고 칼 한 자루만을 쥐고 홀로 떠나버렸다.

한나라에 이르니 마침 재상 협루가 당상에 앉아 있었고 주위에는 창을 가진 호위병이 매우 많았다. 섭정이 곧바로 뛰어 들어가 계단에 올라 협루를 찔러 죽이니 병사들이 크게 흐트러졌다. 섭정이 크게 부르짖으며 수십 명을 죽인 다음 칼로 자신의 얼굴을 찢고 눈을 파내고 배를 찔러 내장을 꺼내 마침내 숨을 거두었다. 섭정의 정체를 알 수 없던 한에서는 그 시신을 시장에 늘어놓고 현상금을 걸어도 아는 자가 없었다.

하지만 이 소식을 들은 섭정의 누이 섭영이 눈치를 채고 저잣거리에 달려가 보니 과연 섭정이었다. 섭영이 시신 위에 엎드려 통곡하며 "이 자가 제 동생인 심정리深井里 사람 섭정입니다"하고 울부짖었다. 사람들이 모두 "이 사람은 우리 재상을 잔인하게 죽여 천금의 현상금을 걸었는데 당시은 어찌 감히 그를 알아보는 게요, 후환이 두렵지 않습니까?"하였다.

그러자 섭영은 "섭정이 욕을 보며 푸줏간에서 고생한 것은 노모가 계시고 저 또한 시집을 가지 않아서입니다. 어머니가 돌아가시고 저도 시집을 가고 났으니 동생이 두터운 호의를 준 엄중자를 위해 이처럼 행동한 것입니다. '사士는 자신을 알아주는 이를 위해 죽는다'[士固爲知己者死]고 했습니다. 동생이 자신의 몸을 심히 훼손시켜 다른 사람이 못 알아보게 한 것은 저를 연루시키지 않게 하지 위해서였습니다. 제가 어찌 죽는 것을 두려워해 의로운 동생의 이름이 그대로 잊혀지게 할 수 있겠습니까?"고 말한 후에, '하늘'을 세 번 크게 외치고 슬픔을 못 이겨 섭정 옆에서 죽었다. 진晉, 초, 제, 위衛의 사람들이 그 소식을 듣고 모두 "섭정만이 대단했던 것이 아니라, 그 누나 역시 열녀였구나"고 하였다.

5. 형가(荊軻)

위衛나라 사람 형가가 각지를 떠돌다가 연燕나라에 이르러 개 도살을 업으로 하면서 축을 잘 켜는 고점리高漸離와 친하게 지냈다. 형가는 비록 술꾼들 사이에서 떠돌고 있었지만, 사람됨이 침착하고 신중했으며 글 읽기를 좋아하였다. 연의 처사處士 전광田光 선생 역시 그를 잘 대해줬고 그가 보통 사람이 아님을 잘 알고 있었다.

얼마 지나지 않아 연의 태자 단丹이 진秦에 인질로 가 있다가 연으로 도망쳐 왔다. 진秦의 왕 정政(후의 진시황제)이 자신을 함부로 대한 것에 앙심을 갖게 된 단은 그에게 복수해 줄 사람을 찾고 있었다. 하지만 연은 국력이 약했고 당시 막강한 국력으로 세력을 팽창시키던 진에게 모두가 겁을 내고 있었다. 그러던 차에 진에서 번오기樊於期라는 장군이 죄를 짓고 도망 오자 측근들이 진의 화를 살까 그를 받아들여서는 안 된다는 의견을 내었으나 단은 번오기의 고립된 처지를 불쌍히 여겨 결국 받아들였다.

어느 날 단이 전광을 불러 진 왕에 앙갚음할 방안을 상의하자 전광은 형가를 추천하였다. 전광이 물러나려 하자 단이 전송하며 "저와의 사이에서 있던 일은 절대로 발설하시면 안 됩니다"고 하였다.

그 후 전광이 형가를 만나 단을 찾아갈 것을 부탁하였고 형가가 이를 수락하였다. 그리고 전광은 "내가 듣기에 나이든 사람이 하는 일은 다른 이로 하여금 의심을 갖게 하면 안 된다고 들었는데, 태자는 나에게 상의한 것을 발설하지 말라 했으니, 이는 나를 의심하기 때문이네"라고 한 뒤 스스로 목을 베어 숨을 거두었는데, 이는 자신이 결백하다는 것과 동시에 형가를 자극시켜 태자의 일이 실행될 수 있도록 하려는 배려이기도 했다.

단이 형가로부터 이 소식을 듣고 한참을 통곡한 뒤, 진의 부도덕함을 설파하고 그 위협을 막기 위해 진 왕 암살의 필요를 말하니 형가가 마지못해 그 임무를 일단 수락하였다. 태자는 형가를 경卿에 봉하고 극진히 후대했으나 시간이 지나도 형가는 고민만하고 떠날 기미를 보이지 않았다. 단이 이를 걱정하던 중에 형가가 먼저 태자에게 조건을 요구하였다. 그것은 진 왕을 만나기 위해서는 번오기의 목이 반드시 필요하다는 것이었다.

이제 단이 고민을 하는 형국이 되었지만, 그가 차마 번오기를 죽일 수 없음을 알고 있던 형가는 번오기를 직접 찾아가 사정을 얘기하게 되었다. 형가가 번오기에게 "장군의 머리를 얻어 진 왕에게 바친다면 그자는 반드시 기뻐서 신을 볼 것이고, 이때 기회를 보아 그를 암살할 것입니다. 그렇게 된다면 장군의 원수를 갚고 연나라가 겪은 수모도 되갚을 수 있습니다"고 하니, 이에 번오기도 동의하며 자결하였다.

태자가 그 소식을 듣고 매우 슬퍼하였으나 어찌 할 도리가 없었고 결국 번오기의 머리를 상자 안에 넣어 형가에게 주었다. 상자 속에는 백금을 주고 사들인 천하의 비수와 역시 진 왕에게 줄 기밀 지도를 넣어 두었다. 드디어 형가가 진무양秦舞陽이라는 용사만을 데리고 출발하는 날, 태자와 빈객들이 모두 하얀 의관衣冠을 착용하고 배웅하였다. 역수易水에 이르러 제사를 지낸 후 고점리가 축을 켜고 형가가 노래를 불렀는데 소리가 매우 서글퍼 사람들이 모두 눈물을 흘렸다. 노래의 일부로 "바람은 쓸쓸히 불고 역수는 차갑구나, 장사 한번 떠나면 다시는 돌아오지 않으리"라고 하였다.

진에 도착한 형가가 뇌물로 진 왕의 측근을 매수해 번오기의 목과 기밀 지도를 바치겠다고 하자 진 왕이 매우 기뻐하였고, 이에 형가가 함양궁咸陽宮으로 들어가게 되었다. 진 왕 가까이에 이르자 진무양은 얼굴빛이 변하고 두려움에 몸을 떨자 신하들이 기이하게 여겼다.

진 왕의 요구에 형가가 지도를 가지고 갔고, 이에 진 왕이 지도를 펴니 그 속에서 비수가 나오자 형가가 그 틈에 비수를 잡고 진 왕을 찔렀다. 그러나 진 왕이 이를 간신히 피했고 신하들이 놀라 쳐다만 보고 있는 사이에 두 사람 사이에 결투가 이어졌다. 진의 법에서는 신하들이 전상殿上에서 무기를 소지할 수 없어 신하들이 돕지 못했다는 것이지만, 결국 진 왕이 차고 있던 칼을 뽑아 형가를 찔러 상황을 유리하게 만들었다. 비수를 던져 반격했지만 실패하자, 뜻을 이룰 수 없다고 생각한 형가는 기둥에 기대어 털썩 앉아 "내가 일을 이루지 못한 것은 진 왕을 사로잡아 반드시 약속을 받아내어 태자에게 보답하려고 했기 때문이다"고 매도했다. 그때 근위병들이 달려들어 형가를 죽였다.

크게 노한 진 왕이 곧바로 연을 공격한 것은 당연했고, 이에 연의 왕은 태자 단을 죽여 속죄하였으나, 진의 공격은 멈추지 않아 5년 후에 결국 연은 멸망하고 그 왕 희喜는 포로가 되었다. 그다음 해, 진나라는 천하를 통일하고 진 왕은 스스로를 '황제'라고 칭하였다.

형가의 친구 고점리는 숨어 살다가 축 솜씨가 시황제의 귀에까지 들려 불려가게 되었다. 그리고 곧바로 신분이 발각되었음에도 그 재능을 아쉬워한 시황제가 사면해주고 계속 곁에 두었다. 그러나 결국 고점리도 축으로 시황제를 내리쳐 암살을 시도했으나 실패하여 죽고 말았다.

6. 「자객열전」 내용의 여러 특징

1) 자객과 '정의(正義)'

'자객'의 '자刺'에는 '찌른다'는 의미가 있고, 따라서 '자객'은 그 이야기들에서 보듯이 누군가의 의뢰를 받고 남을 암살하는 사람들을 말한다. 이 점에서 그들을 '청부 암살 업자'라고도 부를 수 있을지 모른다. 하지만 이름에 대한 뜻풀이만으로 「자객열전」에 오른 인물들의 가치를 평가할 수는 없다. 그들은 단순히 사사로운 '청부 업자'가 아니라 그들 나름의 정의에 이끌려 행동하였기 때문이다. 춘추전국시대부터 한대에 걸쳐 중국에서는 이를테면 '정의로운 폭력'을 숭배하는 분위기가 존재하여, 한편으로 '유협遊俠' 또는 '임협任俠'이라는 유사한 존재들도 활약하였고, 『사기』에는 별도로 「유협열전」이 존재한다. 다만 이들과 '자객' 간에 어떠한 구별은 있는지는 사마천 자신도 설명하고 있지 않다.

사마천은 「자객열전」의 마지막 부분에서 전체를 총평하여,

> *조말에서 형가까지 5명은 그 대의가 성공하기도 했고 성공하지 못하기도 하였다. 그러나 그들의 의도와 목적은 매우 뚜렷했고 자신의 뜻을 어기지 않아 그 이름이 후세에까지 전해졌으니 그들의 행동은 결코 허망한 것이 아니다.*

라고 그들을 '대의大義'를 좇은 존재로 보았다.

무엇보다 인상적인 것은 자객들이 그러한 '대의大儀'를 위해서 한결같이 자신의 몸을 돌보지 않고 과감하게 행동한 점이다. 그것은 보통 사람이 차마 할 수 없는 것들이었다. 그들은 이미 행동에 앞서 죽음을 각오했기 때문에 어떠한 상황에서도 두려워하지 않았다. 조말이 "비수를 버리고 얼굴색 하나 변하지 않고 아무 일 없다는 듯이 행동하였다"던지, 예양이 "이제 죽어서도 지백을 만날 면목이 서게 되었다"고 말한 것이나, 형가가 암살이 실패로 끝났음에도 도리어 진시황을 매도한 것 등은 모두 죽음을 아랑곳하지 않는 모습이다. 그렇기 때문에 자신의 몸을 극도로 자해하면서까지 행동할 수 있었다. 섭정과 예양이 자신의 몸에 가한 행위는 상상의 범위를 넘어서는 극단적인 모습이었다.

다만 그들의 행위를 사마천이 비록 '대의'라 했어도 그것은 중국의 전통적인 가치, 특히 유가의 입장과는 크게 배치하는 것이었다. 먼저 유가에서는,

> *우리 몸은 머리털까지 모두가 부모로부터 받은 것이니 함부로 훼손해서는 안 되고 이것이 효의 시작이다. [身體髮膚, 受之父母, 不敢毁傷, 孝之始也.]*

고 하여, 신체를 학대하고 목숨을 초개처럼 취급한 자객의 행동은 오히려 지탄받을 일로 여겼다. 또한 '대의'는 유가에서도 강조하는 덕목으로 중시되지만 「자객열전」의 그것과 성질을 달리하는 것이었다. 예컨대 『맹자』는 '의'야말로 삶과 죽음을 넘어서는 가치가 있는 것으로 다음처럼 묘사한다.

> *생은 내가 바라는 것이고 의 또한 바라는 바이다. 하지만 두 가지를 모두 가질 수 없다면 생을 버리고 의를 취할 것이다. 생은 내가 바라는 바이지만 원하는 것이 생보다 더 한 것이 있으므로 구차히 생을 얻으려 하지 않는다. 죽음은 내가 싫어하는 바이지만 싫어하는 것이 죽음보다 더 한 것이 있으므로 죽음(같은 우환)도 피하지 않는다. [生亦我所欲也, 义亦我所欲也, 二者不可得兼, 舍生而取义者也. 生亦我所欲, 所欲有甚于生者, 故不为苟得也. 死亦我所恶, 所恶有甚于死者, 故患有所不辟也.]*

'의'를 위해서는 구차히 살려하지 말고, 또 죽음조차 피하지 말라는 '사생취의捨生取義'를 강조한 것이다. 유가에서의 모든 가치는 국가나 군주 등에 방향을 맞추고 있기 때문에 이때의 '의'는 '애국'이나 '충군'같은 사회적 가치를 전제로 한 것이며, 이 부분이 「자객열전」에서 뜻하는 '의'와 성격을 달리 한다. 유가가 강조하는 사회적 윤리는 「자객열전」에서는 거의 찾아보기 어렵고 그 대신 거기서는 개인간의 신의에 바탕을 둔 '의'가 보일 뿐이다. 그것은 유가의 입장보다 훨씬 원초적인 인간 본능에 뿌리를 둔 소박한 '정의'가 주제를 이룬다.

한편 사마천이 「자객열전」을 세운 이유에는 아마도 자신이 겪은 생과 사에 대한 문제가 그로부터 강하게 투영되어 있기 때문인지 모른다. 모두가 '대의'를 좇은 결정이라고는 해도 생을 간단히 포기해버린 행동들은 사마천에게 강렬한 인상을 주고도 남았을 것이다. 단지 그의 개인 경험에 비추어 볼 때 사마천의 생에 대한 자세는 자객이나 맹자가 임하는 것과는 다른 것이었다. 그가 죽음을 받아들이는 대신 궁형을 택해 살아남은 것을 『사기』의 완성이라는 목적에서 의미를 찾았지만, 맹자나 자객들은 모두 기꺼이 죽을 필요에 대해서만 강조하였지, 살아남아야 할 의미에 대해서는 누구도 제시하지 않았기 때문이다. 사마천의 사례를 통해서 볼 때 '대의'는 오히려 죽음을 택하는 순간 실현 불가능한 것이 되기 때문에, 그에게는 진정한 '대의'란 다소 구차해도 살아남아야 비로소 약속될 수 있는 것이었다. 이는 물론 사마천의 궁형 선택이 구차했다는 의미가 아니라, 오히려 '대의'라는 미명에 생을 간단히 포기하거나 포기를 강요받는 선택에 대한 재고의 필요성을 말한다.

2) 여러 특징

「자객열전」에서 나타나는 '의'는 구체적으로는 다음과 같은 내용이 돋보인다. 먼저 '지우지은知遇之恩', 즉 자신을 알아준 고마움에 대한 보답이다. 이에 대해서는 예양의 경우가 가장 전형적이다. 그가 스스로 "선비는 자신을 알아주는 이를 위해 죽고, 여자는 자신을 기쁘게 해주는 자를 위해 얼굴을 화장한다"고 복수를 다짐하였고, 또 조양자가 그 깊은 복수심이 어디에서 왔는지를 물었을 때, "범과 중행씨를 모셨으나, 그들은 나를 보통 사람으로 대했기에 나 역시 그렇게 한 것이지만, 지백은 나를 국사國士로 대해주었기에 나도 그를 국사의 예로 보답하려는 것이오"라고 대답한 데에서, 그러한 기분을 읽기 충분하다. 섭정이 "아아, 나는 칼로 소나 돼지를 잡는 미천한 자인데도 엄중자는 경상의 몸으로서 천리 길을 찾아와 나와 사귀었다…. 내 목숨을 나를 알아주는 이를 위해 써야겠다"고 말한 것도 같은 사례이다. 아울러 태자 단이 고민하던 중 번오기가 간단히 자살하여 그 머리를 내준 것도 자신의 투항을 받아준 단에 대한 고마움의 표시로 볼 수 있다. 이들은 모두 자신을 알아주거나 중용해준 자에 대한 인간의 가장 순수한 감정으로 자신의 모든 것을 던져 보답한 것이다.

「자객열전」에 흐르는 또 하나의 주제는 신의信義와 의리를 죽음으로 지키는 모습이다. 형가가 단으로부터 의뢰를 받은 당초 쉽게 결정을 내리지 못하고 머뭇거렸지만, 일단 승낙한 후 그 소임을 관철한 것은 대표적인 사례이다. 도중에 단이 형가를 의심한 것에 대해 형가가 화를 내는 대목까지 있는 것은 형가가 자신의 신의가 의심받는 것에 대한 불평이었다. 전광이 자살을 택한 것도 자신을 의심하는 단에게 굳건한 신의를 증명하기 위해서였다. 또한 예양이 친구에게 자신이 자해까지 하는 이유와 관련해, "내가 이렇게 하는 것은 장차 후세에 신하의 몸으로 두 마음을 품고 군주를 배반하는 자들을 부끄럽게 여기게 하고자 하는 것이다"고 한 것도 신의를 저버린 자들에 대한 강렬한 경고였다.

이와 함께 노모와 누이 등 가족에 대한 효애도 나타난다. 섭정이 노모 생존 중에 몸을 남에게 의탁하지 않았고, 죽음에 임해서는 온몸을 자해해 자신의 정체를 숨겨 화가 누이에게 미치지 않도록 한 것이 그것이다. 전제의 경우에서도 노모에 대한 배려가 보인다.

강자에 항거하고 약자를 배려한 점 역시 「자객열전」의 정신이다. 자객은 폭력을 수단으로 하는 행동임에도 불구하고 그 동기에는 강자의 폭압에 대한 저항이 있었다. 조말의 행위는 춘추시대의 첫 번째 패자 제 환공에게 억압받아온 약소국 노나라의 울분이 그 동기에 있고, 형가가 자객을 결심한 배경에도 바야흐로 전국시대의 통일을 목전에 둔 진 왕의 폭거를 비난한 태자 단의 설명이 영향을 주었다고 보인다. 섭정의 행위는 엄중자를 억압한 한의 재상 협루에 대한 개인 차원에서의 복수였다.

3) 자객 출현의 역사적 조건

이상과 같은 자객들의 행위는 당시 중국 사회가 안고 있던 역사적 조건과 관련지어 생각해볼 수 있을 것이다. 중국에서도 특히 춘추전국시대에 집중적으로 나타난 이 현상이 당시의 고유한 시대적 특색과 관계가 있으리라는 추정이 가능하기 때문이다.

먼저 영웅 숭배 심리이다. 전쟁이 계속되던 춘추전국시대는 불안한 사회경제 정세 속에서 지배계급의 깅입과 착취가 이어져 민생이 매우 어려운 상황이었다. 여기에 민중들이 포악한 지배 세력으로부터 자신을 구해주고 정의와 공평을 유지해줄 누군가가 나타날 것을 기대하는 것은 자연스러운 일이며, 자객은 그러한 영웅으로 환호를 받게 된 것이다. 따라서 자객 또한 정의감 넘치는 존재로서의 자기의식을 갖고 있었다고 보이지만, 이들에게는 동시에 자신의 정의로운 죽임이 가족 성원에 대해 '복을 가져다준다'는 고대로부터 있어온 소박한 정신 작용이 있었다는 설명도 있다.

이와 함께 고려되어야 할 점은 당시 존재하던 '복수 의식'이다. 여타 국가에서도 흔히 보이는 복수 의식은 중국 고대사회에서도 보편화되었고, 특히 유가 윤리 중에서는 혈친에 대한 복수는 물론 친구나 은인을 대신한 복수가 미덕으로 간주되었다. 「사기열전」에 등장하는 5인의 사례는 모두 남을 위한 복수극이지만, 『사기』에는 이 밖에도 복수를 주제로 한 다양한 이야기가 취급되어 있다. 16세기 경 예수회 선교사들에 의해 소개되어 유럽에서 희극으로도 각색되어 상연된 「조씨고아 이야기」는 그러한 고대 중국 복수극의 백미이다.

아울러 춘추전국시대에는 각지의 실력자들이 재능 있는 자들을 모아 대우해주면서 필요에 따라 활용하는 유풍이 있었다. 각기 수천 명의 '식객'을 두었다는 진의 여불위와 제의 맹상군은 가장 유명한 예이지만, 예양의 복수 상대였던 조양자 또한 휘하에 다수의 식객을 두었다고 한다. 이러한 인재 풀에서 자객이라는 일종의 인재도 섞여 있었을 것이다.

– 참조

민두기 편, 『중국의 역사인식』(상), 창작과비평사, 1985.

이성규, 『사기』, 서울대학교출판부, 1996.

김성규, 「사마천에서 볼테르까지: '조씨고아' 이야기의 진화 약사」, 『역사교육』 141집, 2017.

3장

고문진보

古 文 眞 寶

황견

01

주요 용어 해설

1. 고문(古文)

진·한秦漢의 문장을 주로 가리키지만 당·송대에 고문 운동을 펼친 사람들의 문장을 포함하여 한유·유종원·구양수 등 '당송팔대가'의 문장까지 지칭한다. 형식과 표현의 아름다움을 추구한 변려문과 달리 내용 위주의 문장을 쓴 것이 그 특색이다.

2. 고체시(古體詩)

시는 크게 고체시와 근체시로 분류할 수 있다. 시대적으로는 당대唐代 이전의 시는 고체시이고 당대에 새로 생겨난 시는 근체시이다. 형식상으로는 시 형식의 정형성과 평측의 규칙성으로 구분할 수 있다. 고체시는 구수句數와 평측平仄이 비교적 자유로운 반면, 근체시는 구수가 4행과 8행으로 제한되고 자수는 5자와 7자로 제한된다. 4행은 절구가 되고 8행은 율시가 되어 5언 절구, 7언 절구가 되고 5언 율시, 7언 율시가 된다. 평측 또한 규율이 엄격하여 평평측측평 또는 평평측측평평 등으로 일정한 규칙이 있고, 운자는 절구인 경우 2행과 4행의 끝 글자에 같은 계열의 운자를 쓴다. 율시는 1행, 2행, 4행, 6행, 8행 끝 글자에 같은 계열의 운자를 쓴다.

3. 사부(辭賦)

사辭와 부賦는 그 성질이 비슷하긴 하지만 완전히 같지 않으며, 문체상 서로 관련이 있으면서도 또한 구별이 있다. 사辭는 전국시대戰國時代 중기의 초楚나라에서 생겨난 문체로 굴원屈原이 초楚 지역의 민가民歌를 모방하여 만들어냈다. 이 문체가 초 지역의 특색을 잘 반영하고 있기 때문에 주로 초사楚辭라고 하지만 그의 대표작인 이소離騷가 이 문체의 특징을 잘 표현하고 있기 때문에 소騷라고도 부른다. 그 서술 방식은 산문 형식을 사용하여 편폭은 시보다 훨씬 길고 문체는 아름답다. 부賦는 운韻이 있는 일종의 운문韻文이다. 이 때문에 부賦는 노래보다는 읊조리는 데 적합하다. 또한 포진鋪陳의 수법을 사용하여 사람의 감정보다는 어떤 사물이나 정경을 아름답게 서술하는 데 치중한다.

4. 논변(論辨)

논변은 사리와 시비를 분석하고 변별하는 것을 위주로 하지만 일정한 문학성을 지닌다. 요내는 "논변류의 글은 모두 고대의 제자백가諸子百家에 근원하고 있다. 학자들이 아는 것을 책으로 써서 후세를 경계하고 교훈을 주려고 하였다. 공자와 맹자의 도와 문장은 지극하였는데, 노자와 장자로부터 도의 옳고 그름이 생겨났고 문장에도 공졸工拙 있게 되었다"라고 하였다. 논변류의 글은 내용과 용도 특히 의논의 전개 방식과 논점의 치중 방식의 차이로 크게 논論·원原·설說·해解·변辨·의議·대문對問 등으로 나눌 수 있다. 이 중에서 논論은 정식의 논술문인데, 여러 사람의 말을 논한 후 하나의 이치를 정밀하게 추구하는 글이다. 설說은 '해석한다'는 뜻으로 의리義理를 해석하여 자기의 의견으로 서술하는 글이다. 이 설說은 설명과 해석에 치중하기 때문에 오늘날의 설명문과 비슷하다. 대표적인 문장으로는 한유韓愈의 사설師說과 잡설雜說이 있다.

5. 진력(陳櫟)

진력은 남송南宋 이종理宗 순우淳祐 12년(1252)에 태어나서 원나라 혜종惠宗원통元统 2년(1315)에 죽었다. 자는 휘지徽之이고 호는 동부노인東阜老人인데 정우

定宇선생이라고 일컬었다. 주희를 추숭하고 송나라가 멸망하자 은거하며 책을 썼다. 연우 초(1314)에 유사가 과거를 보도록 강권하여 향시를 보아 합격하였지만 예부에 부임하지 않고 집에서 제자들을 가르쳤다. 문집 15권, 시집 1권을 합하여 『정우집』(定宇集) 16권과 별집 1권이 있다.

02

『고문진보』(古文眞寶)에 대하여

1. 『고문진보』의 뜻과 가치 및 위상

'고문'은 '고대의 시문'이라는 뜻이고, '진보'라는 말은 '참된 보배'라는 뜻으로 『고문진보』는 '고대의 시문 가운데서 참된 보배를 모아 만든 책'이라는 뜻이다. 이 책은 남송 시기에 처음 간행된 이후 원대와 명대에서 크게 유행하였고 한국과 일본에서 각광을 받았다. 특히 한국에서는 조선에서 지금까지 한문을 배우는 사람들에게 가장 널리 읽힘으로써 시문을 익히고 지적 교양을 쌓는데 지대한 영향을 미쳤다. 중국의 진력陳櫟은 주렴계의 「태극도설」 후기에서 "고문을 발췌하고 「태극도설」과 「서명」 2편으로 편집을 마치니 어찌 뜻이 없겠는가. 문장과 도는 참으로 두 가지 일이 아니니, 배우는 자가 한유 · 유종원 · 구양수 · 소식의 문장을 읽고 난 후 더 나아가 주돈이 · 정호 · 정이 · 장식 · 주희의 이학理學의 문장을 읽어서 순수하게 되도록 하는 것이다. 도로써 연원을 깊게 하고 문장으로써 기골氣骨을 건장하게 한다면 문장에 병폐가 없어질 것이니 이것이 내가 이 책을 편찬한 깊은 뜻이다"라고 하였는데, 이를 통하여 진력은 도와 문장이 서로 일치하여 뜻이 깊고 문체가 강건하고 풍격이 전아한 문장을 높게 평가하였음을 알 수 있다.

한국의 김종직은 『야은일고』(埜隱逸稿) 4권의 「상설고문진보발」(詳說古文眞寶大全跋)에서 "한 · 진 · 당 · 송의 기이하고 우아하며 뛰어난 작품들이 여기에 모여 있다. 네 글자와 여섯 글자로 대구를 맞추고 성률을 늘어놓은 변려문은 비록 비단처럼 수놓아 아름답고 북소리처럼 크고 웅장하더라도 수록하지 않았다. 또 염민濂閩과 관락關洛의 성명지설을 첨가하여 후대에 문장을 배우는 자로 하여금 뿌리가 있음을 알게 하였으니, 이것이 참다운 보배가 되는 이유이다"라고 하여, 한나라에서 당 · 송까지 가장 우수한 문학작품과 더불어 성리학적 이치가 담긴 문장까지 수록하여 문장과 도를 동시에 익힐 수 있도록 하였다고 평가하였다. 한편 퇴계 이황은 「고문진보 강록」에서 "사람들은 문장을 익히기 위하여 『고문진보』를 5 · 600번씩 읽으며 암송하였다. 나 또한 젊었을 때 몇 백 번 밖에 읽지 못하였지만 그 이후로 한결 시를 쉽게 지을 수 있었다"라고 하였는데, 이를 통하여 『고문진보』가 당시 유학자들이 시문을 익히는데 매우 중요한 책으로 활용되었음을 알 수 있다. 또한 「선조실록」에는 선조와 이이가 나눈 대화가 실려 있는데 "지금 제가 문장을 짓는데 다소 문리가 있게 된 것은 별도의 공부를 하여서가 아니고 다만 일찍이 한유의 문장과 『고문진보』와 『시경』의 문장을 읽었기 때문입니다"라고 하였다. 이이 또한 『고문진보』를 읽고 문장을 쓰는 요령을 파악하였음을 알 수 있다.

이상 한 · 중 네 사람의 『고문진보』에 대한 평을 통하여 『고문진보』가 문장과 도를 똑같이 중시하는 관점에서 편찬되어 문장과 도를 동시에 터득할 수 있는 매우 중요한 선집으로 여겨졌다는 것을 알 수 있다.

2. 『고문진보』의 저자와 편찬 시기

이 책을 누가 처음 편집하여 만들었는가에 대해서는 알려지지 않았다. 다만 지금 남아 있는 기록에 의하면, 첫째, 정본鄭本의 「고문진보서」에 의하면 삼산三山

의 임이정林以正이라는 사람이 거리에서 이 책을 구하여 첨삭을 통하여 재편집하였다는 것이다. 정본이 서문을 쓴 해는 원나라 지정至正 병오년 순제順帝 26년(1366)이므로 최초의 『고문진보』는 적어도 그 이전에 만들어졌다고 추정할 수 있다. 둘째, 황견黃堅이 『고문진보』를 편찬했다는 것인데 언제 간행되었는지 알 수 없지만, 청려재靑藜齋가 쓴 『중간고문진보발』에 명나라 홍치 15년 맹동孟冬이라는 말이 있기 때문에 1502년에 중간된 사실을 알 수 있을 뿐이다. 황견의 생몰 연대는 확실하지 않지만 대개 송말・원초 사람으로 추정되고 있다. 셋째, 원나라 때 주자학 계열에 속하는 진력陳櫟이 편찬했다는 것이다. 진력은 남송南宋 이종理宗 순우淳祐 12년(1252)에 태어나서 원나라 혜종惠宗 원통元统 2년(1315)에 죽었는데 자는 휘지徽之이고 호는 동부노인東阜老人이었다. 이러한 견해는 조선에서 주로 수용되었는데 『고문진보』의 여러 판본에 진력의 이름이 수록되어 있다. 진력은 원대 사람으로 주희의 고향에서 태어나 주희의 학문을 익혔다고 한다. 그런데 이 책은 명나라부터 『고문대전』이라는 이름으로 여러 사람들에 의하여 주석이 첨가되고 자주 재편집되었다는 것이다.

이상에서 최초에 『고문진보』를 누가 편찬하였는지를 알 수 없지만 남아 있는 기록에 의하면 임이정이 기존의 『고문진보』를 수정하여 편찬하고 그 후 황견과 진력이 다시 이를 편찬하였는데 진력이 재편찬한 『고문진보』는 명대에 이르러 『고문대전』이라는 이름으로 유행하였다는 것을 알 수 있다.

3. 『고문진보』 판본과 유입 시기

현존하는 『고문진보』 판본으로는 원각본元刻本, 명각본明刻本, 만력본萬曆本, 홍치본弘治本 등 모두 4종이 있는 것으로 알려져 있다. 원각본, 명각본, 만력본은 『고문진보』라는 이름으로 발간되었으나 홍치본은 『제유전해고문진보』(諸儒箋解古文眞寶)라는 이름으로 발간되었다. 이러한 책들은 원대와 명대에 걸쳐 널리 보급되어 읽혔고 한국과 일본까지 유입되었는데, 한국에서는 『상설고문진보대전』이 유행하였고 일본에서는 일본판 『제유전해고문진보』가 유행하였다. 우리나라에 『고문진보』가 유입된 시기는 고려 후기로 고려말 문신인 전녹생田祿生(1318-1375)이 중국에서 구입한 『고문진보』(古文眞寶)에 산증刪增을 가하여 처음으로 합포合浦에서 간행하고 이후 관성管城에서 다시 간행하였다. 그 판본은 목판본과 활자본이 있었는데 점필재 김종직은 이 책에 서문을 썼고 퇴계 이황은 이 책의 작품들에 대하여 비평한 글을 남겼다. 이후 경태景泰 초기인 1450년에 명나라의 사신 예겸倪謙이 가져온 『고문진보대전』(古文眞寶大全)이 있었고 이를 근거로 우리나라에서 다시 『상설고문진보대전』을 만들었는데 가장 유행하였다. 따라서 본 교재에서는 『상설고문진보대전』을 중심으로 그 내용을 살펴보고자 한다.

4. 『상설고문진보대전』의 구성과 편수

『상설고문진보대전』(詳說古文眞寶大全)은 명나라의 사신 한림시강 예겸倪謙이 경태景泰 초기(1450)에 조선에 사신으로 오면서 전한 『고문진보대전』(古文眞寶大全)을 근거로 만든 책이다. 이 책은 이전 『고문진보』 판본보다 시문이 두 배 정도 증가되어 『대전』(大全)이라고 불리었다. 이 책은 『전집』과 『후집』으로 나누어져 있다. 『전집』에는 운문이 12유형으로 분류되어 236편이 수록되어 있는데 맨 처음 주석 아래 명나라 사람들의 주석이 첨가되어 있다. 『후집』에는 산문 문장이 시대순으로 130편이 수록되어 있는데 진력이 여러 서책을 참고하여 주를 달아 놓은 것이다. 그런데 이 책은 활자로 간행되어 쉽게 파손되는 바람에 널리 유행되지 못하였다. 이 때문에 목사牧使 권량權良과 판관判官 최영崔榮이 비용을 마련하여 전 진양감사前晉陽監司 이서장李恕長(1423-1484)이 소장하고 있던 책을 다시 목판본으로 『상설고문진보대전』이라는 이름으로 다시 간행함으로써 널리 유행하게 되었고 김종직이 1472년(성종3)에 발문을 썼다. 그러면서 『상설고문진보대전』(詳說古文眞寶大全)의 저자는 황견이 아닌 진력이라고 하였다.

03 작품 읽기

1. 『고문진보』 시문의 종류

『고문진보』는 조선 시대를 대표하는 퇴계 이황과 율곡 이이도 언급하였는데 퇴계는 『고문진보』를 후학들에게 가르쳤고 율곡은 선조에게 『고문진보』를 읽고 문리를 얻었다라고 답하기도 하였다. 이처럼 『고문진보』의 가치는 선현들에 의하여 높게 평가되었는데 그 까닭은 이 책이 비록 시문이지만 내용 속에 수준 높은 사상과 정감이 표현되어 도학과 문학이 일치되는 도문 일치의 경계를 보여주고 있기 때문이다. 『상설고문진보대전』(詳說古文眞寶大全) 12권의 구체적인 내용을 살펴보면, 『전집』에 수록된 작품 수는 236편으로 이름이 밝혀진 작가의 작품은 68편이고 무명씨의 작품은 8편이다. 작품의 종류는 12개 유형으로 권학문, 오언고풍단편, 오언고풍장편, 칠언고풍단편, 칠언고풍장편, 장단구, 가류, 행류, 음류, 인류, 곡류, 사류 등이다. 유형별 작품 수는 오언시와 칠언시가 103편, 장편류 32편, 가류 25편, 행류 23편, 장단구 20편, 권학문 8편, 곡류 6편, 인류 3편, 사류 1편이다. 작가별 작품 수는 두보 44편, 이백 38편, 소식 18편, 도잠 15편, 한유 14편, 백거이 8편, 황정견 8편, 왕안석 5편, 유종원 4편, 마존 4편, 구양수 3편, 사조 3편, 맹교 외 8명 2편, 가도 외 45명 1편이다. 시기별로는 송대의 작품이 60편, 당대 30편, 위진남북조 23편, 한대 5편이다. 236편의 작품에는 모두 주석이 붙어 있는데 주석은 제목과 해당 시구 아래에 있다. 시 236편의 전체적인 특색은 고체시 위주로 하여 시의 내용이 교훈적이라는 것이다.

『후집』 10권에는 130편의 문장이 수록되어 있는데 작가는 68명이다. 문체는 모두 21종으로 서序 21편, 기記 20편, 서書 18편, 논論 9편, 부賦 7편, 설說 7편, 명銘 7편, 전傳 5편, 문文 5편, 잠箴 5편, 비碑 5편, 사辭 4편, 송頌 4편, 표表 3편, 원原 2편, 해 解 2편, 변辯 2편, 서후書後 2편, 기譏 1편, 계誡 1편, 증서贈序 1편 등이다. 작가별로는 소식 16편, 유종원 10편, 구양수 9편, 소순 8편, 진사도 5편, 정이 4편, 장뢰 4편, 굴원 외 9명 2편, 이사 외 18명 1편이다. 시기별 작품 수는 송대 75편, 당대 59편, 위진남북조 8편, 한대 5편, 선진 3편으로 시와 마찬가지로 산문 역시 송대의 작품이 가장 많다. 이는 『고문진보』를 편찬한 시기 및 이유와 관련이 있는데 그 시기는 송말과 원초이고 그 이유는 유가들이 학문을 익히는 과정에서 시문을 습득할 필요성으로 인하여 유가 성리학의 관점에서 편찬하였기 때문이다. 예를 들어 진력은 문장 본질은 이치를 밝히는 것으로, 문장을 지우려면 먼저 이치를 밝혀야 한다는 입장을 가지고 있었다. 따라서 송대의 시문에 이러한 성격의 내용이 많았기 때문에 자연스럽게 송대의 문장과 시를 많이 수록할 수밖에 없었을 것이다.

이상 『전집』과 『후집』의 내용을 총괄하면, 『상설고문진보대전』은 고체시와 고문을 위주로 편집한 일종의 교과서인데, 조선 시대부터 지금까지 계속 읽고 있는 매우 중요한 책이라는 것이다. 이를 통하여 학문과 문장에 대한 지식을 축적하면서 이를 모방한 시문을 지음으로써 학자의 기반을 닦고 과거에 응시할 수 있는 실력을 갖추게 되었다고 할 수 있었다.

2. 『고문진보』 시문의 내용

『고문진보』에 수록된 시문은 모두 유명하고 뛰어나지만 이 중에서도 사람들에게 더욱 널리 알려져 자주 언급되는 시문을 중심으로 소개하되 비교적 짧은 시문을 위주로 주제별로 그 내용을 살펴보았다.

1) 시의 내용

(1) 권학문

朱文公勸學文

朱熹

勿謂今日不學而有來日

勿謂今年不學而有來年

日月逝矣, 歲不我延

嗚呼老矣, 是誰之愆

오늘 배우지 않으며 내일 있다고 말하지 말라

금년에 배우지 않고 내년 있다고 말하지 말라

세월은 흐르고 흘러서 나 위해 늘어나지 않나니

오호라 어느새 늙었구나! 이 누구의 허물인가

감 상

주문공은 송대宋代 성리학性理學의 집성자인 주희이다. 그는 주자朱子로 더 잘 알려져 있는데 치밀한 논증과 명석한 사고와 해박한 지식으로 수많은 저서와 좋은 작품을 많이 남겼다. 이 시는 그 중 하나로 시간의 중요성을 통해 열심히 공부할 것을 권하고 있다. 인생은 유한한데 학문의 길은 끝이 없고, 시간은 한번 가면 영원히 다시 오지 않는다. 더구나 시간은 나를 위해 연장되어 주지 않으니 그 시간을 최대한 활용하여 죽을 때까지 부단히 노력해야 한다. 학문을 익히면서 주자의 이 시를 가슴에 새기고 한걸음씩 천천히 앞으로 나아가면 반드시 적잖은 성취가 있어서, 먼 훗날 한숨 쉬며 자책하는 일은 없을 것이다.

(2) 건국(建國)과 우애(友愛)

大風歌

劉邦

風起兮雲飛揚

威加海內兮歸故鄉

安得猛士兮守四方

큰 바람이 일어나 구름이 흩날리도다

위엄을 온 천하에 떨치고 고향에 돌아왔도다

어떻게 용맹한 장사를 얻어서 사방을 지킬건가

감상

한 고조漢高祖 유방이 천하를 통일한 후, 회남왕淮南王 경포黥布가 반란을 일으키자 이를 격파하고 돌아오는 길에 고향인 풍패豐沛로 가서 부로父老들에게 주연酒宴을 베풀었다. 그때 그곳의 젊은이 120명을 불러서 노래를 가르치고 주흥이 도도해지자 고조가 축을 치며 이 노래를 즉석에서 지어 불렀다고 한다. 이 노래는 『사기』(史記) 8권의 「고조본기」(高祖本紀)와 『한서』(漢書) 본기 1권에 실려 있는데 시의 행간을 통하여 고조의 기개를 느낄 수 있는 동시에 훌륭한 인재들을 얻어서 천하를 잘 다스리고자 하는 포부를 알 수가 있다.

七步詩

曹植

煮豆燃豆萁
豆在釜中泣
本是同根生
相煎何太急

콩깍지를 태워 콩을 삶으니
솥 속의 콩이 눈물 흘리네
본래 같은 뿌리에서 났거늘
서로 지지기를 어이 급히 하는가

감상

이 시는 일명 연두시燃豆詩라고도 하는데 조식曹植이 형제끼리 화목하지 못하고 자기를 해치려 하는 것을 가슴 아파하며 지은 시이다. 조조에게는 첫째 아들 조비와 셋째 아들 조식이라는 훌륭한 아들이 있었는데, 이 두 사람은 젊은 시절에 왕위를 놓고 다툰 적이 있었다. 훗날 조비曹丕가 왕위에 올라 문제文帝가 된 이후, 문재文才가 뛰어난 동생 조식曹植을 억압하여 자신이 일곱 걸음을 걷는 동안에 시를 짓지 못하면 큰벌(사형)을 주려고 하였는데 조식은 그 사이에 이 시를 지어냈다고 한다. 조식曹植은 자가 자건子建으로 10세 때 이미 글을 잘하여 무제(조조)에게 사랑을 받았지만 형인 조비 문제에게는 시기와 질투를 받았다. 진晉나라 사영운謝靈運은 조식의 시재詩才에 대하여 "온 천하에 분배된 재주 한 섬 가운데 조자건(조식)이 여덟 말을 차지하였다"라고 하였다.

(3) 사랑과 이별의 정한

王昭君

李白

昭君拂玉鞍
上馬啼紅頰
今日漢宮人
明朝胡地妾

왕소군이 옥안장 털고서
말에 오르며 붉은 볼에 눈물 흘리네
오늘은 한나라 궁궐 사람이지만
내일 아침이면 오랑캐 땅의 첩 된다오

감상

이 시는 『이태백집』(李太白集) 4권에 실려 있는 「왕소군」(王昭君)시 2수 중의 제2수이다. 왕소군의 고사는 후세에 자주 거론되었는데, 악부의 형식으로 지어진 작품으로는 「왕소군」(王昭君), 「소군원」(昭君怨), 「명비곡」(明妃曲) 등이 있다. 왕소군은 전한 원제의 후궁으로 소군은 그녀의 자이고 이름은 장嬙이다. 원제는 후궁이 많아서 다 볼 수가 없으므로 화공 모연수로 하여금 후궁을 그리게 하여 그 초상화를 보고 간택을 하였다. 이에 후궁들은 모연수에게 뇌물을 주고 아름답게 그리도록 하였으나 왕소군은 자신의 빼어난 미모를 믿고 그렇게 하지 않았다. 마침 흉노의 호한야 선우가 항복하여 한나라 궁궐에 입조하자 한나라에서는 미녀를 선발하여 그 아내로 삼도록 하였는데 이때 왕소군이 선발되었다. 왕소군이 떠날 때 원제가 보니 천하의 절색이었으므로 마침내 모연수의 조작을 밝혀내고 그를 처형하였다. 시에는 천하의 미인 왕소군이 하루아침에 신세가 바뀌는 기구한 운명과 한나라를 떠나 오랑캐 변방으로 떠나는 슬픈 모습이 잘 표현되어 있다.

怨歌行

班婕妤

新裂齊紈素
皎潔如霜雪
裁爲合歡扇
團圓似明月
出入君懷袖
動搖微風發
常恐秋節至
凉飈奪炎熱
棄捐篋笥中
恩情中道絶

제 땅의 흰 깁으로 새로 잘라 만드니
희고 깨끗함 서리와 눈 같구나
재단하여 합환의 부채를 만드니
둥근 모양 밝은 달과 같구나
임의 품속과 소매에 출입하여
흔들면 미풍이 일어난다오

항상 두려운 것은 가을이 되어

시원한 바람에 더위 사라지면

대나무 상자 속에 버려져

은정이 중도에 끊어질까 하노라

감상

이 시는 『문선』(文選), 『옥대신영』(玉臺新咏), 『악부시집』(樂府詩集) 등에 실려 있는데, 모두 반첩여의 작이라 하였다. 반첩여는 저명한 사가史家인 반고班固의 큰고모로서 한나라 성제成帝의 은총을 입어 첩여라는 영관女官에 봉해졌으나 후에 조비연趙飛燕에게 황제의 총애를 빼앗겨 장신궁長信宮에 외로이 거처하였다. 이에 반첩여는 이 시를 지어 총애가 다한 자신을 비단 부채에 가탁하여, 총애를 받을 때에는 부채가 군주의 품 속과 옷소매 사이를 출입하는 듯 하다가 하루아침에 사랑이 쇠하면 가을에 시원한 바람이 불어 부채를 상자 속에 버리는 것과 같은 신세가 되어 은혜와 사랑이 끊어진다고 표현하였다. 따라서 이 시는 반첩여가 황제에게 총애를 받다가 끝내 버려진 자신의 불행한 운명을 부채를 빌어 읊은 것이라고 할 수 있다.

(4) 벗과 우정

貧交行

杜甫

翻手作雲覆手雨

紛紛輕薄何須數

君不見管鮑貧時交

此道今人棄如土라

손을 제치면 구름 일고 손을 엎으면 비 오니

분분히 경박한 자들 어찌 군이 다 세겠는가

그대는 보지 못했는가 관포의 가난할 때 사귐을

이 도리 지금 사람들은 흙처럼 버린다네

감상

이 시는 『두소릉집』(杜少陵集) 2권에 실려 있는데, 두보가 '삼대예부三大禮賦'(조헌태청궁부朝獻太淸宮賦, 조향태묘부朝享太廟賦, 유사어남교부有事於南郊賦)를 바쳤으나 장안의 친구 중 돌아보는 자가 없으므로 이 시를 지었다고 한다. 시 속에 나오는 관포는 춘추시대 관중管仲과 포숙아鮑叔牙의 관포지교管鮑之交를 말하는데, 관중은 일찍이 말하기를 "나를 낳아준 사람은 부모이지만 나를 알아준 사람은 포숙아이다"라고 하였다. 시의 내용은 빈천貧賤한 자가 부귀富貴해져 신의를 저버린 세태를 한탄한 것이다. 시 속의 인물은 엄무嚴武 또는 고적高適이라고 하는데 모두 확실하지는 않다.

尋隱者不遇

賈島

賈島松下問童子

言師採藥去

只在此山中

雲深不知處

소나무 아래서 동자에게 물으니

스승은 약초를 캐러 갔다네

다만 이 산 중에 있으련만

안개구름 짙어서 알 수가 없다네

감상

벗을 만나지 못한 아쉬움을 문답체로 생생하게 표현했다. '이 산 중에 있으련만 구름이 짙어 알 수 없다'는 표현에서 긴긴 아쉬움과 만남의 어려움을 짙게 느낄 수 있다. 이 구는 함축이 깊고 여운이 길어서 다양한 의미로 해석할 수 있는바, 벗뿐만 아니라 훌륭한 사람은 언제나 만나기 쉽지 않음을 표현했다고 할 수 있다.

(5) 자연의 운치

江雪

柳宗元

千山鳥飛絶

萬徑人蹤滅

孤舟蓑笠翁

獨釣寒江雪

온 산에는 나는 새도 끊기고

길에는 사람 발자취 사라졌네

사립옹이 외로운 배를 타고

홀로 찬 강설 속에서 낚시질 하네

감상

한 폭의 동양화 같은 아름다운 시이다. 산새도 끊기고 인적도 없는 눈 오는 차가운 강에서 한 늙은이가 도롱이에 삿갓을 쓴 채 조각배를 타고 세월을 낚고 있다. 자연과 완전 동화된 절대 고독 속에서 맛볼 수 있는 한가로움과 여유가 있다.

黃鶴樓

崔顥

昔人已乘黃鶴去
此地空餘黃鶴樓
黃鶴一去不復返
白雲千載空悠悠
晴川歷歷漢陽樹
芳草萋萋鸚鵡洲
日暮鄕關何處是
煙波江上使人愁

옛 사람 벌써 황학 타고 가버렸건만
이 곳엔 부질없이 황학루만 남아있네
황학은 한 번 간 뒤 다시 오지 않고
흰 구름만 천년을 하염없이 흐른다
청천에 분명한 것은 한양의 나무요
향긋한 풀이 무성한 곳은 앵무주로다
날은 저무는데 고향은 어느 곳인가
강가의 물안개 근심을 자아내네

감상

황학루黃鶴樓(현 호북성 무한시)는 선인仙人이 황학을 타고 하늘로 올라갔다는 전설이 있는 누각樓閣이다. 엄우嚴羽는 이 시에 대하여 일찍이 『창랑시화』(滄浪詩話)에서 당대唐代의 칠언시 중 최고라고 평가하였는바, 천고千古에 절창絶唱되는 율시로 누대에 올라가 고향을 바라보며 느낀 향수鄕愁를 쓴 시이다. 이백이 황학루에 올라가 이 시를 보고 붓을 던졌다는 고사는 이 시가 얼마나 빼어난 시이며 자고로 인구人口에 얼마나 회자膾炙되었는가를 알 수 있게 한다. 앞 4구는 시율詩律에는 맞지 않으나 의미가 일맥상통하여 도도한 기세가 있다. 옛사람은 학을 타고 이미 가버리고 누대만 부질없이 남아 있어 구름은 천년을 변함없이 흐른다. 오지 않는 사람과 남아 있는 누대의 대비를 통해 슬프지 않을 수 없게 한다. 눈 들어 멀리 바라보니 나무와 풀들이 무성하고 날은 저물어 갈 곳 없는 나그네가 고향을 찾으니 무심한 강 안개가 시야를 가린다. 시가 전체적으로 전반부는 황학루의 고사를 이용하여 상상을 그리고 후반부는 실제 눈앞에 보이는 정경을 묘사하여 시공을 초월한 시적 기교가 기묘하다.

(6) 학문과 깨달음

清夜吟

邵雍

月到天心處

風來水面時

一般淸意味

料得少人知

달은 하늘 한복판에 이르고
바람은 물 위에 불어오는구나
이와 같은 청랑한 경지를
아는 사람 아마도 많지 않으리

감상

이 시는 송나라 소옹邵雍이 스스로 깨달은 도의 경지를 오언절구로 표현하여 자득의 즐거움을 읊은 것이다. 이 시는 『이천격양집』(伊川擊壤集) 4권과 『성리대전』(性理大全) 70권에 실려 있는데, 제목 밑의 주에 "이 시는 사물을 빌어 성인聖人은 본심이 청명하여 인욕이 깨끗이 사라졌음을 표현한 것이다. '달이 하늘 중심에 이르렀다'는 것은 구름이 완전히 걷힌 것이고 '바람이 수면에 불어온다'는 것은 물결이 일지 않는 것이니, 이는 바로 인욕이 깨끗이 사라져 천리가 유행하는 때이다"라고 하였다. 그러나 이러한 청정한 의미를 아는 이가 적으니 서로 함께 즐길 사람이 없어서 아쉽다는 것이다. 이 시를 통하여 소옹이 깨달은 도의 경지를 짐작할 수 있다.

飮酒

陶潛

結廬在人境
而無車馬喧
問君何能爾
心遠地自偏
采菊東籬下
悠然見南山

山氣日夕佳

飛鳥相與還

此中有眞意

欲辯已忘言

사람들 틈에 집을 엮었으나

시끄런 수레 소리가 없노라

그대 어찌하면 그럴 수 있으오

마음 멀면 사는 곳 절로 외진다네

동쪽 울타리에서 국화를 따다가

유유히 남산을 바라보노라

산 기운은 해질수록 아름다워지고

날던 새는 서로 더불어 돌아오네

이런 속에 참 뜻 있거니

말하고 싶은데 표현할 수가 없네

감 상

이 시는 도연명의 대표작으로 너무나 유명한 시이다. 표현은 쉽고 담담하지만 그의 정신 세계는 더할 나위 없이 높다.

도연명은 세속의 모든 욕망을 버리고 전원으로 돌아가 전원생활을 몸소 실천하며 자연을 즐기고 인생을 달관하며 살았다. 자연을 흠모하여 마음이 세속과 멀리 떠나 있었기 때문에 사람 사는 곳에 집이 있어도 문을 여는 사람은 없다. 가끔 국화꽃을 따다가 천천히 남산을 바라보면 해질녘에 산 기운이 더욱 상쾌한데 그 때쯤 새들이 짝지어 날아 돌아온다. 이런 산의 자태와 집으로 돌아오는 새의 모습이 바로 자연의 참모습이며 인간도 따라야 할 천리天理인 것이다. 이러한 자연의 진의眞意는 몸으로 느껴 알 수는 있어도 말로는 표현할 수 없는 것이다.

2) 산문의 내용

산문 또한 소개하고 싶은 내용이 많으나 단문 위주로 사람들이 자주 외워 거론하는 내용을 중심으로 소개하였다.

(1) 우국충정

굴원屈原의 어부사漁父辭

屈原이 旣放에 遊於江潭하고 行吟澤畔할새 顏色이 憔悴하고 形容이 枯槁러니 漁父가 見而問曰 子非三閭大夫與아 何故至於斯오 屈原이 曰 擧世가 皆濁이어늘 我獨淸하고 衆人이 皆醉어늘 我獨醒이라 是以見放이로다 漁父가 曰 聖人은 不凝滯於物하고 而能與世推移하나니 世人이 皆濁이어든 何不淈其泥而揚其波하며 衆人이 皆醉어든 何不餔其糟而歠其釃하고 何故로 深思高擧하여 自令放爲오 屈原이 曰 吾는 聞之호니 新沐者난 必彈冠이오 新浴者난 必振衣라 安能以身之察察로 受物之汶汶者乎아 寧赴湘流하여 葬於江魚之腹中이언정 安能以皓皓之白으로 而蒙世俗之塵埃乎아 漁父가 莞爾而笑하고 鼓枻而去하여 乃歌曰 滄浪之水가 淸兮어든 可以濯吾纓이오 滄浪之水가 濁兮어든 可以濯吾足이로다 遂去不復與言하다.

굴원이 이미 쫓겨나서 강가를 떠돌고 연못가를 거닐며 읊조리는데 얼굴빛은 이미 초췌하고 그 모습은 야위고 생기가 없었다. 어부가 그를 보고 물어 말하기를 "그대는 삼려대부三閭大夫가 아닌가? 무슨 까닭으로 이곳까지 이르게 되었는가?"라고 하니, 굴원이 대답하여 말하기를 "온 세상이 모두 혼탁한데 나 혼자만 깨끗하고 많은 사람들이 모두 취해 있는데 나만 홀로 깨어있다. 이 때문에 쫓겨나게 된 것이다"라고 하였다.

어부가 말하기를 "성인聖人은 만물에 엉기어 막힘을 당하지 않고 능히 세상에 따라 움직일 수 있으니 세상 사람들이 모두 혼탁하다면 어찌 그 진흙물을 흔들어서 그 물결을 일으키지 않으며 많은 사람들이 모두 취해 있다면 어찌 그 술지게미를 먹고 그 밑술이라도 마시지 않고, 무슨 까닭으로 깊이 생각하고 고상하게 행동하여 스스로 쫓겨나게 되었는가?"라고 하니, 굴원이 대답하여 말하기를 "나는 '새로 머리를 감은 사람은 반드시 갓을 털어 쓰고, 새로 몸을 씻은 사람은 반드시 옷을 털어 입는다'라는 말을 들었다. 어찌 맑고 깨끗한 몸으로 더럽고 욕된 물건을 받아들일 수 있겠는가? 차라리 상수湘水로 달려가서 강 물고기의 배속에 장사는 지낼지언정 어떻게 희고 흰 깨끗함으로 세속의 먼지를 뒤집어 쓸 수 있으리오?"라고 하였다.

어부가 빙그레 웃고 노로 뱃전을 두드리고 떠나면서 노래하며 말하기를 "창랑滄浪의 물이 맑거든 내 갓끈을 씻을 것이고, 창랑滄浪의 물이 흐리거든 내 발을 씻을 것이다"라고 하고 드디어 떠나서 그와 다시 말하지 않았다.

- 굴원(기원전 343-기원전 277): 전국시대 초楚나라의 충신忠臣이며, 중국 최초의 대표적 우국시인憂國詩人으로, 이름은 평平이다. 간신들의 참언으로 실각 추방되어, 실의失意에 빠져 방랑放浪하다가 끝내 멱라수汨羅水에 투신하였다.

비 평

「어부사」는 굴원이 지었는데 본문에 나오는 어부漁父는 당시의 운둔자이거나 굴원이 가설한 사람이라고 한다. 이 글을 통하여 굴원이 자신의 고국인 초나라가 망해가는 것을 차마 볼 수 없어서 멱라강에 투신하여 죽을 수밖에 없었던 심정을 엿볼 수 있다. '여세추이'와 '창랑지수의 청탁'이라는 말을 통하여 자신은 고고하고 깨끗하여 세상의 흐름에 따라 맞추어 살 수 없는 처지임을 간절하게 표현하였다.

제갈량諸葛亮의 출사표出師表

先帝가 創業未半而中道崩殂하시고 今天下三分에 益州가 疲敝하니 此誠危急存亡之秋也이라 然이나 侍衛之臣이 不懈於內하고 忠志之士가 忘身於外者는 蓋追先帝之殊遇하여 欲報之於陛下也니이다 誠宜開張聖聽하사 以光先帝遺德하며 恢弘志士之氣하시고 不宜妄自菲薄하여 引喩失義하여 以塞忠諫之路也니이다 宮中府中이 俱爲一體니 陟罰臧否를 不宜異同이라 若有作姦犯科와 及爲忠善者어든 宜付有司하여 論其刑賞하여 以昭陛下平明之理오 不宜偏私하여 使內外異灋也니이다. 侍中侍郎郭攸之, 費褘董允等은 此皆良實하고 志慮忠純이라 是以로 先帝簡拔하샤 以遺陛下하시니 愚以爲宮中之事는 事無大小히 悉以咨之然後에 施行이면 必能裨補闕漏하여 有所廣益이오 將軍向寵은 性行이 淑均하고 曉暢軍事하여 試用於昔日에 先帝가 稱之曰能이라하사 是以로 衆議擧寵爲督하니 愚以爲營中之事는 事無大小히 悉以咨之하시면 必能使行陣和睦하고 優劣得所也리이다 親賢臣遠小人은 此先漢所以興隆也오 親小人遠賢臣은 此後漢所以傾頹也이라 先帝在時에 每與臣으로 論此事에 未嘗不歎息痛恨於桓靈也러시니이다 侍中尙書, 長史, 參軍은 此悉端良死節之臣이니 願陛下난 親之信之하시면 則漢室之隆을 可計日而待也리이다 臣本布衣로 躬耕南陽하여 苟全性命於亂世하고 不求聞達於諸侯러니 先帝가 不以臣卑鄙하시고 猥自枉屈하사 三顧臣於草廬之中하시고 諮臣以當世之事하시니 由是感激하여 遂許先帝以驅馳러니 後値傾覆하여 受任於敗軍之際하고 奉命於危難之間이 爾來二十有一年矣라 先帝가 知臣謹愼이라 故로 臨崩에 寄臣以大事也이시니 受命以來로 夙夜憂歎하여 恐託付不效하여 以傷先帝之明이라 故로 五月渡瀘하여 深入不毛러니 今南方이 已定하고 兵甲이 已足하니 當獎率三軍하여 北定中原하고 庶竭駑鈍하여 攘除姦凶하고 興復漢室하여 還于舊都니 此가 臣所以報先帝而忠陛下之職分也라 至於斟酌損益하고 進盡忠言하얀 則攸之褘允之任也니 願陛下난 託臣以討賊興復之效하사 不效則治臣之罪하여 以告先帝之靈하시고 責攸之褘允等之慢하사 以彰其咎하시며 陛下도 亦宜自謀以諮諏善道하고 察

納雅言하여 深追先帝遺詔하소서 臣不勝受恩感激이라 今當遠離에 臨表涕零하여 不知所言이로소이다.

선제先帝[劉備]는 창업을 절반도 이루기 전에 도중에 승하하시고, 이제 천하가 셋으로 나누어져 있음에 우리 익주益州가 피폐하니, 이는 진실로 국가가 위급하여 존재하느냐 멸망하느냐 하는 시기입니다. 그러나 모시고 호위하는 신하들이 조정에서 게을리 하지 않고, 충성스럽고 뜻있는 군사들이 밖에서 몸을 잊고 열심히 하는 것은 선제의 특별한 대우를 추모하여 폐하에게 보답하기 위해서입니다. 폐하께서는 진실로 성덕聖德을 널리 베푸시어 선제께서 남긴 덕을 빛내며 지사들의 사기를 진작시키고 스스로 망령스럽게 천하게 행동하거나 의롭지 못한 말을 끌어다 비유함으로써 충성스러운 간언의 길을 막아서는 안 될 것입니다.

궁중宮中(황제 궁중)과 부중府中(승상부)은 모두 한 몸이니 잘한 사람을 승진시키고 잘못한 사람을 벌주는 것을 다르게 해서는 안 됩니다. 만일 부정한 일을 저질러 죄와 과실을 범한 자와 충성스럽고 선한 일을 한 자가 있거든 마땅히 유사有司에게 맡겨서 형벌과 상을 논하여 폐하의 공평하고 분명하신 다스림을 밝혀야 하고, 치우치게 사사로이 하여 내외(궁중과 부중)에 법을 달리해서는 안 될 것입니다.

시중侍中인 곽유지郭攸之·비위費褘와 시랑侍郎인 동윤문董允門은 모두 어질고 충실하며 뜻과 생각이 충성스럽고 순수합니다. 이 때문에 선제께서 선발하시어 폐하에게 물려주셨으니, 어리석은 신臣이 생각하옵건대 궁중의 일은 대소大小을 막론하고 모두 그들에게 자문하신 연후에 시행하시면 반드시 폐하의 부족하고 모자란 점을 보충하여 유익하게 하는 바가 있을 것입니다. 장군 상총向寵은 성품과 행실이 착하고 공평하며 군사를 잘 알아서, 이전에 시험 삼아 등용함에 선제께서 그를 "능하다"고 칭찬하셨습니다. 이 때문에 여러 사람의 의견으로 상총을 천거하여 도독都督으로 삼았으니, 어리석은 신이 생각하옵건대 군사의 일은 대소大小를 막론하고 모두 그에게 자문하신다면 반드시 군대가 화목하고 인물의 우열이 제자리를 얻게 될 것입니다.

현명한 신하를 가까이하고 소인을 멀리한 것은 전한前漢이 흥성한 이유이고, 소인을 가까이하고 현명한 신하를 멀리한 것은 후한後漢이 기울고 패망한 원인입니다. 선제께서 생존해 계실 때에 매번 신과 이 사실을 논할 때마다 일찍이 환제桓帝[劉志]와 영제靈帝[劉宏]에 대하여 통탄하지 않으신 적이 없었습니다.

시중상서侍中尙書인 진진陳震과 장사長史인 장예張裔와 참군參軍인 장완蔣琬은 모두 곧고 어질어 절개를 위하여 죽을 수 있는 신하들이오니, 원컨대 폐하께서 이들을 가까이하시고 신임하신다면 한나라 왕실의 융성은 날짜를 세며 기대할 수 있을 것입니다.

신은 본래 평민으로서 몸소 남양南陽 땅에서 농사를 지으며 난세亂世에 목숨이나 잘 보전하려고 했을 뿐 제후들에게 알려져 영달을 구하지 않았습니다. 선제께서는 신을 비천한 사람으로 여기지 않으시고 외람되게도 스스로 굽히시어 초가집에 있는 신을 세 번이나 찾아오셔서 신에게 당세當世의 일을 자문하셨으니, 신은 이에 감격하여 마침내 선제께서 제 몸을 부리도록 허락하였습니다. 그 후 나라가 크게 기울고 군대가 패배할 때 임무를 맡아 위험하고 어려운 세월 속에서 명령을 받든 지 21년이 되었습니다.

선제께서는 신이 신중하다고 여기셨기 때문에 승하하실 때 신에게 대사大事를 맡기셨습니다. 신은 명령을 받은 이래로 밤낮으로 걱정하고 탄식하며 부탁하신 대업을 이루지 못하여 선제의 현명함을 손상시키지 않을까 두려웠습니다. 그리하여 5월에 노수瀘水(현재 금사강)를 건너 깊이 불모지까지 쳐들어갔습니다. 이제 남방(남쪽 오랑캐)이 이미 평정되었고 무기와 갑옷도 이미 풍족하오니, 마땅히 삼군을 거느리고 북쪽으로 중원中原을 평정하고 저의 노둔한 재주를 다하여 간흉을 제거함으로써 한나라의 왕실을 부흥하여 옛 도읍으로 돌아가야 할 것입니다. 이것이 바로 신이 선제에게 보답하고 폐하에게 충성하는 직분이라고 생각합니다. 손익損益을 짐작하고 폐하께 충언을 다 아뢰는 것은 곽유지 · 비위 · 동윤문 등의 책임이옵니다. 원컨대 폐하께서는 신에게 역적을 토벌하여 한나라의 왕실을 부흥시키는 일을 맡기시되, 신이 실효를 거두지 못하면 신의 죄를 다스려 선제의 영령께 고하옵소서. 곽유지 · 비위 · 동윤문 등이 폐하께 홍덕興德의 말씀을 게을리 한다면 그 태만을 책망하옵소서. 폐하께서도 또한 스스로 도모하시어 올바른 도리를 자문하시고 바른말을 살펴 받아들이시어 깊이 선제의 유훈을 따르옵소서.

신은 은혜를 받고 감격을 이기지 못하겠습니다. 이제 멀리 떠남을 당하여 표문表文에 임하니 눈물이 흘러 아뢸 바를 알지 못하겠습니다.

- 제갈량(181-234): 삼국시대三國時代 촉蜀나라의 재상으로 자는 공명孔明이고 시호詩號는 충무忠武이다. 와룡臥龍은 서서徐庶가 공명公明을 평評하여 한 말인데, '때를 기다리는 호걸이다'라는 뜻이다. 그가 227년 47세에 위魏를 정벌하려 출병하면서 촉蜀의 후주後主 유선劉禪에게 올린 상소문이 「출사표」이다.

비 평

예부터 「출사표」를 읽고 눈물을 흘리지 않으면 충신이 아니라는 말이 있을 만큼 사람의 심금을 울리는 명문이다. 소동파는 일찍이 "제갈공명은 문장으로 이름나지 않았으나 이 「출사표」 한 문장으로 『서경』의 「이훈」(伊訓) · 「열명」(說命)과 서로 표리가 된다"라고 말하였고, 주희는 "치당致堂 호인胡寅은 의론이 영발하고 인격이 뛰어났는데 지난번에 모실 때 술을 몇 잔 드신 후에 이 「출사표」를 노래하였다"라고 하였다. 이처럼 「출사표」는 역대로 많은 사람들에 의하여 칭송된 뛰어난 문장이다.

(2) 삶의 즐거움

중장통仲長統의 낙지론樂志論

使居有良田廣宅하여 背山臨流하여 溝池環帀하고 竹木周布하며 場圃築前하고 果園樹後하며 舟車가 足以代步涉之難하고 使令이 足以息四體之役하고 養親에 有兼珍之膳하고 妻孥가 無苦身之勞하고 良朋이 萃止則陳酒肴以娛之하고 嘉時吉日엔 則烹羔豚以奉之하고 躕躇畦苑하며 遊戲平林하니라 濯淸水하고 追涼風하며 釣游鯉하고 弋高鴻하며 風乎舞雩之下라가 詠歸高堂之上하노라 安神閨房하여 思老氏之玄虛하고 呼吸精和하여 求至人之彷彿하고 與達者數子로 論道講書하고 俯仰二儀하여 錯綜人物하고 彈南風之雅操하며 發淸商之妙曲하여 逍遙一世之上하며 睥睨天地之間하여 不受當時之責하고 永保性命之期하니 如是면 則可以凌霄漢出宇宙之外矣니 豈羨夫出入帝王之門哉아.

만약 거처에 좋은 밭과 넓은 집이 있어서 산을 등지고 물가를 바라보며 도랑과 연못이 휘감고 대나무와 나무가 주위에 펴져 있으며 마당과 채소밭이 앞에 만들어져 있고 동산이 뒤에 마련되어 있다. 배와 수레는 족히 길을 걷고 물을 건너는 어려움을 대신해주고 하인은 신체의 수고로움을 덜어줄 수 있다. 부모를 봉양하여 채소와 고기를 겸한 맛있는 반찬이 있고 처자와 아들은 몸을 힘들게 하는 노고가 없으며 좋은 친구들이 모여 머무르면 술과 안주를 차려서 즐겁게 해주며 아름다운 때와 좋은 날에는 염소와 돼지고기를 삶아서 제사를 올리고, 밭두둑과 동산을 배회하며 평지 숲속을 노닐며 즐긴다. 맑은 물에 씻고 시원한 바람을 쐬며 노는 잉어를 낚고 높이 날아가는 기러기를 쏘아 잡고 무우舞雩에서 바람을 쐬다가 시를 읊으며 높은 집으로 돌아온다. 규방閨房에서 정신을 편안히 하여 노자老子의 현허玄虛한 도道를 생각하고 천지의 정화精和를 호흡하여 지인至人과 비슷하게 되기를 추구한다. 달자達者 몇 사람과 함께 도를 논하며 책을 강론하고 천지를 굽어 살펴보고 역대 인물들을 뒤섞어 종합하고 태평함을 노래한 남풍南風의 아름다운 곡조를 연주하며 맑은 가락의 미묘한 곡조를 탄다. 일세一世를 소요하고 천지 사이를 비껴보아 시무時務를 감당하는 직책을 받지 않고 길이 타고난 성명을 보존하나니 이와 같다면 은하로 올라가서 우주 밖으로 나갈 수 있을 것이니 어찌 제왕帝王의 문으로 들어가는 것을 부러워하겠는가?

- 중장통仲長統(180-220): 중국 후한 때 사람으로 자는 공리公理인데 어려서부터 학문을 좋아하고 성격이 드높아 과감하게 말하고 작은 예절은 따지지 않았다. 벼슬은 상서랑尙書郎에 이르고 조조曹操의 군사전략가로 활동했다. 저서로는 「창언」(昌言)이 있다.

비 평

후한의 중장통은 어려서부터 학문을 좋아하고 성품이 고고하여 과감하게 말하고 작은 예절에 얽매이지 않았다. 주군州郡의 현령이 부를 때마다 병을 핑계 대며 나아가지 않고 항상 "제왕帝王을 따라 노는 자들은 입신양명을 위해서이다. 이름은 항상 보존되는 것이 아니고 사람은 죽기 쉬우니 한가하게 놀며 자유롭게 살면서 그 뜻을 스스로 즐길 뿐이다"라고 말하였는데 이러한 생각을 반영하여 쓴 글이 바로 이 「낙지론」이다. 배산임수背山臨水의 좋은 땅에 집을 짓고 농사짓고 자연을 즐기며 친한 벗과 유유자적하고 인생을 즐기다가 천명에 따라 하늘로 돌아가면 그만이라는 낙관적 인생관이 잘 표현되어 있다.

이백李白의 춘야연도리원서春夜宴桃李園序

夫天地者난 萬物之逆旅요 光陰者난 百代之過客이라 而浮生이 若夢하니 爲歡이 幾何오 古人秉燭夜遊는 良有以也로라 況陽春이 召我以煙景하고 大塊가 假我以文章이라 會桃李之芳園하여 序天倫之樂事하니 群季俊秀는 皆爲惠連이어늘 吾人詠歌는 獨

慚康樂이로다 幽賞이 未已에 高談이 轉淸이라 開瓊筵以坐花하고 飛羽觴而醉月하니 不有佳作이면 何伸雅懷리오 如詩不成이면 罰依金谷酒數호리라.

천지는 만물이 머물렀다 가는 여관이요, 세월은 영원히 스쳐 가는 나그네이다. 뜬구름 같은 인생 꿈과 같은데, 기쁨의 날 그 얼마나 되리오. 옛사람들이 촛불을 들고 밤늦도록 노닌 것은 참으로 까닭이 있었다. 게다가 따스한 봄날, 아름다운 경치가 나를 향해 손짓을 하고, 천지는 그 찬란한 빛을 나에게 안겨 주네. 복숭아꽃과 오얏꽃 향기가 가득한 정원에 모여 형제들과 천륜의 즐거움 나누니, 많은 아우들 모두 혜련惠連처럼 뛰어난데, 내가 지은 시만이 강락康樂에 미치지 못해 부끄럽네. 그윽이 자연을 감상하여 즐거움이 끝이 없으니, 고상한 이야기가 더욱더 맑아만 가네. 붉은 옥 자리를 깔고 꽃 주위에 둘러 앉아 새 깃 모양의 술잔을 서로 권하며 달빛 아래 술 취하네. 아름다운 시를 짓지 못한다면, 어찌 마음속에 서린 아름다운 정취 펼칠 수 있겠는가? 만약 시를 짓지 못한다면 벌주 세 잔을 마셔야 할 것이다.

- 이백(701-762): 자는 태백太白으로 사천四川 출신이라고 하나 이설異說이 많다. 25세에 도사道士 오균吳筠의 추천으로 장안長安으로 나와 한림공봉翰林供奉이 되기까지 각지를 유람하였다. 천보天寶 3년에 참언讒言으로 벼슬을 그만두었다가, 만년晩年에 영왕永王 이린李璘의 반란에 가담하여 야랑에 유배되던 중 사면되었다. 두보杜甫와 더불어 성당盛唐의 대표적 시인으로 시선詩仙이라 불린다. 문집文集으로는 『이태백집』(李太白文集)이 있다.

비 평

이 문장을 통하여 이백은 시만 잘 쓴 것 아니라 산문 또한 잘 썼음을 알 수 있다. 이 문장은 이백이 따뜻하고 꽃피는 봄날에 사촌 형제들과 복숭아꽃과 오얏꽃 향기가 가득한 정원에서 시회詩會를 열고 시를 짓지 못한 사람들에게는 별주로 세 잔을 마시도록 하고 그때 쓴 시를 모아 만든 시집에 서문을 쓴 내용이다. 인생은 천지라는 여관 속에 잠시 머물다 가는 나그네처럼 덧없고 짧은 것이니 좋은 날에는 옛사람처럼 촛불을 잡고 밤새도록 즐길 뿐이다. 이백의 호방하고 자유로운 기상을 엿볼 수 있는 명문이다.

(3) 깨달음

한유韓愈의 잡설雜說

世有伯樂然後에 有千里馬하니 千里馬는 常有로되 而伯樂은 不常有라 故로 雖有名馬나 秖辱於奴隷人之手하여 騈死於槽櫪之間하여 不以千里稱也하나니라 馬之千里者는 一食에 或盡粟一石이어늘 食馬者不知其能千里而食也하니 是馬雖有千里之能이나 食不飽하여 力不足하여 才美不外見하니 且欲與常馬等이나 不可得이니 安求其能千里也리오 策之를 不以其道하며 食之를 不能盡其材하며 鳴之不能通其意하고 執策而臨之曰 天下에 無良馬라하니 嗚呼라 其眞無馬耶아 其眞不識馬耶아.

세상에 '말을 잘 알아보는' 백락이 있은 연후에 천리마가 있는 것이다. 천리마는 항상 있으나 백락은 항상 있지 않다. 그러므로 비록 명마가 있더라도 다만 노예의 손에 욕을 당하여 말뚝과 말구유의 사이에서 보통 말과 함께 나란히 죽어가 천리마로 알려지지 못하는 것이다. 천 리를 가는 말은 한 번 먹을 때에 곡식 한 섬을 다 먹는데 말을 먹이는 자는 그 말이 천 리를 갈 수 있다는 것을 알지 못하고 먹인다. 이 말이 비록 천 리를 갈 수 있는 재주가 있으나 먹는 것이 배부르지 못하여 힘이 부족함으로 재주의 아름다움이 겉으로 드러나지 못하니 우선 보통 말과 같기를 바라지만 될 수가 없으며, 어찌 천 리를 갈 수 있기를 바라겠는가.

채찍질하기를 그 도로써 하지 않고 먹이기를 그 재주를 다하게 하지 못하며 울어도 그 뜻을 알아채지 못하고는 채찍을 잡고 말하기를, "천하에 좋은 말이 없다"라고 하니, 아! 참으로 좋은 말이 없는 것인가? 참으로 말을 알아보지 못하는 것인가?

- 한유(768-824): 자가 퇴지退之이며, 등주鄧州 남양南陽(하남성)사람이다. 후에 조상이 창려군昌黎郡(하북성 서수현 서쪽)에 이사하여 살았기 때문에 스스로 한창려韓昌黎라고 불렀다. 그는 당대唐代 대종代宗 대력大歷 3년(768)에 장안長安에서 태어나 목종穆宗 장경長慶 4년(824)에 57세의 나이로 세상을 떠났다. 한유는 어려서 집안이 가난하였기 때문에 어렵게 독학하여 나이 25세에 비로소 진사進士에 급제하였다. 29세에 선무절도사宣武節度使의 하급 관리로 벼슬을 시작하여 국자감제주國子監祭酒·이부시랑吏部侍郎·경조윤京兆尹 등을 지내는 동안 여러 차례에 걸쳐 폄적을 당하기도 하였다.

한유는 일생동안 유학을 숭상하고 불교와 도교를 배척하였다. 문학에 있어서는 유종원柳宗元과 함께 고문운동古文運動을 적극 제창하고 "문이재도文以載道" 즉 문장이 선진양한先秦兩漢의 산문처럼 내용이 있고 유교의 도를 실어야 한다고 주장하면서 단순히 형식미를 추구하고 내용이 없는 육조六朝 이래의 변려문駢儷文을 반대하였다. 이 두 사람의 적극적인 노력에 힘입어 마침내 당송唐宋 시대의 실용적인 산문이 드디어 변려문의 그늘을 벗어나 확고한 자리를 확립하게 되었다. 이 때문에 한유는 유종원과 함께 후인들에 의해 '당송팔대가唐宋八大家'의 반열에 올라 문단의 추앙을 받았다. 그의 저서로는 『창려선생문집』(昌黎先生文集)이 있다.

비 평

첩산疊山 사방득謝枋得이 "이 문장의 주지는 영웅호걸이 반드시 자신을 알아주는 사람(지기)[知己]를 만나 높은 벼슬로 높여 주고 후한 봉록으로 길러주고 중요한 권력을 맡겨주어야 비로소 자신의 경륜을 펼칠 수 있음을 말하였다"라고 하였다. 본문의 말처럼 훌륭한 인재는 늘 있지만 이를 알아보고 길러서 인재로 만드는 백락은 항상 있지 않다는 것을 절감하지 않을 수 없다.

소식蘇軾의 전적벽부前赤壁賦

壬戌之秋, 七月旣望에 蘇子가 與客으로 泛舟遊於赤壁之下하니 淸風徐來하고 水波不興이라 擧酒屬客하고 誦明月之詩하여 歌窈窕之章이러니 少焉에 月出於東山之上하여 徘徊於斗牛之間하니 白露는 橫江하고 水光은 接天이라 縱一葦之所如하여 凌萬頃之茫然하니 浩浩乎如馮虛御風하여 而不知其所止하고 飄飄乎如遺世獨立하여 羽化而登仙이라 於是에 飮酒樂甚하여 扣舷而歌之하니 歌에 曰 桂棹兮蘭槳으로 擊空明兮泝流光이로다. 渺渺兮予懷여 望美人兮天一方이로다 客有吹洞簫者하여 倚歌而和之하니 其聲이 嗚嗚然하여 如怨如慕하며 如泣如訴하고 餘音嫋嫋하여 不絶如縷하니 舞幽壑之潛蛟하고 泣孤舟之嫠婦라 蘇子가 愀然正襟하고 危坐而問客曰 何爲其然也오 客曰 月明星稀하고 烏鵲이 南飛하니 此는 非曹孟德之詩乎아 西望夏口하고 東望武昌하니 山川이 相繆하여 鬱乎蒼蒼이라 此는 非孟德之困於周郎者乎아 方其破荊州, 下江陵하고 順流而東也에 舳艫千里오 旌旗蔽空이라 釃酒臨江하고 橫槊賦詩하니 固一世之雄也러니 而今에 安在哉오 況吾與子로 漁樵於江渚之上하여 侶魚蝦而友麋鹿이라 駕一葉之扁舟하여 擧匏樽以相屬하니 寄蜉蝣於天地에 渺滄海之一粟이니 哀吾生之須臾하고 羨長江之無窮하여 挾飛仙以遨遊하고 抱明月而長終이라 知不可乎驟得일새 託遺響於悲風하노라 蘇子가 曰 客亦知夫水與月乎아 逝者가 如斯로대 而未嘗往也며 盈虛者가 如彼로대 而卒莫消長也니 蓋將自其變者而觀之면 則天地도 曾不能以一瞬이오 自其不變者而觀之면 則物與我가 皆無盡也라 而又何羨乎리오 且夫天地之間에 物各有主라 苟非吾之所有인댄 雖一毫라도 而莫取어니와 惟江上之淸風과 與山間之明月은 耳得之而爲聲하고 目遇之而成色하여 取之無禁이오 用之不竭이니 是는 造物者之無盡藏也오 而吾與子之所共樂이니라 客이 喜

而笑하고 洗盞更酌하니 肴核이 旣盡이오 杯盤이 狼藉이라 相與枕藉乎舟中하여 不知東方之旣白이러라.

임술년 가을(북송 신종 원풍 5년, 1082) 7월 16일에 내가 손님과 더불어 적벽赤壁아래에서 배를 띄우고 노니 맑은 바람은 천천히 불어오고 물결은 일어나지 않았다. 술을 들어 손님에게 재촉하여 명월明月의 시를 읊고 요조窈窕의 가사를 노래 부르니 얼마 후에 달이 동산 위로 떠올라 두성斗星과 우성牛星의 사이를 배회하니 흰 이슬은 강을 비껴오고 달빛으로 빛나는 물결은 하늘과 맞닿았다. 조각배가 가는 대로 따라서 만경萬頃의 넓고 넓은 물결을 헤치고 나가니 드넓고 드넓어 허공을 타고 바람을 부리는 것 같아서 그칠 곳을 알지 못하며 훨훨 날아서 세상을 버리고 홀로 서서 몸에 날개가 돋아서 신선으로 날아오르는 것 같았다.

이리하여 술을 마시고 매우 즐거워 뱃머리를 두드리며 노래를 부르니, 노래하여 부르기를 "계수나무로 만든 노와 목란으로 만든 상앗대로 투명하고 맑은 물을 헤치고 달빛 흐르는 강물을 거슬러 올라가는도다. 아득하고 아득한 나의 그리움이여! 미인을 바라보니 하늘 한쪽 끝에 있도다"라고 하였다. 손님으로 퉁소를 부는 자가 있어서 노래를 따라 화답을 하니 그 소리가 오열하는 듯하여 원망하는 듯하고 사모하는 듯하며 우는 듯하고 호소하는 듯하여 여운이 가늘게 울려 퍼져 실낱처럼 끊어지지 아니하니 깊은 골짜기에 숨어있는 교룡을 춤추게 하고 외로운 배를 타고 있는 과부를 눈물 흘리게 하였다. 내가 수심에 차서 옷깃을 바로 하고 똑바로 앉아 손님에게 물어 말하기를 "어찌하여 그 소리가 그러하오?" 하니, 손님이 말하기를 "'달빛이 밝으니 별빛이 성글고 까마귀가 남쪽으로 날아간다'라고 하였으니, 이것은 조맹덕曹孟德(조조)의 시가 아닙니까? 서쪽으로 하구夏口를 바라보고 동쪽으로 무창武昌을 바라보니 산천이 서로 뒤엉켜서 울창하게 푸르고 푸릅니다. 이것은 조맹덕이 주랑[周郞](주유)에게 곤란을 당한 곳이 아닙니까? 바야흐로 저 형주荊州를 격파하여 강릉江陵으로 내려가고 물결을 따라 동쪽으로 가니 배의 고물과 이물이 맞닿아 천리가 되고 깃발이 하늘을 뒤덮었다. 술을 걸러 강가로 가서 창을 비겨 놓고 시를 읊으니 진실로 일세의 영웅이더니 지금은 어디에 있습니까? 나와 그대는 강가에서 고기 잡고 나무를 하여 물고기와 새우를 짝하고 사슴을 벗하고 있습니다. 일엽一葉의 편주扁舟를 타고 표주박 술잔을 들어 서로 권하고 천지에 하루살이 같은 목숨을 붙이고 있어서 끝없이 푸른 바닷속의 한 좁쌀처럼 보잘 것이 없으니 우리 삶의 단촉함을 슬퍼하고 장강의 무궁함을 부러워하여 신선과 함께 멋들어지게 놀고 명월을 안고 길이 마치고 싶습니다. 그러나 그런 것들을 순식간에는 얻을 수가 없음을 알기 때문에 슬픈 바람에 퉁소의 여운을 의탁하였습니다"라고 하였다.

내가 말하기를 "그대는 또한 저 물과 달을 아는가? 가는 것이 이와 같지만 일찍이 다 흘러가지 않았으며, 차고 기우는 것이 저와 같지만 끝내는 사라지거나 자라지를 아니하였으니 무릇 저 변한다는 관점에서 살펴보면 천지도 일찍이 한순간도 변하지 아니할 수 없고, 저 변하지 않는다는 관점에서 살펴보면 만물과 내가 모두 다함이 없으니 또한 무엇을 부러워하겠는가? 그리고 천지 사이의 만물은 저마다 각각 주인이 있으니 진실로 나의 소유가 아니라면 비록 한 터럭이라도 취하지 말 것이나 오직 강가의 맑은 바람과 산속의 밝은 달은 귀로 들으면 음악이 되고 눈으로 바라보면 그림이 되어서 이를 취하여도 금하지 않고 이를 써도 다함이 없으니 이것은 조물주의 다함이 없는 창고이고 나와 그대가 함께 즐기는 것이다"라고 하니, 손님이 기쁘게 웃고 술잔을 씻어서 다시 따르니 술안주가 이미 떨어지고 술잔과 소반들이 여기저기 낭자하게 흩어져 있다. 서로 함께 배 위에서 베고 깔고 누워있는데 동쪽 해가 이미 밝았음을 알지 못하더라.

- 소식(1036-1101): 자는 자첨子瞻, 호號는 동파거사東坡居士이다. 북송 제일의 시인이며 문장가로서 문호文豪인 소순蘇洵의 아들이다. 일찍이 구양수歐陽修에게 재능을 인정받아 과거科擧에 합격하여 관도官途에 나갔다. 신법新法을 반대하여 황주黃州로 좌천되

었다가 다시 복권되어 중서사인中書舍人·한림학사翰林學士 등을 지냈다. 만년晩年에 다시 해남도로 귀양을 갔다가 돌아오는 길에 죽었다. 문집文集으로는 『동파집』(東坡集) 101권이 있다.

비 평

만물은 보는 관점에 따라 다르다는 점을 물과 달을 들어 비유한 명문이다. 「전적벽부」와 「후적벽부」는 소동파가 황주黃州로 귀양 갔을 때에 지은 것이다. 이 때 소동파는 마음을 일 밖에 놓아두고 바람과 달에 흥을 붙여 장차 인간 세상에 뜻을 두지 않으려고 하였다. 소동파는 「전적벽부」 뒤에 "황주의 소서강少西山기슭이 강 가운데로 쑥 들어와 있는데 바위 빛이 단사丹沙와 같다. 전하여 이르기를, '조조曹操가 패전한 곳으로 이른바 적벽강이라 하기도 하고, 혹은 아니다'라고도 한다. 조공이 패하고 돌아갈 때, 화용로華容路로 갔었는데 지금 적벽의 소서少西 대안對岸이 바로 화룡진이니 아마도 이곳인 듯하다. 그러나 악주岳州에도 화용현이 있으니 마침내 어느 곳이 옳은지 알 수 없다"라고 썼다. 이 문장은 바로 소동파가 '적벽대전'이 벌어진 역사의 현장에서 당시의 수많은 영웅호걸들을 회상하며 자신의 감회를 서술한 내용이다.

주돈이周敦頤의 애련설愛蓮說

水陸草木之花가 可愛者甚蕃이로되 晋陶淵明은 獨愛菊하고 自李唐來로 世人이 甚愛牧丹호되 予獨愛蓮之出於淤泥而不染하고 濯淸漣而不夭하며 中通外直, 不蔓不枝하고 香遠益淸하여 亭亭淨植하여 可遠觀而不可褻玩焉이라 予謂菊은 花之隱逸者也오 牧丹은 花之富貴者也오 蓮은 花之君子者也니 噫라 菊之愛는 陶後에 鮮有聞이오 蓮之愛는 同予者가 何人고 牧丹之愛는 宜乎衆矣로다.

물과 육지의 꽃 가운데 사랑스러운 것이 매우 많으나 진晋나라의 도연명陶淵明은 유독 국화를 사랑하였고, 이씨가 세운 당唐나라 이래로는 세상 사람들이 매우 모란을 사랑하였다. 나는 유독 연꽃이 진흙에서 나왔으나 더러움에 물들지 않고, 맑게 물결치는 물에 씻기나 요염하지 않고, 속은 비었고 밖은 곧으며, 덩굴은 뻗지 않고 가지는 치지 아니하며, 향기는 멀수록 더욱 맑고, 꼿꼿하게 깨끗이 서 있어 멀리서 바라볼 수는 있으나 함부로 가지고 놀 수 없음을 사랑한다.

나는 국화는 꽃 중에 속세를 피해 사는 자요, 모란은 꽃 중에 부귀한 자요, 연꽃은 꽃 중에 군자라고 생각한다. 오호라! 국화를 사랑하는 사람은 도연명 이후로 들어 본적이 드문데 연꽃을 사랑함에 있어 나와 같은 자 몇 사람인가? 모란을 사랑하는 사람은 마땅히 많을 것이다.

- 주돈이(1017-1073): 자는 무숙茂叔이고 호는 염계濂溪이다. 도주道州[湖南省] 출생이다. 지방관으로서 각지에서 공적을 세운 후 만년에는 노산廬山 기슭의 염계서당濂溪書堂에 은퇴하였기 때문에 문인들이 염계선생濂溪先生이라고 불렀다. 북송의 사마광司馬光·왕안석王安石과 동시대의 인물이다. 그는 도가사상道家思想의 영향을 받고 새로운 유교 이론을 창시하였다. 즉 우주의 근원인 태극[太極:無極]으로부터 만물이 생성하는 과정을 그림으로 그려 풀이하여「태극도」(太極圖)를 만들었다. 그의 이학理學은 정호程顥와 정이程頤에 의하여 계승되고 주희朱熹에 의하여 완성되었다. 저서에는「태극도설」(太極圖說)·「애련설」(愛蓮說)과『통서』(通書)가 있다.

비 평

염계는 이학자로 문장에 뜻을 두지 않았다. 그러나 학식學識과 이취理趣가 높았기 때문에 문장을 잘 쓰려고 노력하지 않았지만 지극한 경지에 오를 수 있었다.「애련설」은 뜻을 정확히 표현하여 홍을 깊이 기탁하고 표현이 간결하니 비록 역대에 이름난 문장가라고 하더라도 어찌 이보다 뛰어날 수 있을까. 은일과 군자와 부귀로써 세 꽃을 비유하고 염계는 연꽃을 사랑한다고 하였지만 사실은 연꽃을 사랑한 것 아니라 군자를 사랑하였다고 할 수 있다.

(4) 역사 인물에 대한 감회

한유韓愈의 백이송伯夷頌

士之特立獨行하여 適於義而已요 不顧人之是非는 皆豪傑之士 信道篤而自知明者也라 一家非之라도 力行而不惑者寡矣요 至於一國一州非之라도 力行而不惑者는 蓋天下一人而已矣요 若至於擧世非之라도 力行而不惑者는 則千百年에 乃一人而已耳라

若伯夷者는 窮天地亘萬世而不顧者也라 昭乎日月이 不足爲明이요 崒乎泰山이 不足爲高요 巍乎天地가 不足爲容也로다 當殷之亡, 周之興하여 微子는 賢也라 抱祭器而去之하고 武王周公은 聖也라 率天下之賢士與天下之諸侯而往攻之로되 未嘗聞有非之者也어늘 彼伯夷叔齊者 乃獨以爲不可하고 殷旣滅矣에 天下宗周어늘 彼二子乃獨恥食其粟하여 餓死而不顧하니 繇是而言이면 夫豈有求而爲哉리오 信道篤而自知明也일새라 今世之所謂士者는 一凡人譽之면 則自以爲有餘하고 一凡人沮之면 則自以爲不足이어늘 彼獨非聖人而自是如此하니 夫聖人은 乃萬世之標準也라 余故曰 若伯夷者는 特立獨行하여 窮天地亘萬世而不顧者也라하노라 雖然이나 微二子면 亂臣賊子 接跡於後世矣리라.

선비는 우뚝 서서 홀로 행하여 의義에 맞게 할 뿐이다. 다른 사람의 시비를 돌아보지 않는 것은 모두 호걸스러운 선비가 도에 대하여 믿음이 돈독하고 스스로 아는 것이 밝기 때문이다.

한 집안이 비난하더라도 힘써 행하면서 미혹되지 않는 자는 드물다. 한 나라와 한 고을이 비난하지만 힘써 행하고 의혹하지 않은 자는 아마 천하에 한 사람밖에 없을 것

이다. 만일 온 세상이 비난할지라도 힘써 행하며 의혹되지 않는 자로 말한다면 천백 년에 오직 한 사람밖에 없을 것이다. 백이 같은 자는 천지가 다하고 만고가 흘러도 돌아보지 않는 자이다. 밝은 해와 달도 족히 밝다고 할 수 없고 드높은 태산도 족히 높다고 할 수 없고 높고 큰 천지도 족히 포용할 수가 없다.

은殷나라가 망하고 주나라가 홍할 때 미자微子는 현인이라 제기를 안고 떠나갔고 무왕武王, 주공周公은 성인이었지만 천하의 현자와 천하의 제후를 거느리고 정벌하였으니 일찍이 그들을 비난하는 자가 있었다는 말을 듣지 못하였는데, 저 백이伯夷와 숙제叔齊가 오직 홀로 불가하다고 생각하였다. 은나라가 이미 멸망하자 천하는 주나라를 종주로 받들었지만 저 두 사람은 홀로 그 곡식 먹기를 부끄러워하여 굶어죽으면서도 돌아보지 않았다. 이로써 말한 것 같으면, 어찌 구함이 있어서 그렇게 하였겠는가? 도에 대한 믿음이 돈독하고 스스로 아는 것이 분명하였기 때문이다.

오늘날 세상에 선비라고 하는 자들은 보통 사람 한 명이 칭찬을 하면 스스로가 넉넉하다고 여기고, 보통 사람 한 명이 가로막으면 스스로가 부족하다고 여긴다. 저들은 성인이 아닌데도 스스로 옳게 여기는 것이 이와 같았으니 성인은 만세의 표준이다. 그래서 내가 말하기를 "백이伯夷와 같은 사람은 우뚝 서서 홀로 행하여 천지가 다하고 만고가 흘러도 돌아보지 않을 자이다"라고 한 것이다. 그렇지만 두 사람이 없었다면 난신亂臣과 적자賊子가 후세에 계속 이어졌을 것이다.

비 평

상나라가 망하고 주나라가 건국되자 백이와 숙제는 수양산에 들어가 주나라의 곡식을 먹지 않고 고사리를 캐 먹다가 굶어 죽었다고 한다. 한유는 이러한 고사와 더불어 「춘추전」에 "무왕이 상나라를 이기고 상나라의 아홉 개 솥을 낙읍으로 옮기자 의사義士(백이)들이 그르다"라고 하였다는 기록에 근거하여 「백이송」을 지어서 그가 홀로 서서 무왕이 상나라 주왕紂王을 징벌한 일은 잘못이라고 비판한 일을 칭송하였다. 문장 구성에서 '독립독행獨立獨行'이라는 단어로 전후 단락을 구성하여 백이가 명교名教를 바로 세운 공을 기리고, 그가 아니었다면 훗날 난신亂臣과 적자賊子가 연이어 나왔을 것이라고 끝을 맺었으니 그 문장 배치와 표현수법은 매우 묘하다고 할 수 있다.

소순蘇洵의 관중론管仲論

管仲이 相威公하여 霸諸侯하고 攘夷狄하여 終其身토록 齊國富强하여 諸侯不敢叛이러니管仲死에 豎刁 易牙 開方이 用하여 威公薨於亂하고 五公子爭立하여 其禍蔓延하여 訖簡公히 齊無寧歲하니라 夫功之成이 非成於成之日이라 蓋必有所由起하고 禍之作이 不作於作之日이라 亦必有所由兆하니 則齊之治也를 吾不曰管仲而曰鮑叔이요 及其亂也를 吾不曰豎刁 易牙 開方而曰管仲이라하노라 何則고 豎刁 易牙 開方三子는 彼固亂人國者어니와 顧其用之者 威公也라 夫有舜而後에 知放四凶하고 有仲尼而後에 知去少正卯하나니 彼威公은 何人也오 顧其使威公으로 得用三子者 管仲也라 仲之疾也에 公問之相하니 當是時也하여 吾以仲且擧天下之賢者以對러니 而其言이 乃不過曰 豎刁 易牙 開方三子는 非人情이니 不可近而已라하니 嗚呼라 仲以爲威公이 果能不用三子矣乎아 仲與威公處幾年矣니 亦知威公之爲人矣乎인저 威公이 聲不絶乎耳하며 色不絶於目이로되 而非三子者면 則無以遂其欲이니 彼其初之所以不用者는 徒以有仲焉耳라 一日無仲이면 則三子者 可以彈冠而相慶矣리니 仲以爲將死之言이 可以縶威公之手足耶아

夫齊國은 不患有三子요 而患無仲이니 有仲則三子者는 三匹夫耳라 不然이면 天下에 豈少三子之徒리오 雖威公이 幸而聽仲하여 誅此三人이라도 而其餘者를 仲能悉數而去之耶아 嗚呼라 仲은 可謂不知本者矣로다 因威公之問하여 擧天下之賢者以自代런들 則仲雖死나 而齊國未爲無仲也니 夫何患三子者리오 不言이라도 可也라 五霸莫盛於威文하니 文公之才 不過威公이요 其臣이 又皆不及仲이요 靈公之虐이 不如孝公

之寬厚언마는 文公死에 諸侯不敢叛晉하고 晉襲文公之餘威하여 猶得爲諸侯之盟主百餘年하니 何者오 其君雖不肖나 而尙有老成人焉일새라 威公之死也에 一亂塗地는 無惑也니 彼獨恃一管仲이라가 而仲則死矣라 夫天下에 未嘗無賢者하니 蓋有有臣而無君者矣어니와 威公在焉而曰天下不復有管仲者는 吾不信也로라 仲之書에 有記其將死에 論鮑叔賓胥無之爲人하고 且各疏其短하니 是其心에 以爲是數子者는 皆不足而托國이요 而又逆知其將死하니 則其書誕謾不足信也라 吾觀史鰌以不能進蘧伯玉而退彌子瑕라 故로 有身後之諫하고 蕭何且死에 擧曹參以自代하니 大臣之用心이 固宜如此也니라 一國이 以一人興하고 以一人亡하나니 賢者는 不悲其身之死하고 而憂其國之衰라 故로 必復有賢者而後에 有以死하나니 彼管仲은 何以死哉오.

관중管仲은 제齊나라 위공威公의 재상이 되어 제후들 가운데 패자가 되게 하고 오랑캐들을 물리쳐서 그의 평생 동안 제나라가 부강하게 하여 제후들이 감히 배반하지 못하게 했었다. 관중이 죽자 수조豎刁·역아易牙·개방開方이 임용되어 위공은 혼란 중에 죽었고, 다섯 명의 공자들이 왕위를 서로 다투어 그 화가 미쳐 간공簡公에 이르기까지 제나라에는 편안한 해라고는 없었다.

무릇 공적은 그것을 세운 날에 이루어진 것이 아니라 반드시 이룩하게 된 연유가 있을 것이다. 화가 일어나는 것도 화가 발생한 날에 생겨난 것이 아니라 역시 반드시 그것이 시작된 조짐이 있었으니 제나라가 잘 다스려진 이유를 나는 관중 때문이라 말하지 않고 포숙鮑叔 때문이라 말하고자 한다. 제나라가 혼란해진 것도 수조豎刁와 역아易牙와 개방開方 때문이 아니라 관중 때문이라고 말하고자 한다. 무슨 이유 때문인가? 수조豎刁·역아易牙·개방開方 세 사람은 본래 나라를 어지럽게 하는 자들이었는데 그들을 등용한 사람을 살펴보면 위공이었다. 순舜임금이 있은 연후에 사흉四凶을 내칠 줄을 알았고, 중니(공자)가 있고 난 연후에 소정묘少正卯를 제거할 줄 알았던 것이다. 저 위공은 어떤 사람인가? 살펴보건대, 위공으로 하여금 그 세 사람을 임용하게 한 사람은 관중이었다.

관중이 병이 났을 때에 위공이 그에게 재상에 관하여 물었었다. 바로 그때 나는 관중이 천하의 현명한 사람을 천거하여 말해 줄줄 알았는데 그의 말은 다음과 같을 뿐이었다. "수조 · 역아 · 개방 세 사람은 인정이 없으니 가까이 해서는 안됩니다" 아! 관중은 위공이 그 세 사람들을 과연 쓰지 않으리라고 생각했던 것일까? 관중은 위공과 함께 몇 년을 지냈으니 또한 위공의 사람됨을 잘 알았을 것이 아닌가? 위공에게 음악이 귀에 끊이지 않도록 하고 눈에는 미색이 끊어지지 않게 하였던 사람이었으니 그 세 사람이 아니면 그러한 욕망을 채울 방법이 없었을 것이다. 아마도 그가 처음에 그들을 쓰지 않았던 까닭은 관중이 있었기 때문이었을 것이다. 어느 날 관중이 사라진다면 세 사람은 벼슬을 하기 위해 먼지를 털어 쓰면서 서로 축하했을 것이다. 관중은 죽는 순간의 말이 위공의 다리를 매어둘 수 있다고 생각한 것일까? 제나라의 입장에서 보면 세 사람이 있는 것이 환난이 아니라, 관중이 없는 것이 환난이 되는 것이다. 관중이 있는 한 세 사람은 세 명의 필부일 뿐이다. 그렇지 않다면 천하에 어찌 세 사람과 같은 무리들이 적어지겠는가? 비록 위공이 다행히도 관중의 말을 듣고 이 세 사람을 처형하였다하여도 그 나머지 사람들을 관중이 모두 헤아리어 제거시킬 수 있었겠는가? 아! 관중은 근본을 알지 못하는 사람이었다고 할 수 있는 것이다. 위공의 질문을 계기로 하여 천하의 현명한 사람을 추천함으로써 자신을 대신하게 하였다면 관중이 죽는다 하더라도 제나라에는 관중이 없는 상황이 되지 않았을 것이다. 그런데 어째서 세 사람들을 걱정했는가? 그 말은 하지 않았어도 되는 것이다.

오패五霸 중에 제나라 위공과 진晉나라 문공文公보다 더 세가 강성한 자는 없었다. 그런데 문공文公의 재능은 위공보다 뛰어나지 않았고 그의 신하도 모두 관중에 미칠 수가 없었으며, 진나라 영공靈公의 포악함은 제나라 효공孝公의 관후함에 견줄 바가 못 되었다. 그러나 진나라는 문공이 죽었어도 제후들이 감히 진나라를 배반하지 않았고 진나라는 문공의 남은 위세를 이어받아 그대로 제후들의 맹주 노릇을 백여 년이나 할 수 있었다. 어째서인가? 그 나라 임금은 비록 못났지만 그 나라에 노련하고 훌륭한 사람들이 있었기 때문이다. 위공이 죽으면 순식간에 형편없이 혼란해질 것은 의심의 여지가 없었던 것이다. 그는 오직 한 사람 관중만을 의지하고 있었는데 관중이 죽었기 때문이다.

무릇 천하에는 현명한 사람이 없었던 때는 일찍이 없었고, 다만 신하는 있으되 임금이 없었던 때는 있었으니, 위공이 있는데 "천하에 다시 관중과 같은 사람이 있다"라고 말하는 것을 나는 믿지 못하겠다. 관중의 글에 "장차 죽으려 할 때 포숙鮑叔과 빈서무賓胥無의 사람됨을 논하여 각각 그들의 단점을 아뢰었다"라고 하였는데, 이는 그 마음속에 이들은 모두 나라를 기탁하기에는 부족한 인물이라 여긴 것이고 또한 자신이 장차 죽을 것을 미리 안 것이니 그 글은 멋대로 거짓말을 쓴 것으로 믿을 수 없다.

내가 역사를 살펴보건대, 위나라의 사추史鰌는 거백옥蘧伯玉을 벼슬자리에 나아가게 하고 미자하彌子瑕를 물러나게 하지 못하였다. 그래서 죽은 뒤에도 시신으로 간하게 하였었다. 한나라 소하蕭何는 죽음을 맞게 되자 조참曹參으로 자신을 대신하게 했었다. 대신의 마음 씀씀이는 본래 마땅히 이와 같아야 하는 것이다. 한 나라는 한 사람으로 말미암아 융성하기도 하고 한 사람으로 말미암아 망하기도 하는 것이다. 현명한 사람은 그 자신의 죽음은 슬퍼하지 않고 그 나라의 쇠함을 걱정해야 하는 것이다. 그러므로 반드시 다시 현명한 사람이 있도록 한 뒤에야 자신의 죽음을 맞이했던 것이다. 저 관중은 어떻게 죽음을 맞이했었는가?

- 소순(1009-1066): 자는 명윤明允이며 호는 노천老泉이다. 아들인 소식蘇軾, 소철蘇轍과 더불어 문학으로 이름이 나서 '삼소三蘇'로 불렸고, '당송팔대가唐宋八大家'의 한 사람으로 일컬어졌다. 그의 글은 고고하고 간경하여, 그의 두 아들 소식, 소철 글의 바탕이 되었다.

비평

세상 사람들은 관중의 능력이 뛰어나 제 환공을 도와 6국의 패주가 되게 한 공적을 칭송하였고, 공자 또한 『논어』에서 관중이 아니면 우리는 오랑캐가 되었을 것이라고 그 공을 칭찬하였다. 하지만 소순은 전혀 다른 관점에서 관중을 비판하였다. 그것은 다름 아닌 그가 죽은 후 자신을 대신할 재상을 제대로 추천하여 세우지 못한 과오, 즉 현자를 천거하지 못하고 죽은 것을 책망한 것이다. 역대로 문장의 열고 닫음과 억누르고 찬양함이 묘하여 관중을 책함이 깊고 간절하다는 평을 받았다.

(5) 수양과 경계

정이程頤의 사물잠四勿箴

시잠視箴

心兮本虛하니 應物無迹이라 操之有要하니 視爲之則이라 蔽交於前 하면 其中則遷하나니 制之於外하여 以安其內니라 克己復禮하면 久而誠矣리라.

마음은 본디 텅 빈 것이라서, 외물外物에 반응해도 자취가 없다. 마음을 잡아 보존하는 요령이 있으니, 보는 것이 바로 그 법도가 된다. 외물이 눈앞에서 가려 교차하면 마음 또한 옮겨 가니, 이런 경우는 외부에서 제어하여 그 안을 안정시켜야 하는 것이다. 극기복례하면 오래 할 경우 성의 경지에 이르게 된다.

언잠言箴

人心之動이 因言以宣하나니 發禁躁妄이라야 內斯靜專하나니라 矧是樞機라 興戎出好하나니 吉凶榮辱이 惟其所召니라 傷易則誕하고 傷煩則支하며 己肆物忤하고 出悖來違하나니 非法不道하여 欽哉訓辭하라.

사람의 마음이 움직이는 것은 말로 인해 생기는 것이니, 말을 할 때에 조급함과 경망함을 금해야 안이 고요하고 전일專一해진다. 하물며 이 말은 몸의 추기樞機이니, 전쟁을 일으키기도 하고 우호友好를 불러오기도 한다. 길과 흉, 영화와 욕은 오직 그 입이 부르는 것이다. 너무 말을 쉽게 하는 병통이 있으면 허탄해지고, 너무 번거롭게 말하는 병통이 있으면 지루하게 되며, 자신이 함부로 말을 하면 다른 사람도 거슬리게 말하고, 나가는 말이 도리에 어긋나면 오는 말도 이치에 어긋나는 것이다. 법이 아니면 말하지 말아서 훈계의 말을 공경할지어다.

- 정이(1033-1107): 자는 정숙正叔이고, 호는 이천伊川이며, 시호는 정공正公이다. 이천백伊川伯에 봉해져 이천선생伊川先生으로 불려진다. 형 정호程顥와 함께 주돈이周敦頤에게 배웠고, 형과 함께 이정자二程子라 불리며 정주학程朱學의 창시자로 알려져 있다. 그의 학문은 성誠에 근본을 두고 『대학』, 『중용』, 『논어』, 『맹자』를 중시하여 표방하였는데 육경에도 통달하였다. 저서로는 『역전』(易傳) 4권과 『춘추전』(春秋傳) 등이 있다. 학설은 형의 학설과 함께 『이정전서』(二程全書)에 수록되었다.

비 평

사물四勿은 "예가 아니면 보지 말고, 예가 아니면 듣지 말고, 예가 아니면 말하지 말고, 예가 아니면 행동하지 말라"[非禮勿視 非禮勿聽 非禮勿言 非禮勿動]라는 말로 『논어』(論語) 「안연」(顔淵)에 수록되어 있다. 송유宋儒 정이程頤가 이를 토대로 '사물잠四勿箴', 즉 '시잠視箴', '청잠聽箴', '언잠言箴', '동잠動箴'을 지어 자신을 경계하였다. 잠은 경계하는 말을 적은 문장으로 명銘처럼 운이 있는 것이 특징이다. 본 교재에서는 '시잠視箴'과 '언잠言箴' 두 편만을 소개하였다.

4장

아큐정전

阿 Q 正 傳

루쉰

01

주요 용어 해설

1. 루쉰

중국 현대문학의 아버지라 불리는 중국의 대문호이자 사상가이다. 대표작「아큐정전」의 저자이자 중국 현대 신문화운동기의 선구적 지식인이다.

2. 아큐

루쉰의 작품「아큐정전」에 등장하는 주인공 이름으로, 당시 가장 미천한 상태로 세상을 살아가던 하층민 중국인의 자화상이다.

3. 정신승리법

루쉰의 대표작「아큐정전」에 나오는 주인공 아큐의 인생 필살기로, 가난하고 배운 것 없는 아큐가 거친 세상을 살아가기 위해 사용한 현실 외면과 자기 기만적 방법이다.

4. 정체성

작품 속 주인공 아큐는 20세기 초 어지러운 시대의 보통 중국 사람이다. 그에게는 정작 한 인간으로서, 또 중국인으로서 살아가야 하는 '정체성'에 대한 자각이 없다. 작가 루쉰은 선각자적 입장에서 방치되고 마비된 당시 중국인의 '정체성' 회복의 필요성을 역설한다. 루쉰은 '정체성' 회복을 위해 과거 전통적인 봉건성의 극복과 위僞도덕군자적 행위로부터 탈피할 것을 주장했다.

5. 방관자

작품 속 주인공 아큐의 모습이자, 당시 중국인의 전형적 형상을 반영한 것이다. 이는 특히 '환등기 사건'에서 묘사된 대로 건장한 신체의 소유자이나 마비된 영혼을 지닌 중국인의 아픈 현실을 대변하는 모습이다.

6. 국민성 개조

작가 루쉰은 방관자이자 정체성에 대한 자각이 없는 아큐가 보통 중국 사람의 모습이라 통탄하면서, 이를 개조하지 않으면 중국의 미래는 없다고 보았다. 즉 중국의 미래와 국민성 개조에 대한 작가 루쉰의 간절한 바람이 작품 전체를 관통하는 주제 의식이다.

7. 자기 성찰

작가 루쉰은 중국인이 그 당시 약소국으로 전락하여 외세 열강에게 억압당하고 내몰리는 상황에 대해 '자기 성찰'이 필요하다고 인식했다. 과거의 부흥을 다시 회복하기 위해서는 현재의 어리석음에 대한 자각과 '자기 성찰'이 반드시 동반되어야 한다고 생각한 것이다.

02
작가 생애와 시대 배경

1. 작가 루쉰[魯迅]의 생애

1881년 9월 25일 중국 저장성[浙江省] 사오싱[紹興]에서 3남 가운데 장남으로 태어났다. 본명은 저우수런[周樹人]이다. 1885년 훗날 현대문학의 대가가 된 동생

저우쭤런[周作人]이 태어났다. 1893년 과거 시험 부정 청탁 사건으로 할아버지가 투옥되고, 1896년 아버지가 병으로 사망하면서 가세가 급격히 기울었다. 이후 1898년 난징의 강남수사학당과 광무철로학당 등에서 서양 학문을 공부했으며, 1902년 국비유학 자격을 얻어 일본으로 유학길에 오른다.

1904년 일본 센다이의학전문대학에 진학했으나, 의학 대신 문학으로 전향하였고 문예를 통한 중국인의 정신개조를 위해 분투했다. 잡지 「신생」(新生) 발간이 좌절되면서 그의 '새로운 세상[新生]'에 대한 이상은 침묵의 내면세계로 가라앉고 만다. 귀국 후 친구 첸셴퉁[錢玄同]의 거듭된 권유로 10여 년의 침묵을 깨고 중국 현대소설의 효시로 불리는 「광인일기」(狂人日記)(1918)를 발표한다. 1921년에는 그의 대표작이자 중국 현대문학사상 걸작으로 평가받는 「아큐정전」을 발표했다. 뒤이어 1923년 그의 첫 번째 소설집 『외침』(吶喊)을 출간하고, 1926년 두 번째 소설집 『방황』(彷徨)을 출간한다.

1906년 일본 유학 시절, 어머니의 강요로 잠시 귀국하여 봉건적 방식으로 주안朱安과 혼례를 치렀으나, 이 결혼은 명목상 유지되었을 뿐 사랑의 어떤 교감도 이뤄지지 않았다. 한편 1925년 베이징여자사범대학교 해산 조치와 관련하여 정부와 갈등을 빚는 상황이 발생한다. 이때 이 학교의 학생이었던 쉬광핑[許廣平]이 루쉰에게 학교 해산 조치와 관련된 학내 분규에 학생들을 지지해달라는 편지를 보내게 된다. 루쉰은 다른 교수들과 함께 베이징여자사범대학교 교장 양음유楊陰楡에 반대하는 선언을 발표하며 학생들의 투쟁을 공개적으로 지지하고 나섰다. 이후 둘 사이는 급격히 가까워졌고, 정부가 발표한 체포 대상자 명단에 루쉰도 포함된다. 루쉰은 혼란을 피해 샤먼[廈門]과 광저우[廣州]로 내려가 교수로 지내다, 1927년 상하이로 건너갔다. 1929년 쉬광핑과의 사이에 아들 저우하이잉[周海嬰]이 태어났다.

1930년 중국좌익작가연맹의 영수로 추대되었으며, 1936년 세 번째 소설집 『고사신편』(故事新編) 출간을 마지막으로, 그해 10월 19일 지병인 폐병으로 사망했다.

그의 대표작을 살펴보면 다음과 같다. 단편소설집 『외침』(吶喊), 『방황』(彷徨), 『고사신편』(故事新編)외에도, 산문집 『들풀』(野草), 『아침꽃을 저녁에 줍다』(朝花夕拾)과 잡문집 『열풍』(熱風), 『화개집』(華蓋集), 『이이집』(而已集), 서신집 『양지서』(兩地書), 번역집 『역외소설집』(域外小說集) 등이 있으며, 『중국소설사략』(中國小說史略)과 『한문학사강요』(漢文學史綱要) 등의 학술 저작이 있다. 또한 「인간의 역사」(人之歷史), 「문화편지론」(文化偏至論), 「과학사교편」(科學史敎篇), 「마라시력설」(摩羅詩力說) 등의 루쉰의 사상을 엿볼 수 있는 글을 발표하기도 했다.

2. 시대 배경

작가 루쉰이 태어나던 19세기 후반의 중국은 청나라가 지배하던 혼란의 시대였다. 당시 청나라는 2차례에 걸친 아편전쟁을 치렀고, 이후 청일전쟁(1894)과 러일전쟁(1904)에 이르기까지 거듭되는 전란의 실패로 백성들의 삶은 도탄에 빠져 있었다. 전쟁의 결과는 외세 열강과의 불평등조약으로 이어졌고, 백성들은 이런 정부를 불신했다. 그 대표적인 운동이 태평천국운동으로 홍수전洪秀全을 중심으로 한 이 민란의 기세는 중앙정부를 위협할 정도였다. 이후 지방의 호족 세력과 서구 열강의 합작, 그리고 태평천국 조직의 부패로 운동은 실패로 돌아가고 말았다. 그러나 이와 같은 민란은 당시 청나라에 대한 민심의 동태와 봉건 왕조의 종말을 암시하는 상징적인 사건이었다.

양무운동과 변법유신운동

당시 개혁을 주장하는 목소리도 들려왔다. 우선 양무운동洋務運動이라는 자강운동自强運動이 리홍장李鴻章을 중심으로 전개되었다. 이는 이이제이以夷制夷정책으로 서구의 과학 문명을 배워서 서구에 대항하자는 논리였다. 물론 중

체서용론中體西用論을 내세워 '중국의 학문을 본체로 하고 서구의 학술을 도구로 응용한다'는 입장을 고수하기도 했다. 이로써 서구식 군사학교와 서구의 발전된 병기 제조법과 학술 등을 광범위하게 도입하고자 했다. 한편 캉유웨이[康有爲], 량치차오[梁啓超]를 중심으로 중국의 낙후된 현실 원인은 서구의 군사력과 과학기술 때문이 아니라, 주체가 되는 관념과 의식, 문화의 낙후 때문이라는 주장이 제기된다. 변법유신운동變法維新運動은 바로 이와 같은 문제의식 아래 진행된 것으로, 황제였던 광서제光緖帝의 지지 아래 추진되었다. 청일전쟁에서 중국이 동아시아의 소국으로 생각해 온 일본에 패하자, 중국의 젊은 사대부들은 큰 충격을 받았다. 캉유웨이는 청프전쟁 이후 일찌감치 일본의 메이지유신에 주목하고 정치제도를 개혁해 부국강병을 이루자고 주장했다. 1895년에 캉유웨이는 베이징에서, 과거 시험에 참여하기 위해 각 성에서 온 응시자들과 연명으로 '공거상서公車上書'를 올려 황제에게 개혁을 청원했다.

이를 통해 일본과 강화 조약을 거부하고, 장기전을 위해 수도를 옮겨야 한다고 했다. 또 변법과 유신으로 국가 위기를 타개하고 국력을 신장해야 한다고 주장했다. 그 후 캉유웨이, 량치차오, 담사동, 옌푸 등이 베이징, 상하이, 톈진, 후난 등에서 학회와 학당을 세우고 잡지를 간행하며 변법운동을 전개했다. 황제 광서제는 이 운동을 이용해 자신의 정치 세력을 강화시키고자 했다. 개혁안의 주 내용으로는 제도국 개설, 과거제 개혁, 새로운 학교 제도의 도입, 신문·잡지 발행, 인재 등용, 농공상업 진흥, 우편 사업, 육해군의 근대화 등이었다. 그 가운데 개혁 운동의 중심이 되는 제도국 설치는 보수적인 대신들의 반대에 부딪혀 제자리걸음이었으나 팔고문의 폐지, 서원의 학당 전환 등 몇 가지는 개혁이 추진되었다. 그러나 당시 부패하고 무능한 중국 사회에서 특권을 누리던 계층은 부정부패를 일소하고, 군대와 전근대적인 교육제도 등을 혁신하는 것에 대해 위기의식을 느꼈다. 이들은 서태후西太后 주변으로 모여들어 결속을 다졌고,

서태후는 군대를 동원, 정변을 일으켜 황제를 궁에 유폐시켰다. 이때 보수파를 제거시키라는 변법파의 요구를 배신한 위안스카이[袁世凱]의 밀고도 이 운동을 실패로 내몬 요인 중의 하나가 되었다. 결국 실권을 쥐고 있던 서태후西太后 등의 보수 세력과 위안스카이의 배신으로 변법유신운동은 '100일 천하'에 그친 채 실패로 돌아가고 말았다. 그 결과 캉유웨이와 량치차오는 일본으로 탈출했지만 다른 6명의 청년 개혁가들은 처형되었다.

신해혁명과 중화민국

이후 1900년 보수 관료 세력과 무능한 청정부에 대한 민중의 난인 의화단의 난이 일어났으나, 이 역시 서구 열강의 힘으로 제압되었다. 당시 청나라는 어려운 국가 재정난을 철도 국유령을 통해 타개하고자 했다. 민영이었던 철도를 담보로 열강에 차관을 얻어 재정난을 타개하고자 한 것이다. 이에 반대하는 운동이 거세게 일어났고 대규모 무장투쟁이 진행되었다. 우창武昌에서 일어난 신군新軍 봉기의 승리로 신해혁명의 불길은 드세게 확산되었다. 빠른 속도로 여러 성省이 궐기했고 급기야 청조에 독립을 선포하기에 이르렀다. 이로써 2천여 년을 지속한 중국의 왕조 전제정치가 막을 내렸고, 중국에는 새로운 시대가 도래했다. 1912년 1월 난징[南京]에서 쑨원은 임시 대총통으로 선출되었고 중국에는 중화민국中華民國 임시정부가 수립되었다. 쑨원은 '임시약법'을 제정하여 공포했고, 쑨원의 삼민주의를 바탕으로 한 새로운 정부가 수립된 것이다. 그러나 임시정부의 혁명 주체 세력은 굳건하지 못했고, 결국 청조의 대권을 부여받은 위안스카이에게 대총통의 자리를 이양했으며, 서구 열강은 각 지방의 군벌들과 결탁하여 제국주의적 침략과 수탈의 강도를 높였다. 중국의 지식인들은 왕조의 멸망이 결코 사회의 변화로 이어지지 않음을 절감하게 된 것이다.

오사신문화운동

당시 일본은 중국에 대한 침략 의도를 노골적으로 드러내 강압적이고 굴욕적인 '21개조 요구'를 통과시킨다. 중국은 일본 등의 제국주의 열강의 폭압에서 벗어나고 빼앗긴 권리를 회복하기 위해 1918년 파리강화회의에 대표단을 파견한다. 이는 1차 세계대전의 종결로 전쟁의 뒤처리를 위해 파리에서 강화회의가 개최되었기 때문이다. 그러나, 중국 대표단의 요구는 결국 수용되지 않았고, 강대국들은 중국의 자결권을 인정하지 않았다. 일본의 '21개조 요구'에 대한 대표단의 백지화 요청 역시 거절된 것이다. 이로 인해 국민적 저항운동의 성격을 띤 오사신문화운동五四新文化運動(1919)이 일어났다. 운동은 책임자 문책과 정부의 파리 강화조약 조인 거부 등의 성과로 이어졌고, 반半식민지 상태에 놓여있던 중국을 근현대화하는 중요한 역할을 수행한 것으로 평가된다.

03 작품 읽기

1. 「아큐정전」의 집필 시기와 동기

「아큐정전」은 1911년 신해혁명이 발생한 시기를 그 배경으로 삼고 있으며, 중국 문명의 토대가 된 농촌 웨이좡[未庄]이 공간으로 설정되었다. 작품의 언어는 백화白話를 사용했다. 1918년에 발표된 그의 첫 번째 현대백화소설인 「광인일기」(狂人日記)와 함께 백화를 사용하여 현대소설을 창작한 대표작으로 인정된다.

신해혁명이 발생한 시기는 전통과 근대, 과거와 현재 그리고 내일, 낡은 것과 새로운 것 사이에서 혼란과 도전이 난무하던 때였다. 봉건적 질서가 근대화의 물결 앞에 밀려나는 한편, 새로운 세계에 대한 기대와 불안이 혼재했다. 또한 농촌 웨이좡은 조상과 미신을 신봉하는 전통이 대를 이어 유지된 마을이며, 계층 간의 위계질서도 엄격하게 강조된 전근대적인 농촌이다. 때문에 시대 상황이나 당시 새로운 조류와는 상관없이 신분 질서와 봉건적 관습이 고스란히 남아있던 낙후된 농촌 마을의 전형이었던 것이다. 한편 백화문운동의 일환으로 대두된 백화 사용은 하층민의 말이라 하여 무시를 당하는 상황이었으나, 1922년 북경 정부의 교육부가 중국 소학교 교과서를 백화문으로 개편하는 조치를 단행하면서 이른바 백화문의 시대가 본격화되었다. 이는 진보적 잡지인 『신청년』(新青年)의 발간과 1919년 오사신문화운동에 따른 백화문운동의 전국적 확산이 적잖은 역할을 한 것으로 평가된다. 「아큐정전」 역시 이와 같은 시대적 흐름을 반영해 백화로 쓰여진 대표적 현대소설이다. 이로써 백화소설은 근대의 위기를 극복하기 위한 국민 계몽과 교육의 편의성을 대변하는 대표적 장르로 성장한다.

「아큐정전」이 포함된 그의 첫 번째 소설집 『외침』 서문에서도 작가 루쉰의 그간의 고통과 번민, 그리고 이것이 글쓰기로 재탄생되는 치열한 과정이 어렵지 않게 간파된다. 작가도 젊은 시절 많은 꿈을 꾸었고, 또 많은 꿈을 잊었다. 꿈을 잊은 것은 괴롭지 않으나, 완전히 잊어버지 못한 것은 오히려 괴롭다 했다. 그 기억의 한 자락이 바로 『외침』이라 하면서, 마치 아큐와도 같은 "어리석고 겁 많은 국민은 체격이 제아무리 건장하고 우람한들 조리돌림의 재료나 구경꾼이 될 뿐"이라 한탄하면서, 문예를 통한 정신 개조를 주장했다. 근본적으로 작가 루쉰으로 하여금 붓을 들게 한 원동력은 바로 여기에서 나오는 것이다.

「아큐정전」은 1921년 12월부터 1922년 2월까지 『신보』(申報)부간에 연재한 것으로, 루쉰의 첫 번째 소설집 『외침』(1923)에 실린 14편의 작품 가운데 한 편이다. 이 가운데 「아큐정전」만 유일한 중편으로, 나머지 작품은 모두 단편에 해당된다. 루쉰은 「아큐정전」 집필 즈음의 심경을 다음과 같이 소설 서두에 밝히고 있다.

내가 아큐를 위해 정전正傳을 쓰려고 생각한 것은 한두 해 된 일이 아니라 훨씬 오래 된 일이다. 하지만 쓰려고 했다가도 막상 망설여졌다. 내가 '후세에 말을 전할 만한' 위인이 못되기 때문이리라. 역사에 길이 남을 문장만이 불후의 인물을 전한다 한다. 이른바 사람은 글로 전해지고 글은 사람에 의해서 전해진다는 말일 것이다. 그렇다면 누가 누구에 의해 전해지는 것인지 갈수록 애매하다. 그래도 아큐를 글로 전해야겠다는 마음을 정하고 보니, 문득 내가 귀신에 홀린 것만 같다.

이와 같이 루쉰은 상당 기간 동안 아큐라는 인물을 형상화하기까지 고심한 듯하다. 하지만 글을 쓰기로 결정을 내린 후에도 그의 작품에 대한 고민은 계속된다. "귀신에 홀린 것만 같다"라는 표현 속에 작품 창작을 통한 가치와 의의에 여전히 고민했던 루쉰의 흔적이 엿보인다. 통상 작가로서 자신도 대단한 인물이 아닐뿐더러 자신이 생각하는 아큐라는 인물 형상 역시 후세에 길이 전해질만 한 인물이 아니기에 "귀신에 홀린 것만 같다"라는 표현을 빌려, 그럼에도 불구하고 쓸 수밖에 없는 작가의 심경을 대신하고 있는 것이다. 뒤이어 작가는 글의 제목을 붙이는 대목에서 자신의 글쓰기에 대한 겸손의 표현인지 아니면 풍자의 뜻을 담은 것인지 이렇게 말한다. "내 문장은 말하자면 글이 천박해서, 수레를 끌고 다니며 콩국이나 파는 자들이 쓰는 말인지라 감히 고상한 이름을 어찌 붙일 것인가"라고 말이다. 다시 말해, 창작에 앞서 작가는 작품 제목부터 인물 형상화에 이르기까지 깊은 사색과 고민을 거쳤으며, 이 과정을 통해 「아큐정전」이 만들어진 것으로 판단된다.

2. 「아큐정전」의 형식

중편 「아큐정전」은 연재 형식을 취했고, 또 과거 전통소설의 장회체章回體를 활용했다. 이는 당시 국민 계몽과 국민교육의 주요 매체였던 신문 연재 형식에

다 독자에게 익숙한 장회체 형식을 선택한 것이라 판단된다. 이는 독자에게 뜻을 전달하는 것을 글쓰기의 중요한 역할로 간주했던 루쉰 입장에서 살펴볼 때 당연한 결과일지도 모른다. 루쉰 역시 대표적 지식인으로 중국인의 각성과 계몽을 위해 최고의 전달 매체인 신문과 잡지의 사용 및 장회체 형식을 취한 것이리라. 새로운 문화운동의 선구자로 자처했던 루쉰은 문예활동의 목적을 국민성 개조와 각성에 두었다. 국민성의 개조와 각성 없이는 중국의 미래가 없다는 판단 아래, 이들을 계몽하고 계도하기 위해 그들에게 보다 익숙한 형식을 제공한 것이다.

3. 「아큐정전」의 수사학적 특징

「아큐정전」은 대단히 풍자적이다. 풍자는 '무엇에 빗대어 재치 있게 경계하거나 비판'하는 행위, 혹은 '모든 장르에 나타날 수 있는 특유한 태도 또는 어조'라고 정의된다. 작품을 통해 드러나는 모순과 부조리를 '풍자'라는 특유의 태도나 어조를 사용하여 문학적으로 표현한 것이다. 언급했듯이 아큐가 살았던 시대는 격동의 시대였고, 웨이좡이라는 농촌 마을 역시 비극적 위선과 우매함이 여전한 곳이었다. 그곳을 근거지로 살아가는 떠돌이 인생 아큐의 삶을 통해 작가는 그 시대의 낙후와 중국인의 열근성劣根性을 낱낱이 드러냈다. 작품 속 아큐의 민낯에는 풍자적 수사가 넘쳐난다. 독자는 그 풍자 속 아큐를 통해 무너진 민족의 자아상과 초라하고 허무한 인생을 바라본다. 그때문에 씁쓸한 현실 속 풍자는 작품 전체를 관통하는 주요한 수사학적 특징으로 자리한 것이다.

4. 「아큐정전」 속 '아큐[阿Q]'형상과 이해

「아큐정전」은 전 9장으로 구성된 작품으로 중국 농촌의 최하층에 속하는 '아큐'라는 인물을 주요 인물로 묘사하고 있다. 주인공 아큐는 신해혁명이라는 거대한 변혁기를 통해 등장한 우매한 중국인의 전형이자 중국인의 자아상으로 설명된다. 때문에 마오둔[茅盾]은 그의 「통신」(通信)이란 글에서 “사회의 여러 방면에서 아큐와 같은 인물을 만난다”라거나, “아큐란 사람은 아주 낯이 익다. 그는 중국인 품성의 결정이다”라는 말로 아큐에 대한 당시의 인상을 기록했다. 즉 당시 중국인의 자화상과도 같은 아큐에게 작가는 대단히 볼품없는 형상을 부여했다. 정작 아큐는 성이 무엇인지도 모르고, 출신도 불명확하며, 일정한 직업조차 없는 날품팔이 하층민이다. 그를 기억하는 이는 아무도 없으며, 그의 도움이 필요할 때면 그제야 겨우 그의 존재를 떠올린다. 그를 향해 세상의 그 누구도 관심을 기울이지 않지만, 그는 ‘정신승리법’을 통해 삶을 지탱한다. 때로는 자신을 과대하게 평가하는가 하면, 때로는 자신을 하잘것없는 존재로 간주해 ‘정신승리법’에 성공한다. 어떤 상황에서도 아큐는 자신을 직시하거나 성찰하는 대신, 만족과 자기위로로 위기를 모면하는 것이다. 결국 이와 같은 불철저한 인식과 각성하지 못함으로 아큐는 죽음을 맞이한다. 이와 같은 아큐의 형상은 바로 그 시대를 살아가는 중국인의 전형이었음을 부정할 수 없을 것이다. 당시 작품이 연재되는 동안 많은 이들이 아큐의 모습에서 자신의 모습을 발견했고, 이를 통해 사회적 공감을 얻는 동시에 자신을 되돌아보는 성찰의 계기로 삼기도 했다.

한편 아큐에 대한 역사적, 사회적 이해는 신중국 수립 이전과 이후로 구분하여 살펴보는 것이 바람직하다. 우선 신중국 수립 이전을 살펴보자. 아큐는 크게 둘로 나뉘어 인식된다. 대개 마르크스주의 문학이 등장하여 이를 「아큐정전」 연구에 적용하는 시기를 기점으로 그 이전의 아큐는 국민성의 상징이자 우매한 중국인의 자화상으로 파악되었다. 반면 마르크스주의 문학이 대두된 이후 아큐는 낙후된 농민의 전형으로 이해되었고, 연구자에 따라 혹자는 보편적 농민의 형상으로, 또 다른 이는 특정한 시기 및 특수한 상황에 존재했던 농민 형상으로 인식했다.

좀 더 구체적으로 1949년 이후 마오[毛]시대의 아큐의 형상을 살펴보자. 이 시기는 절대적으로 마오의 관점이 주요한 관점으로 작용했다. 그는 「아큐정전」을 '낙후된 미각성 농민'을 다룬 작품이라 했고, 이로써 아큐의 상징은 중국인을 대표하는 전형이 아닌 어리석고 각성되지 못한 신해혁명 시기 농민의 전형으로 인식된다. 마오는 신해혁명 시기의 농민 아큐와 이후 혁명을 수행하고 과업을 완수하는 농민으로 분리하여 설명했다. 그 외의 정치적 배경에 따른 새로운 해석까지 포함하여 당시 농민 아큐의 전형적인 특징을 정리하면 다음과 같다. 첫째, 아큐는 낙후되고 미각성 상태였다. 지배계급은 그런 아큐를 억압했으며, 아큐는 착취당한 농민의 전형이었다. 둘째, 아큐의 정신승리법에 대한 새로운 이해로, 정신승리법은 아큐 자신이 만들어낸 것이 아니라 지배계급이 농민에게 유포시키고 감염시킨 것으로 인식했다. 셋째, 아큐의 혁명성을 강조했다. 루쉰의 농민 대중을 향한 혁명에 대한 바람을 아큐를 통해 묘사한 것으로 간주했다. 때문에 「아큐정전」에 대한 새로운 해석도 등장했는데, 이를테면 이전의 중국 국민성의 약점을 드러낸 소설이라는 관점 대신 신해혁명시기의 농촌의 계급 대립을 그린 소설, 혹은 중국 혁명 과정에서 제기된 농민 혁명 문제소설 등으로 재해석된 것이다. 이와 같은 해석은 대체로 정치적 목적에 따라 국가주의 텍스트로 재구성되고 재탄생된 것으로, 원래 작품에 담긴 의도와 갈등 구조를 훼손하는 결과를 낳았다.

이후 문화대혁명이 종결되고, 개혁 개방이 추진되면서 새로운 시기의 문학, 즉 신시기 문학 시기가 도래했다. 이에 「아큐정전」도 국가주의가 초래한 뒤틀린 틀에서 벗어나 작품 본연의 원형을 회복하고 복원하고자 하는 노력이 진행되었다.

5. 「아큐정전」 속 등장인물 소개

우선 지배 계층으로 거인擧人나리와 자오[趙] 나리가 있다. 거인나리는 성안의 유일한 거인으로 성은 바이[白]씨다. 과거 시험을 통해 거인에 오른 인물로, 성의 최고 지배 계층으로 인정받는 사람이다. 그의 명성은 성안에 자자하다. 한편 웨이좡에서 가장 강력한 권력을 휘두르는 인물로 자오 나리가 등장한다. 자오 나리는 바이 거인만큼은 아니나 적어도 웨이좡에서는 최고의 지배 세력이다. 그는 아큐 뿐 아니라 웨이좡의 모든 약자들에게 횡포와 억압을 자행하는 전형적인 봉건지주 계급이다. 당시 봉건사회에서 막강한 세력을 지닌 강자의 대표적 전형이라 하겠다.

다음은 이들 지배 계층의 아들들로 글방 도령이 등장한다. 첫 번째로 첸[錢]나리의 큰 아들인 일명 '가짜 양놈'이 있다. 그는 아큐가 가장 싫어하는 사람 중의 하나로, 예전에는 성으로 달려가 서양학당에 다니더니 무슨 일인지 일본으로 건너가 6개월이 지난 뒤 집으로 돌아왔다. 그의 머리에는 변발이 사라졌고, 걷는 모양새도 마치 서양 사람 같다. 변발이 사라진 일로 그의 어머니는 대성통곡을 했고, 아내는 세 번이나 우물로 뛰어드는 소동을 피웠다. 그런 까닭에 아큐는 가짜 변발을 늘어뜨리고 다니는 그를 '가짜 양놈' 혹은 '양놈 앞잡이'라고 부르며 속으로 욕을 해댔다. 사실 '가짜 양놈' 역시 겉으로 서양 물을 먹었을 뿐 여전한 봉건세력의 앞잡이였기 때문이다. 다음은 자오 수재秀才로, 그는 봉건 전통 교육을 받고 자란 봉건 통치 세력의 수호자이다. 방법은 다르나, 그 역시 '가짜 양놈'과 별반 다를 바가 없는 위선적인 신지식인 형상으로 묘사된다.

다음은 여성 등장인물로 우[吳]마와 비구니가 있다. 당시 여성은 남녀 유별의 존재요, 남존여비의 관습에 따랐다. 소설에 등장하는 우마와 비구니 등의 여성들은 하나 같이 하층민을 대변하는 여성들이다. 그 가운데 우마는 자오 나으리 댁에서 일하는 유일한 하녀로 아큐의 말에 따르면 청상과부다. '여자'라는 단어를 떠올리며 우마를 향한 아큐의 충동적이면서도 돌발적인 행동으로 자오 나으리 댁에는 한바탕 소란이 일어난다. 우마는 사실 신분으로 따지면 아큐와 크게 다르지 않다. 그러나 우마는 웨이좡의 최고 권위자인 자오 나으리 댁에서 일하는 하녀이다. 때문에 자오 나으리 댁에 누를 입혔다는 죄목으로 아큐는 두들겨 맞고 손해배상을 하는 등의 봉변을 당한다. 반면 소설에 등장하는 비구니는 하층계급 가운데에서도 가장 약자의 형상으로 묘사된다. 때문에 아큐와 같은 약자도 비구니 앞에서는 희롱을 일삼는 등의 행동을 감행한다. 아큐의 여성관은 전형적인 봉건성을 지니고 있는 바, "비구니는 중과 정을 통하기 마련이고, 여자가 밖에 나돌아 다니는 것은 필경 남자를 꾀기 위해서이며, 남자와 여자가 같이 이야기를 나누면 분명 수작을 부리기 마련이라는 것이다"라고 생각할 정도이다. 그런지라 중국 남자들이 성인군자가 되지 못함도, 또 나라가 망하게 된 까닭도 바로 여자들 때문이라고 여겼다. 작가는 이와 같은 여성 인물을 등장시켜 아큐식 여성관, 혹은 당시 봉건사회의 보편적인 여성관을 설명하고 있는 것이다.

마지막으로 샤오디[小D]와 왕王 털보가 있다. 이들의 등장 빈도는 많지 않지만, 작가가 이들을 등장시킨 의도성은 분명해 보인다. 샤오디는 사실 아큐와 마찬가지로 집도 없고, 돈도 없으며, 가족도 없고, 자신의 이름조차 없다. 아큐와 너무 닮아있는 샤오디는 아큐처럼 정신승리법을 쓴다. 아큐를 대신하는 또 다른 인물인 셈이다. 또 왕 털보는 나두창이 난 털보 녀석으로, 아큐가 무시하는 인물 중의 하나다. 그러나 아큐와 시비가 붙은 왕 털보에게 아큐는 하릴없이 얻어맞고 깊은 굴욕감을 느낀다. 이들은 모두 하층민으로 가진 것도 없고, 남에게 대접받을 일도 없다. 그러나 사소한 일로 서로 경멸하고 부딪히는 가운데 승패를 가리거나 우열을 다툰다. 의미 없는 다툼 속에 자각되지 못한 아큐식 하층민은 자신들의 우매함을 고스란히 드러낸다.

6. 주요 줄거리

「아큐정전」은 전체 9장으로 구성되어 있다.

1) 머리말

1장은 작가 루쉰이 「아큐정전」을 쓰게 된 배경과 동기 등을 서술식으로 설명하는 부분이다. 이건 일반적인 소설 서사와는 구분되는 것으로, 「아큐정전」만의 독특한 형식을 취한 대목이라 하겠다. 작가는 1장에서 '나'라는 1인칭 시점으로 서술의 주체가 되어, 이렇게 말문을 튼다.

"내가 아큐에게 정전正傳을 써줘야겠다고 생각한 것은 벌써 여러 해가 되었다" 이렇듯 생각은 있으면서도 선뜻 쓰지 못한 것은 자신이 문장가가 되지 못하기 때문이라고 설명한다. 대부분의 불후한 인물은 불후의 문장력을 지닌 사람들이 쓰는 것이라는 작가의 생각은 여전한데, 그럼에도 불구하고 아큐를 글로 써보겠다고 결심하는 대목에 이르면 자신조차도 귀신에 홀린 것 같다 한다.

작가가 소설을 쓰려면 대개 그러하듯 '나'도 글의 제목을 어떻게 붙여야 하나를 놓고 고민한다. 열전, 자전, 내전, 외전, 별전, 가전, 소전 등 다양한 전기 형식이 있는데 '내'가 생각하기에는 마땅한 제목이 하나도 없다. 고심 끝에 결국 과거 소설가들이 통상 "여담은 접어두고 이제 정전으로 돌아가서"라는 상투적인 말을 썼던 것을 떠올리며, 자신도 소설 제목으로 '정전'을 써야겠다고 마음먹는다. 그다음 '나'는 전기에 등장하는 인물의 이름을 놓고서 다시 생각에 잠겼다. '나'는 전기를 쓰고자 하는데 정작 아큐의 성이 무엇인지, 가문이 어떠한지 도무지 아는 게 없기 때문이다. 자오 나리 댁 아들이 과거 급제로 생원이 되자 마을이 떠들썩한 적이 있었다. 그때 아큐는 자기에게도 이건 기쁜 소식이라며 황주 두어 사발을 걸친 채 춤을 덩실덩실 추었다. 자기도 자오 나리와 한 집안인 데다 항렬도 훨씬 위라고 하면서 말이다. 하지만 이 일로 자오 나리는 노발대발하며 아큐의 뺨을 때리는 소동이 일어났기에, 마을에선 더 이상 아큐의 성을 들먹이는 사람조차 없었다. '나' 역시 아큐의 성을 어떻게 써야할지 모르겠다. 그가 살아있을 때 다들 아Quei라고 불렀는데, 그게 阿桂인지, 阿貴인지 도무지 알아낼 방법이 없는 데다, 그가 죽은 뒤에는 아예 그 이름자를 입 밖에 낸 사람이라곤 아무도 없으니 말이다. 마을의 신지식인인 수재에게 물어봤지만 그 역시 시원한 답변을 해주지 못했다. 별 방도가 없기에 '나'는 '서양 글자'를 따서 영국에서 사용하는 중국어 발음으로 아Quei라고 쓰고, 약칭으로 아Q라고 부르기로 했다. 다음은 그의 본적이 문제다. 성씨조차 불분명한 아큐에게 그가 어디 출신인지, 그의 가계는 어떠한지를 파악한다는 것은 불가능해 보였다. 어쨌든 이것으로 글의 제목 「아큐정전」은 지어진 셈이다.

2) 승리의 기록

아큐의 이름과 본적을 알 수 없으니, 그가 어떤 사람이었는지는 더더욱 알 길이 없다. 웨이좡 마을 사람들에게 아큐는 그저 일이나 거들어주고 심심할 때면 놀림감이나 되는 정도의 사람이다. 때문에 마을 사람들은 그의 행적에 관심조차 없다. 다만 남들과 다툴 때면, 아큐는 자기가 그들보다 잘 살았었노라고 소리를 질러대곤 했다.

현재 아큐는 집도 없이 마을 사당에 살고 있다. 직업이라고 딱히 할 만한 것도 없고, 그저 이 집 저 집 돌아다니며 날품을 파는 것으로 생계를 꾸렸다. 그러니 사람들은 일이 바쁘면 아큐를 떠올렸지만 일감이 없으면 아큐의 존재 자체를 까맣게 잊어버렸다. 그럼에도 아큐는 자존심이 무척 강했다. 그에게 웨이좡 사람들은 안중에도 없었고, 마을에서 잘나가는 자오 나리나 첸 나리 댁의 글방 도령들도 우습게 알았다. 거기다 성에 몇 번 다녀온 뒤로는 더욱 기세등등했고, 심지어 성안 사람들까지 무시했다.

아큐는 '옛날에는 대단했고', 아는 것도 많은 데다 '진짜 일도 잘하는' 거의 '완벽한 사람'이었다. 그런 그에게 몸에 자그마한 결함 하나가 있는데, 그건 바로 머리에 생긴 부스럼 자국이다. 아큐도 이것만큼은 자존심 상해했는데, 누구라도 이걸 끄집어내기라도 하면 자국이 빨개지도록 화를 냈다. 그걸 연상시키는 말만 해도 욕을 퍼붓거나, 화난 눈길로 상대방을 노려보았다. 그럴수록 동네 건달들은 그를 심하게 놀려댔고, 심지어 때리기도 했다. 건달들은 아큐의 머리채를 쥐어 잡고 벽에 부딪히기도 했다. 아큐는 힘으로도 맞설 수 없게 되자, 그의 정신승리법을 발동시켰다. "아들놈에게 맞은 셈 치지 뭐. 요즘 세상은 왜 이렇게 막 돼가는지……" 하면서 이내 만족스럽고도 승리한 기분으로 돌아갔다. 건달은 여기서 멈추지 않고, 아큐를 향해 "아큐, 이건 자식이 애비를 때리는 게 아니고 사람이 짐승을 때리는 거야. 네 입으로 말해봐! '사람이 짐승을 때리네'라고." 그러면 아큐는 스스로를 버러지라고 인정했고, 얼른 다른 방법을 동원해 자신을 만족시켰다. 돈이라도 몇 푼 생기면 아큐는 노름판으로 달려갔고 거의 매번 주머니를 털린 채 돌아왔다. 게다가 때론 얻어맞고 은화를 잃는 게 아큐의 몫이었다. 낭패감에 마음이 쓰라릴 즈음, 아큐는 자기 뺨을 두어 대 때리더니 그걸 자신이 맞은 게 아니라 남을 때린 것으로 여기면서 역시 승리한 기분으로 잠에 빠져들었다.

3) 승리의 기록 속편

아큐가 매번 승리하긴 했어도, 그가 유명해진 건 자오 나리에게 얻어맞고 난 뒤였다. 자기가 자오 나리와 한집안이라고 했다가 얻어맞은 사건을 아큐는 이렇게 말하며 자족한다. "요즘은 세상이 어찌 되어 가는지, 자식이 애비를 때리지 않나……" 하면서 자오 나리를 자기 아들이라고 생각하니 우쭐해져 금세 의기양양한 기분이 들었다. 마을 사람들도 이 일로 아큐에게 각별히 조심하는 눈치였다. 마을에서 제일가는 자오 나리 댁과 아큐가 행여 연관될 수도 있다는 사실에 사람들은 미리 조심하는 것이다. 이 일로 한동안 아큐는 으스대며 지낼 수 있었다. 그러던 어느 날, 왕 털보와 이를 잡는 일로 터무니없는 시비가 붙었다. 왕 털보보다 이를 더 많이 잡지 못하자 화가 치밀었다. 결국 왕 털보 손에 붙들려 내동댕이쳐지고 나서야 풀려났다. 아큐는 이걸 난생 처음 겪는 굴욕이라 여겼다. 마침 그때, 첸 나리 댁 큰 아들이 다가왔다. 그는 '가짜 양놈'이라 불리는 서양 물을 먹은 신지식인이다. 그가 변발을 자른 일로 그의 모친과 아내는 통곡에 자살소동까지 야단법석을 피웠다. 순간 속으로 내뱉던 욕이 밖으로 튀어나왔다. 이 일로 아큐는 '가짜 양놈'의 지팡이에 또 얻어맞았다. 이게 아큐 기억 속의 두 번째 굴욕이다. 이때, 정수암의 젊은 비구니가 걸어왔다. 아큐는 굴욕을 당한 터라, 젊은 비구니를 향해 침을 뱉는다. 또 그의 파르라니 깎은 머리를 쓰다듬으며 "중이 널 기다리잖아" 하면서 비구니의 볼을 꼬집기까지 했다. 이 일로 아큐는 조금 전의 굴욕은 모두 잊어버린 채 만족스런 웃음을 터뜨렸다.

4) 연애의 비극

아큐는 승리의 기쁨을 만끽한 뒤 사당으로 돌아갔다. 그런데 전과는 달리 쉽사리 잠이 들지 않았다. 그의 손가락에 비구니를 만졌던 미끈거리는 느낌이 남아 있었다. 그는 '여자'라는 단어를 자꾸만 떠올렸고, 이것만 보더라도 여자란 해로운 존재라고 생각했다. 그의 여성관은 지나치게 봉건적이었다. 이를테면 중국의 남성 대부분이 성현이 될 수 있었는데, 여자 때문에 모두 망가졌다거나 그러기에 여자는 가증스런 존재라고 여긴 것 등이 그러하다.

아큐가 자오 나리 댁에서 쌀을 찧은 날, 자오 집안의 유일한 여자 하인이었던 우마와 잡담을 나누었다. 아큐는 문득 '여자'라는 생각이 떠올랐다. 순식간에 아큐는 우마 앞에 무릎을 꿇더니 "나랑 자자. 나랑 자!"라고 했다. 이 일로 자오 집안은 벌컥 뒤집혔다. 아큐는 몽둥이로 얻어맞고 솜이불을 저당 잡혀 사죄의 뜻으로 초와 향을 사주었다. 그 외에도 일의 처리를 위해 모자를 저당 잡혔으며 자신의 해진 저고리마저 자오 나리 댁의 기저귓감이나 신발 밑창감이 되고 말았다.

5) 생계 문제

그날 이후로 웨이좡의 여자들은 아큐만 보면 문 안으로 숨어버렸다. 아큐는 여자들이 요조숙녀 흉내를 낸다고 생각했다. 그런데 세상이 참으로 이상하게 돌아갔다. 술집에선 외상을 주지 않았고, 사당을 관리하는 영감은 나가라는 듯 잔소리를 해댔다. 또 아큐에게 일을 맡기는 집이 없었다. 이건 참으로 '빌어먹을 일'인 것이다. 이전에 단골로 가던 집에서도 품을 사지 않았다. 점점 더 이상한 느낌이 들었다. 알고 보니 그 품은 샤오디가 맡아 했다. 아큐는 밥그릇을 뺏겼다는 생각에 샤오디를 만나자 짐승같은 놈이라고 욕했다. 샤오디는 순순히 자신이 버러지라고 인정했다. 이런 겸손이 아큐를 더 화나게 했다. 둘은 한참동안 몸싸움을 하다 지쳐 흩어졌다.

아큐는 구걸을 하기로 결심했다. 하지만 아무도 그에게 걸음을 멈추어주지 않았다. 그러다 비구니들이 사는 정수암 담장 앞까지 온 아큐는 담을 기어올라 안쪽으로 들어갔다. 달리 먹을 것이라곤 없는데, 뜰 입구에 무가 눈에 띄었다. 아큐는 무를 훔치다 나이 든 비구니에게 들켰다. 정수암의 검은 개 한 마리가 아큐를 쫓아왔다. 도망쳐 나온 아큐는 훔친 무 세 개를 먹으며 성안으로 들어가야겠다고 마음먹었다.

6) 성공에서 나락까지

그해 추석 무렵 웨이좡에 아큐가 나타났다. 통상 웨이좡의 나리 정도가 성에 갔다와야 이야깃거리가 되는데, 이번에는 달랐다. 아큐의 귀환은 전과는 전혀 딴판이었기 때문이다. 술집에 나타난 아큐는 묵직한 허리춤에서 은화와 동화를 꺼냈고, 사람들의 태도도 달라졌다. 아큐의 달라진 옷차림새와 은화로 웨이좡 사람들은 아큐를 경외의 눈으로 대했다. 아큐는 성안의 유일한 거인 나리인 바이씨 집에서 일을 거들었다고 한다. 또 성안의 일을 늘어놓으며 혁명당의 목을 날리는 장면을 연출하기도 했다. 웨이좡 사람들의 눈에 아큐는 이미 자오 나리정도의 지위로 인정되었다. 이 소문은 여자들의 규방에까지 퍼져나갔다. 아큐에게 비단 치마를 싼 값에 산 아낙도 있다는 수군거림에 여자들은 목이 빠지게 아큐를 기다렸다. 이 이야기는 자오 나리 댁 마님 귀에도 들어갔다. 또 마님은 자오 나리에게 이 사실을 전하면서, 자기도 값싸고 좋은 모피를 사고 싶다고 했다. 결국은 아큐는 자오 나리 댁으로 불려갔다. 자오 나리는 아큐를 경계했고, 마을에서 내쫓을까도 생각했으나 원망을 살 게 분명하니 이를 철회했다. 대신 집안 단속을 잘 하고 밤을 조심해야겠다고 생각했다. 아큐에게 처음으로 비단 치마를 샀던 아낙이 아큐가 수상한 데가 있다고 떠드는 바람에, 마을 행정관이 나섰고 아큐의 물건을 압수해갔다. 이 일로 마을 사람들의 분위기는 한 번 더 바뀌었다. 아큐는 스스로 가져온 물건들이 몰래 훔쳐 온 것임을 경험담으로 들려주었다. 이것으로 아큐는 더욱 불리해졌다.

7) 혁명

1911년 9월, 웨이좡에 검은 거적을 덮은 큰 배가 한밤중을 틈 타 자오 나리 댁 앞 강기슭에 닿았다. 소문에 의하면 그건 성안의 거인 나리의 배인데, 혁명당의 진격으로 거인 나리가 마을로 피난을 온 것이라 한다. 그와 함께 다른 소문도 나돌았고, 거인 나리가 직접 온 것은 아니고 장문의 편지를 보내 상자를 맡겼는데 그건 지금 자오 나리 댁에 숨겨져 있다고도 했다. 혁명당에 대한 소문도 있었고, 혁명당의 목을 베는 걸 보았던 아큐는 거인 나리까지 벌벌 떠는 혁명에 대해 궁금증이 일었다. 그러다 자기도 혁명당에 들어야겠다는 생각을 하게 된다. 술을 한잔 걸친 아큐는 괜히 '반란'이라는 단어를 들먹이며 자신이 이미 혁명당이나 된 것 같은 착각에 빠졌다. 자오 나리마저 아큐의 속을 떠보는 모양새를 보니, 마냥 기분이 좋아 날아갈 것만 같았다. 갖은 상상을 하다 잠이 든 아큐는 이튿날, 허기진 배를 움켜쥐고 마을을 어슬렁거렸다. 마침 나이든 비구니를 통해 혁명은 생원과 가짜 양놈이 이미 해버렸다는 말을 전해 듣는다.

오전에 자오 나리 댁 생원은 혁명당이 밤중에 성안으로 들어왔다는 소식을 접하고, 이내 변발을 말아 올리고는 친하지도 않은 첸 나리 댁 가짜 양놈을 찾아가 의기투합했다. 둘은 혁명을 하기로 약속하고, 정수암에 '황제 폐하 만세, 만만세'라고 적힌 위패를 떠올리고 정수암으로 가서 혁명을 한 것이다. 비구니를 청나라 정부 인물로 몰아가면서 폭력을 휘두른 뒤 위패를 산산조각냈다. 늦잠을 자느라 몰랐던 자신이 후회스러웠고 자신을 부르지 않은 그들이 괘씸했다.

8) 혁명 불허

웨이좡은 다시 평온을 되찾아가고 있었다. 혁명당이 성에 들어오기는 했으나 변한 것은 별로 없었다. 관직을 맡은 자는 여전히 한 자리를 차지하고 있었고, 거인 역시 새로운 관직에 나아갔다. 다만 혁명당 몇몇이 사람들의 변발을 자르며 난동을 부린다 했다. 웨이좡에도 변화가 있었다. 변발을 말아 올린 사람들이 늘어난 것이다. 성안으로 드나드는 사람은 웨이좡에서 가짜 양놈뿐이었다. 자오 나리도 그에게 일을 부탁했고, 그는 성에서 오면서 자유당 배지를 달고 웨이좡 사람들의 존경을 한 몸에 받았다. 아큐는 생각했다. 혁명을 하려면 말로만 해서는 안 된다는 생각에 가짜 양놈을 찾아갔다. 하지만, 그는 말도 채 걸기 전에 거기서 쫓겨났다. 변발을 말아 올린 머리도 무의미했고, 모멸감도 느껴졌다.

밤중에 마을에서 이상한 소리가 들렸다. 샤오디가 도망치며 하는 말이 자오 나리 댁이 털렸다고 했다. 자세히 보니 자오 나리 댁의 세간과 침대, 물건들이

들려 나갔다. 한얀 투구를 쓰고 하얀 갑옷을 입은 혁명당원들이 온 것인데, 왜 자기는 부르지 않았는지, 그 속에는 왜 자기 몫이 없는 것인지 내내 기분이 좋지 않았다. 그건 가짜 양놈이 아큐를 가로 막았기 때문이라는 생각이 들었다. 아큐는 가짜 양놈을 고발해 기어이 그놈의 목을 싹둑 잘라버리겠다고 마음먹었다.

9) 대단원

자오 나리 댁이 털린 뒤 웨이좡 사람들은 고소하면서도 무서웠다. 아큐 역시 마찬가지였다. 그런데 나흘 뒤, 한밤중에 아큐가 성으로 끌려갔다. 감방에 들어가서도 자신은 '반란'을 하려고 했다고 시원스레 대답했다. 오후에 대청으로 끌려나와 험한 인상에 성난 사람들이 늘어선 자리에서 자기도 모르게 무릎을 꿇었다. 그들은 그런 아큐를 '노예 근성'이라고 꾸짖었다. 그 가운데 까까머리 영감과 장삼을 입은 인물이 실토를 하라고 윽박질렀다. 그들은 자오 나리 댁을 턴 일당을 찾고 있었다. 아큐는 계속해서 가짜 양놈이 허락하지 않아서 혁명당에 가입할 수 없었고, 자신을 부르러 오지 않았기에 함께 하지 못했다고 조아렸다. 이튿날, 다시 불려 나간 아큐는 장삼을 입은 사람이 가져다 준 종이와 붓을 쥐었다. 서명을 하라는 말에 까막눈인지라 떨리는 손으로 시키는대로 동그라미를 그렸다. 그것도 웃음거리가 되지 않으려고 온 정신을 집중해서 그렸다. 그런데도 마지막에 선이 밖으로 삐치는 바람에 호박씨 모양이 되고 말았다. 다시 감방으로 돌아가서도 그다지 걱정되는 것은 없었다. 다만 동그라미를 온전하게 그리지 못해, 이게 흠이라면 흠일 뿐이었다. 그러나, 이것도 잠시 이런 것은 '손자뻘이나 되는 것들이나 잘 그리지'라고 생각한 뒤, 잠이 들었다.

사흘째 되는 날, 아큐는 다시 불려 나갔고, 그에게 검은 글자가 새겨진 하얀 광목 조끼를 입혔다. 영락없는 상복이었다. 아큐는 몹시 기분이 상했다. 아큐는 두 손을 결박당한 채 끌려나갔고, 수레에 태워졌다. 그제야 아큐는 정신이 번쩍 들었다. 자기 목이 날아가는 건 아닌지 정신이 혼미했다. 하지만 정신줄을 놓지는 않았다. 살다 보면 목을 날릴 때도 있을 것이라는 생각이 들었다. 그는 형장으로 가는 대신 사람들에게 본보기로 보일 요량으로 거리로 끌려 나갔다. 이렇게 멀리 돌아 형장으로 가는 것이었다. '싹둑' 목이 잘릴 순간을 생각하니 슬픈 마음이 들었다. 구경꾼들 사이로 멀리 우마가 보였다. 하지만 우마는 자기를 알아보지 못한 채 군인들이 맨 총에 넋을 잃고 있었다. 사람들은 그런 아큐에게 박수갈채를 보냈다. 아큐의 머릿속에 한 차례 회오리바람이 일었다. 군중들의 눈길은 마치 얼마 전 자기를 쫓던 이리의 사나운 눈과도 같았다. 이 눈들이 한데 모아져 마치 자기의 영혼을 물어뜯는 것만 같았다. 두 눈이 캄캄하고 온몸이 산산이 부서지는 것만 같았다.

아큐는 총살을 당했다. 하지만 사람들은 너나 할 것 없이 아큐가 잘못했다고 했다. 아큐가 총살을 당했으니, 이것이 바로 아큐가 잘못한 증거가 아니겠는가 생각한 것이다. 성안의 여론은 총살보다는 목을 치는 것이 볼거리가 더 많다고들 했다. 또 사형수가 끌려 다니면서 노래 한 소절도 못했으니 그 얼마나 웃기는 일이며, 그걸 구경하겠다고 따라다닌 자기들도 헛걸음질만 했다는 불만이었다.

5장

마 음

こころ

나쓰메 소세키

01

주요 용어 해설

1. 메이지 시대[明治時代](1868–1912)

약 260년간 지속된 무사 정권인 에도막부[江戸幕府]가 몰락하고 천황 중심의 국가 체제로 전환됨과 동시에, 부국강병富国強兵을 슬로건으로 내걸고 서구의 근대 문명을 받아들여 정치, 경제, 사회, 문화 등의 다방면에 걸쳐 대변혁이 이루어진 시기. 나쓰메는 몸소 이 메이지 시대를 관통한 작가.

2. 수석침류(漱石枕流)

원래 중국 진나라의 손초孫楚가 "돌[石]을 베개[枕] 삼고 흐르는 물[流]에 양치질[漱]한다"라고 이야기해야 맞는 것을 거꾸로 "돌[石]로 양치질[漱]하고 흐르는 물[流]을 베개[枕] 삼는다"라고 잘못 말했음에도 불구하고 이를 끝내 맞다고 우겼던 일화에서 유래하여, 지지 않으려고 고집과 억지 부리는 것을 일컫는 말. 나쓰메의 평범하지 않은 성격을 잘 대변하는 말.

3. 신경쇠약(神経衰弱)

흔히 '노이로제'라는 속칭으로 널리 퍼진 신경증 중 하나로, 심신의 피로로 인해서 외부 자극에 대해 과민 반응을 보이는 상태를 일컫는 말. 일반적으로 두통, 의욕 저하, 불면증, 피로감, 불안감, 식욕 감퇴 등 다수의 증상을 동반함. 나쓰메는 유학 시절부터 이 신경쇠약 증상으로 인해 오랜 기간 고통 받음.

4. 자기본위(自己本位)

나쓰메는 『나의 개인주의』(私の個人主義)에서 자기본위 사상을 긍정적으로 논함. 판단이나 행동의 기준을 자기 자신에 두고 다른 사람에 의해 좌우 당하지 않고 스스로 행동하는 것을 가리킴. 일반적인 자기 중심주의와 일맥상통하나 나쓰메는 이러한 자기본위 사상이 자신뿐 아니라 타인에게도 존재한다는 사실을 서로 인정하고 존중해야 한다고 지적. 또한 이러한 자기 본위적 태도는 스스로의 윤리적 완성을 전제로 이루어진다고 역설함.

5. 소세키산맥[漱石山脈]과 목요회(木曜会)

마쓰야마[松山], 구마모토[熊本], 도쿄[東京] 등 여러 곳에서 교편을 잡은 나쓰메에게는 그를 따르는 십여 명의 문하생들이 존재했는데 이들을 가리켜 소세키산맥이라 칭함. 또한 이들이 매일 같이 찾아와 나쓰메가 창작 활동에 집중하기 어려워지자 목요일에 모임을 갖기로 정하는데 이를 목요회라 함. 소세키산맥의 일원으로는 스즈키 미에키치[鈴木三重吉], 모리타 소헤이[森田草平], 그리고 아쿠타가와 류노스케[芥川龍之介] 등을 꼽을 수 있음.

6. 칙천거사(則天去私)

일반적으로 '하늘[天]에 입각하여[則] 나[私]를 버린다[去]'로 풀어 쓸 수 있음. 이는 사사로운 자신에 얽매이지 말고 심신을 자연의 섭리에 맡기고 살아가는 것을 이상으로 여기는 나쓰메 말년의 사상이 반영된 것. 나쓰메의 문하생이었던 구메 마사오[久米正雄]에 따르면 1915년 11월 9일과 16일에 열린 목요회에 참가한 문하생들에게 그 내용을 설명하였다고 전해짐.

7. 고등유민(高等遊民)

메이지 시대 말기부터 쇼와[昭和] 시대 초기까지 주로 통용된 말로, 고등교육을 받았음에도 불구하고 스스로의 의지로 일자리를 구하지 않고서 경제적 어려움 없이 문화 활동 등을 하며 자유로이 살아가는 사람들을 기리킴. 나쓰메의 작품 속에는 이러한 유형의 인물이 자주 등장함.

8. 아사히신문사[朝日新聞社]

아사히신문사에 나쓰메가 전속 작가로 입사한 것은 1907년 5월. 당시 앞날이 보장된 제국대학의 교수직을 포기하고 신문사에 입사한 나쓰메의 행동은 대중들에게는 이해하기 어려운 결정. 그럼에도 창작 활동에 전념하겠다는 의지만으로 40세의 나이에 소설 기자小說記者라는 신분으로 출퇴근 없이 집에서 1년에 100회 분량 전후의 소설을 1-2편정도 연재하는 것을 조건으로 약 200엔의 월급을 약속받음. 이후 나쓰메의 유작인 『명암』(明暗)을 포함하여 대부분의 대표작들이 『아사히신문』에 연재됨.

9. 이와나미서점[岩波書店]

이와나미문고[岩波文庫]와 이와나미신쇼[岩波新書] 시리즈 등으로 유명한 이와나미서점은 1913년 8월 이와나미 시게오[岩波茂雄]가 도쿄의 간다진보초[神田神保町]에 문을 연 중고 서점에 기원. 1914년 9월 나쓰메의 소설 『마음』(こころ)을 간행하면서 출판업에 진출. 이후에도 나쓰메의 작품인 『미치쿠사』(道草)와 『명암』 등을 단행본으로 출판하였으며 사후에는 전집을 간행.

02 작가의 생애와 시대 배경

나쓰메 소세키[夏目漱石]는 1867년 1월 5일 오늘날 도쿄 신주쿠 기쿠이초[喜久井町]에서 아버지 고헤나오카쓰[小兵衛直克]와 어머니 치에[千枝] 사이에 5남 3녀 중 막내로 태어난다. 본명은 긴노스케[金之助]이다. 늦둥이로 태어나 집안에서 환영받지 못한 그는 어려서 시오바라[塩原] 가문에 양자로 보내졌다가 1876년 4월 양부모의 이혼으로 호적상 시오바라 가문에 소속된 채 생가로 돌아오게 된다. 1879년 봄 소학교小学校를 졸업하고 당시 도쿄부립제일중학교[東京府立第一中学校]에 입학한 나쓰메는 3학년 때 중퇴하고 니쇼학사[二松学舎]로 전학하여 한학漢学을 공부한다. 이후 약 1년간 세이리쓰학사[成立学舎]에서 영어를 공부한 뒤 1884년 9월에 대학예비문大学予備門에 입학 한다. 1888년 1월 시오바라 가문 호적에서 정식으로 나쓰메 가문으로 복적 하고, 동년 9월 대학예비문의 후신인 제일고등중학교第一高等中学校 본과에 진학하여 영문학 전공을 결심한다. 또한 이 시기 동급생 중 훗날 하이진[俳人]으로 유명한 마사오카 시키[正岡子規]와 친교를 맺는다. 당시 마사오카 시키의 작품에 자극을 받아 한시 문집을 만들었는데, 이때 처음으로 소세키[漱石]란 호号를 사용하였다. 1890년 9월 제국대학帝国大学 영문과에 입학하였고, 재학 중 외국인 교수의 부탁을 받아 일본의 고전수필 『호조키』[方丈記]를 영어로 번역하기도 한다. 1893년 7월 졸업과 동시에 대학원에 진학한 그는 10월부터 도쿄고등사범학교[東京高等師範学校]에서 영어교사로 일하게 되는데, 이 시기의 정신적 압박감이 신경쇠약 증상으로 발전하게 된다.

1895년 4월 나쓰메는 도쿄고등사범학교에 사표를 제출하고 돌연 시코쿠[四国]에 있는 마쓰야마중학[松山中学]에 영어교사로 부임한다. 동년 8월 요양 차 고향인 마쓰야마로 귀향한 마사오카 시키와 자신의 하숙집에 약 50일간 동숙하며 하이쿠[俳句] 창작에 몰두한다. 1895년 12월 도쿄에서 당시 귀족원貴族院 서기관장書記官長이었던 나카네 시게카즈[中根重一]의 딸 교코[鏡子]와 약혼한다. 약혼을 계기로 도쿄로 돌아올 것이라는 주변의 예상과 달리 다음 해 4월 오히려 구마모토[熊本]에 있는 제오고등학교第五高等学校로 이직한다. 동년 6월 구마모토의 자택에서 교코 부인과 결혼식을 올리고 1899년 5월에는 장녀 후데코[筆子]가 태어난다. 구마모토 시절 나쓰메는 지역의 문인들과 함께 하이쿠[俳句] 창작에 열중하였으며 지인들과 규슈 일대를 즐겨 여행하곤 했다.

1900년 5월 나쓰메는 문부성文部省의 관비유학생으로 선발되어 영국 유학을 떠나게 된다. 동년 9월 8일 영국을 향해 요코하마 항을 출발, 제노바와 파리를 거쳐 10월 28일에 마침내 런던에 도착한 그는 11월 하순 부터 셰익스피어 연구자인 크레이그 박사로부터 개인 지도를 받기 시작한다. 동년 12월 하순 하숙집을 옮긴 뒤 방에 틀어 박혀 영문학 서적을 탐독하며 문학이란 무엇인지에 대해 규명하는 것을 목표로 삼고, 생활비를 가능한 절약하여 참고서를 구매하는 등 연구에 몰두한다. 하지만 연구에 너무 몰두한 나머지 문부성으로 보내는 보고서를 소홀히 해 문책을 당하기도 하고, 장기간의 외국 생활에서 느끼는 불편함과 고독감으로 신경쇠약 증상이 악화된다. 더욱이 1902년 9월 19일 친구인 마사오카 시키가 병사하자 큰 충격을 받는다. 한편 나쓰메의 정신이상설이 퍼지자 문부성은 강제 귀국 명령을 내린다. 1902년 12월 5일 런던을 출발한 그는 다음해 1월 23일에 일본으로 귀국한다. 약 2년 반 동안의 유학 생활은 그에게 극도의 신경쇠약이라는 고통을 안겨줌과 동시에, 문학에 대해 절실하게 고민해 볼 기회를 제공했다.

귀국 후 나쓰메는 1903년 4월부터 제일고등학교第一高等学校와 도쿄제국대학 영문과에 출강한다. 이 시기에 악화된 신경쇠약 증상을 완화시키기 위해 지인

인 다카하마 교시[高浜虚子]의 권유로 쓴 소설이 「나는 고양이로소이다」(吾輩は猫である)이다. 또한 당시 그의 집에는 구마모토 시절의 제자들과 도쿄제국대학의 학생들이 자주 출입했는데, 이들은 '소세키산맥[漱石山脈]'이라 불렸으며 '목요회木曜会'라는 모임을 가졌다. 1906년 4월부터 마쓰야마 시절을 배경으로 한 「도련님」(坊っちゃん)을 잡지 『호토토기스』(ホトトギス)에 연재하기 시작하였으며, 이후에도 「풀베게」(草枕), 「이백십일」(二百十日) 등의 작품을 연이어 발표한다. 이 시기 그는 책상에 앉아 원고지를 바라보기만 해도 작품이 술술 나올 정도로 문학적 영감이 풍부했다고 전해진다.

「나는 고양이로소이다」 발표 이후 교사라는 직업보다 창작 활동에 매력을 느낀 나쓰메는 1907년 3월 도쿄아사히신문사[東京朝日新聞社]의 주필 이케베 산잔[池辺三山]의 방문을 계기로 전업 작가로 전향한다. 아사히신문사 입사 후 첫 작품은 동년 6월부터 연재한 「우미인초」(虞美人草)이다. 1908년에는 「갱부」(抗夫), 「문조」(文鳥), 「열흘 밤의 꿈」(夢十夜) 등의 작품을 각각 잡지에 발표하고, 동년 9월부터 12월까지는 「산시로」(三四郎)를 『아사히신문』에 연재한다. 또한 1909년 6월부터는 「그 후」(それから)의 연재를 시작, 9월부터 10월 사이에는 당시 남만주철도주식회사南満州鉄道株式会社의 총재였던 지인 나카무라 제코[中村是公]의 초청으로 만주 및 조선을 여행한다. 1910년 3월부터는 소위 전기삼부작前期三部作 중 마지막 작품인 「문」(門)을 연재한다.

전업 작가로서의 입지를 착실히 다져가는 사이 나쓰메의 신경쇠약 증상은 완화되었지만 대신 창작에 대한 압박이 위장에 무리를 주기 시작한다. 1910년 6월 위궤양으로 입원 치료를 받은 그는 퇴원 후 8월 6일 이즈[伊豆] 슈젠지[修善寺]의 온천 여관에서 요양을 시작하는데, 며칠 뒤 다량의 피를 토하고 의식을 잃는다. 이후 다행히 큰 고비를 넘기고 증상이 호전되는데 이 사건은 소위 '슈젠지의 대환[修善寺の大患]'이라 불린다. 반복되는 위궤양과 다섯 번째 딸 히나코[ひな子]의 급사 등

으로 잠시 창작 활동에서 멀어진 그는 1911년 연말부터 다음해 4월까지「피안 지날 때까지」(彼岸過迄)를 새로이『아사히신문』에 연재한다. 또한 동년 12월부터는「행인」(行人)의 연재를 시작하나 신경쇠약과 위궤양의 재발로 인해 일시 중단하기에 이른다.

1914년 4월부터 나쓰메는「마음」(こころ)을 연재하는데, 완결 후 또 다시 위궤양으로 쓰러진다. 한 달 정도 와병 생활 끝에 회복한 그는 1915년 6월에 이전까지의 소설과는 달리 자전적인 경향이 강한「한눈팔기」(道草)를 연재한다. 이 시기 위궤양과 더불어 관절염과 당뇨병까지 발병하여 건강이 극도로 나빠진다. 와병 중에도 1916년 5월부터 유작인「명암」(明暗)의 연재를 시작하고 동년 11월에 열린 '목요회'에서는 문하생들에게 '칙천거사則天去私'에 대해 설명한다. 그러나 11월 하순에 위궤양이 재발하여 상태가 급속히 악화되고 결국 12월 9일 저녁 49세의 나이로 생을 마감한다.

03

작품 읽기

1. 작품의 성립과 구성

1914년 4월 20일부터 8월 11일까지『아사히신문』에 연재된 이 작품은 원래 '마음[心]'이라는 큰제목 아래 여러 편의 단편소설이 시리즈로 전개될 예정이었으나 첫 번째 단편인「선생님의 유서」(先生の遺書)가 생각보다 길어지면서 결국 한 작품만으로 연재를 끝내고,「마음」(こころ)으로 제목을 바꾸어 1914년 9월 20일에 이와나미서점[岩波書店]을 통해 간행되었다. 단행본으로 출판되는 과정에서 전체

신문 연재분이 현재와 같은 3부 구성(「상 선생님과 나」, 「중 부모님과 나」, 「하 선생님과 유서」)으로 변경되었다. 「상」과 「중」에서는 학생인 '나[私]'가, 「하」에서는 선생님인 '나'가 서술자로 설정되어 있다. 또한 이 작품은 1960년대부터 일본의 고등학교 교과서에 일부분이 게재되면서 대중들에게 널리 알려졌으며, 오늘날 나쓰메 소세키를 소위 국민 작가의 반열에 오르게 한 작품이라 할 수 있다.

2. 작품의 줄거리

1) 「상 선생님과 나」(上 先生と私)

나[私]는 그 사람을 항상 선생님[先生]이라고 불렀다. 그의 본명을 밝히는 것보다도 그편이 내게는 자연스럽기 때문에 여기에서도 선생님이라 부르겠다. 내가 선생님을 처음 만난 곳은 가마쿠라[鎌倉]의 어느 해변에서였다. 매일 같이 해수욕을 즐기던 나는 수많은 사람들 속에서 선생님을 처음 보았다. 몇 번의 엇갈림 끝에 나는 선생님과 함께 수영을 즐기는 사이가 되었다. 선생님은 나에게 언제까지 머물 예정이냐며 물어왔다. 뜻밖의 질문에 나는 모르겠다고 대답하면서 반사적으로 "선생님은요?"라고 되물었다. 이것이 내 입에서 선생님이란 단어가 처음으로 튀어나온 순간이었다.

가마쿠라에서 선생님과 헤어질 때 나는 도쿄의 선생님 댁을 방문하기로 약속했다. 하지만 도쿄로 돌아와 선생님 댁을 찾아갔지만 만날 수 없었다. 두 번째 찾아갔을 때도 선생님은 부재중이었다. 사모님의 안내로 나는 선생님이 조금 전에 조시가야[雑司ヶ谷] 공원묘지에 있는 누군가의 무덤에 성묘하러 간 것을 알았다. 나는 혹시나 하는 생각에 조시가야 쪽으로 향했다. 내가 공원묘지에 들어서자 구석의 찻집에서 나오는 선생님의 모습이 보였다. 나는 다가가서 "선생님!"하고 큰소리로 불렀다. 선생님은 멈춰서 나를 바라보며 어떻게 여기에 왔는지 물었다. 내가 사모님에게 들었다고 말하자 "누구 묘지에 갔는지, 아내가 그 사람의

이름을 이야기하던가요?"라고 되물었다. 나는 아무것도 듣지 못했다고 대답했다. 그 후 우리는 함께 공원묘지를 산책했는데 한 참이 지난 뒤에 선생님은 "이 곳에는 내 친구의 무덤이 있다네"라며 불쑥 말했다.

그 후로 나는 사흘이 멀다 하고 선생님 댁을 방문했다. 언제부턴가 식탁에서 식사를 같이하며, 사모님과도 말을 주고받는 사이가 되었다. 다만, 그 시점에서 나는 사모님을 선생님의 일부로, 사모님 역시 나를 선생님을 따르는 학생으로 밖에 여기지 않았다. 어느 날 우리 셋은 선생님 댁에서 술을 마시게 되었다. 그리고 술에 취한 사모님은 나를 보며 "아이라도 있으면 좋으련만"하고 말했다. 그러자 선생님은 두 사람 사이에 아이는 영원히 생기지 않을 것이라고 단언했다. 내가 그 이유를 묻자, 선생님은 "천벌이니까"라고 대답하고선 크게 웃었다. 내가 알고 있는 한 선생님과 사모님은 사이좋은 부부였다. 다만 언젠가 내가 선생님 댁을 찾아갔을 때 선생님과 사모님이 언쟁하는 소리를 들었다. 나는 조용히 현관을 빠져나와 하숙집으로 돌아왔다. 이런 일이 그리 흔하지 않다는 것을 나는 선생님 댁에 오랫동안 들락거리면서 자연스럽게 알 수 있었다. 하지만 선생님은 언젠가 나에게 사모님과 자신의 관계를 설명하던 중 마지막에 "우리는 세상에서 가장 행복해야 할 한 쌍"이라고 말 한 적이 있었다. 그때 내 귀에 이상하게 맴돌던 것은 '행복해야 할'이라는 선생님의 말이었다. 선생님은 어째서 '행복한 한 쌍'이 아니라 '행복해야 할 한 쌍'이라고 말했던 것일까?

꽃구경하기 좋은 어느 날 나는 선생님과 함께 우에노[上野]에서 한 쌍의 남녀를 발견하고는 보기 좋다고 말한 적이 있었다. 그때 선생님은 "사랑은 죄악입니다. 알고 있나요?"라고 말해 나를 놀라게 했다. 내가 왜 사랑이 죄악이냐고 반문하자 선생님은 "왜인지는 앞으로 알게 될 거네. 앞으로가 아니라 벌써 알고 있을 걸세. 자네의 마음은 이미 오래전부터 사랑으로 움직이고 있지 않은가"라고 대답했다. 나는 선생님에게 더 이상 그런 식의 애매모호한 답변은 그만해달라고 부탁했다. 그러자 선생님은 자신은 진실을 말해주려 하지만 오히려 그것이 나를 애타게 만들 뿐이라며 미안해했다. 그리고 자신이 어째서 매월 조시가야에 있는 친구 무덤에 가는지 알겠냐고 물었다. 물론 나는 이유를 알 리 없었다. 선생님은 그제야 깨달았다는 듯이 "또 다시 미안한 말을 했군. 애타게 만드는 것이 미안해서 설명해주려고 하면, 그 설명이 다시 자네를 애타게 만드는 결과가 되니. 어쩔 도리가 없군. 이 문제는 여기서 그만 하도록 하세. 어쨌든 사랑은 죄악일세, 알겠는가. 그리고 신성한 것이지"라고 말했다. 나는 선생님이 하려는 말이 무슨 의미인지 더욱 알 수 없었다.

그 당시 젊었던 나는 대학교수의 강의보다 선생님과의 대화가 더 유익하다고 생각했다. 선생님은 그런 나의 태도를 타일렀다. 내 마음을 믿지 못하는 것이냐고 반문하자 선생님은 특별히 나를 믿지 못하는 것이 아니라 인간 전체를 신용하지 않는다고 대답했다. 또한 자기 스스로를 믿지 못하기 때문에 다른 사람도 믿지 않는 것이라고 덧붙였다. 그리고 "어쨌든 너무 나를 믿어서는 안 되네. 곧 후회할 테니까. 그리고 자신이 속았다는 사실 때문에 반대로 잔혹한 복수를 하게 될 테니까"라고 말했다. 무슨 뜻이냐고 내가 묻자 "과거에 그 사람 앞에 무릎 꿇었다는 기억이 현재에는 그 사람의 머리 위에 다리를 올리게 만드는 것이지. 나는 다가올 모욕을 받지 않기 위해서 지금의 존경을 거절하고 싶다네. 나는 지금보다 훨씬 쓸쓸한 미래의 나 자신을 참는 대신에, 외로운 지금의 나를 견뎌내고 싶은 걸세. 자유와 독립과 자신으로 충만한 현대에 태어난 우리들은 그 희생으로써 모두들 이 쓸쓸함을 맛볼 수밖에 없는 것이라네"라며 자신의 각오를 밝혔다. 어느 날 나는 사모님에게 선생님이 언제부터 저렇게 염세적으로 변했는지 물었다. 사모님의 말에 따르면 선생님이 대학생일 때 매우 친했던 친구가 한 명 있었는데 그 친구가 졸업하기 얼마 전에 갑자기 죽었고, 그 일이 있고 난 뒤부터 선생님의 성격이 점점 변했다고 했다.

겨울이 되자 나는 갑자기 아버지가 편찮으시다는 연락을 받고 선생님에게 여비를 빌려 고향으로 향했다. 아버지의 병환은 생각했던 것보다는 나쁘지 않았다. 나는 아버지와 선생님을 비교했다. 두 사람 모두 세상 사람들의 눈으로 바라보면 살았는지 죽었는지 모를 정도로 조용한 삶을 살아가고 있다. 그럼에도 불구하고 아버지에게서 나는 무언가 부족함을 느꼈다. 언제부턴가 선생님은 나의 마음에 영향을 주기 시작했던 것이다. 내 육체 안에 선생님의 힘이 파고들었다고 해도, 핏속에 선생님의 생명이 흐르고 있다고 해도 그 당시의 나에겐 과장된 말이 아니었다.

그해 6월에 졸업하기 위해 4월 말까지 졸업논문을 끝내야만 했던 나는 논문을 완성할 때까지 선생님 댁을 방문하지 않았다. 초여름이 되자 나는 겨우 자유의 몸이 되어 곧바로 선생님 댁을 찾아갔다. 선생님은 나의 논문 완성을 축하했다. 들뜬 기분에 나는 선생님에게 산책을 제안했다. 우리는 한적한 교외에 위치한 정원수 파는 곳까지 걸어가 꽃과 나무를 구경하다 낡은 평상 위에 앉았다. 돌연 선생님은 우리 집안의 재산과 아버지의 병환에 대해서 물었다. 그리고 내게 집안 재산을 아버님이 살아계실 때 미리 잘 처리해 두라며 조언했다. 그리고 "평소에는 모두들 착한 사람이라구. 적어도 모두들 그냥 보통 사람인 거지. 그런 사람들이 때에 따라서는 갑자기 나쁜 사람으로 변하기 때문에 무서운 거라네"라며 흥분한 어조로 말했다. 그 당시 나는 선생님이 말한 재산 상속에 관한 이야기를 전혀 이해하지 못했다. 다만 사람이 때에 따라서 누구나 나쁜 사람이 될 수 있다는 선생님의 말에 숨겨진 의미를 알고 싶었다. 정원수 파는 곳을 빠져나와 한참을 걷다가 갑자기 선생님이 말을 꺼냈다. "나는 같은 핏줄인 친척에게 속았다네. 절대로 그 일을 잊지 않아. 우리 아버지 앞에서는 착한 사람이었던 그들이, 아버지가 돌아가시자마자 용서할 수 없는 악한으로 변했다네. 나는 그들로부터 받은 굴욕과 손해를 어렸을 때부터 지금까지 짊어지고 있다네. 아마도 죽을 때까지 짊어지게 될 꺼야. 왜냐면 죽을 때까지 나는 그 일을 잊을 수 없으니까. 하지만 나는 아직 복수를 하지 않았다네. 생각해 보면 나는 개인에 대한 복수 이상의 것을 이미 이뤘다네. 나는 그들을 미워할 뿐만 아니라, 그들이 대표하는 인간이라는 존재를 전부 증오하는 것을 배웠다네. 나는 그걸로 만족한다네." 그 후로 나는 선생님의 태도에 위축되어 더 이상 아무런 말도 하지 못했다.

나는 선생님으로부터 사상적인 부분에서 많은 가르침을 받았으나 때때로 선생님과의 대화 속에서 아무것도 얻을 수 없을 때도 있었다. 어느 날 나는 그것에 대해서 선생님께 상의한 적이 있었다. 그러자 선생님은 자신의 사상과 과거를 내가 혼동하고 있는 것이 아닌지 물었다. 그리고 자신의 사상을 내게 전해주는 것과 과거를 죄다 말해주는 것은 다른 문제라고 대답했다. 나는 선생님에게 인생의 교훈을 얻기 위해서 그것이 다른 문제라고 생각되지 않으며, 두 가지 것을 분리시켜 생각해야 한다면 그것은 무의미한 것이라고 주장했다. 자신의 과거를 들춰내서라도 꼭 그렇게 해야만 하겠냐고 선생님이 나에게 물었다. 나는 그 순간 내 앞에 평소에 존경하던 선생님이 아니라 한 사람의 죄인이 앉아있는 듯한 기분이 들었다. 선생님은 진지한 나의 태도에 적당한 기회가 오면 자신의 과거를 모두 이야기해주겠다고 약속했다. 그날 나는 하숙집에 돌아와서도 일종의 압박감을 계속 느꼈다.

졸업식 날 저녁 나는 선생님 댁에 초대를 받았다. 식사를 마치고 사모님이 손수 만든 아이스크림을 먹고 있자, 선생님이 졸업했으니 이제 무엇을 할 것인지 물었다. 나는 솔직하게 직업이란 것에 대해서 지금까지 전혀 생각해 본 적이 없다고 대답했다. 집안에 재산이 없으면 그렇게 한가롭게 있을 수만은 없을 것이라고 놀리는 사모님의 말에 나는 선생님을 닮게 된 것 같다고 대답했다. 그러자 선생님은 쓴웃음을 지으며 "닮는 것은 상관없지만 그 대신 이전에 말한 것처럼 아버님이 살아계실 때 재산을 물려받도록 하게, 그렇지 않으면 절대로 안심

할 수 없다네"라고 말했다. 나는 그날 밤 10시 넘어서 선생님 집을 나섰다. 2-3일 중으로 고향으로 돌아갈 예정이었기 때문에 선생님과 작별 인사를 했다. 자리에서 일어나려는 나를 붙잡고 선생님은 아버지의 병환에 대해서 또 다시 물었다. 그리고 선생님은 갑자기 사모님에게 자신이 먼저 죽으면 어떻게 할 것인지 물었다. 잠시 침울한 표정을 지은 사모님은 이내 별수 없다고 농담처럼 대답했다. 선생님은 이번에는 나에게 어떻게 생각하는지 물었다. 나는 사람의 수명은 알 수 없다고 대답했다. 그러자 선생님은 집을 포함해서 자신의 모든 소유물을 사모님에게 남겨주겠다고 말했다. 선생님이 계속 자신의 죽음을 전제로 이야기하자 사모님은 그만 하자며 언짢아했다. 더 이상 지체할 수 없었던 나는 그만 자리를 털고 일어섰다. 9월에 다시 만날 것을 선생님과 약속하고 나는 집을 나섰다.

3일 후 나는 기차를 타고 고향으로 향했다. 아버지의 병환을 걱정하기보다 홀로 남겨질 어머니의 모습을 상상하며 안타까워했다. 어쩌면 나는 아버지를 이미 죽은 것으로 여기고 있었는지도 모른다.

2) 「중 부모님과 나」(中 両親と私)

고향으로 돌아온 나를 부모님은 반갑게 맞이해 주는 한편 취직 자리를 걱정하며 약간 불편해하는 기색을 보인다. 메이지 천황이 붕어했다는 소식을 들은 아버지는 자신의 죽음도 멀지 않았다며 슬픔에 빠진다. 내가 도쿄로 돌아가기 직전 아버지가 위독해지고 가족들은 임종이 멀지 않았음을 느낀다. 그런 와중에 선생님으로부터 한 통의 편지가 도착한다. 그것이 선생님의 유서임을 직감한 나는 그길로 집을 뛰쳐나가 도쿄로 향하는 기차에 몸을 싣는다.

3) 「하 선생님과 유서」(下 先生と遺書)

내가 부모님을 잃은 것은 아직 스무 살이 되기 전이었다네. 어머니는 돌아가시면서까지 숙부에게 뒷일을 부탁하였네. 홀로 남겨진 나는 도쿄에서 고등학교를 다니며 숙부가 보내주는 돈으로 생활하였네. 세상 물정에 어두운 나는 숙부를 믿었을 뿐 아니라 항상 존경과 감사의 마음을 가졌다네. 숙부 가족은 부모님 집에 들어와 살았다네. 방학이 되어 집에 돌아가면 숙부 가족은 모두 나를 반갑게 맞아주었네. 하지만 그해 여름 나의 마음에 어두운 그림자를 드리우는 일이 일어났다네. 숙부가 고등학교에 갓 입학한 나에게 결혼을 권한 것이지. 빨리 결혼해 집으로 돌아와 아버지의 뒤를 이으라는 것이었네. 학업을 시작한지 얼마 되지 않은 나는 제안을 거절하고 집을 떠나왔다네. 그 후로 혼담은 잊고 지냈지. 학년을 마치고 고향에 잠시 내려갔을 때 숙부는 또 다시 결혼 문제를 꺼냈는데 이번에는 사촌 누이를 대상으로 거론했다네. 결혼이 어려우면 약혼만이라도 서두르자는 제안에 나는 거듭 거절의 뜻을 밝혔다네. 그 다음에 고향에 내려갔을 때 숙부를 비롯한 집안 사람들의 태도가 달라졌다네. 그들은 전혀 다른 사람처럼 내 눈에 비쳤네. 나는 숙부에게 맡겨두었던 재산 내역을 자세히 알아보려 했으나 숙부는 나를 피했다네. 간단히 말해 숙부는 내 재산을 빼돌렸던 걸세. 모든 걸 숙부에게 일임한 나는 세상 물정 모르는 바보였다네. 나는 아버지가 믿고 칭찬하던 숙부가 이정도 라면 다른 사람 역시 분명 나를 속일 것이라 여겼네. 영원히 고향을 떠나기로 마음먹고 친구에게 남은 유산을 전부 돈으로 바꾸어 달라고 했지. 다시는 숙부를 보지 않겠다고 맹세했다네. 남겨진 유산은 학생으로서 생활하는데 충분하고도 남았네. 그런데 여유로운 생활은 나를 생각지도 못한 상황으로 이끌었다네. 집을 한 채 장만해 볼까 하던 중 우연히 하숙을 들이려는 가정집을 소개받았다네. 미망인인 하숙집 주인은 내 신분, 학교, 전공 등을 묻고서 그 자리에서 승낙해 주었네. 아주머니는 내게 가장 좋은 방을 내주었지. 그리고 그 집 따님의 얼굴을 본 순간 여태까지 상상치 못한 이성의 향기가 나를 흔들었다네.

숙부와의 일이 있고 난 뒤 나는 돈에 관해서는 사람을 믿지 못했지만 사랑에 관해서는 아직 사람을 의심하지 않았네. 얼마 지나지 않아 나는 하숙집 모녀와 가까워졌고 점차 마음의 안정도 되찾았네. 하지만 아주머니의 태도가 따님과 나를 접근시키려는 듯이 보이다가도 어느 때는 나를 경계하듯 보여 불쾌하기도 했다네. 아직 숙부로부터 배신당한 기억이 생생했던 나는 그런 아주머니를 완전히 신용할 수 없었네. 시간이 지날수록 아주머니에게 반감을 가진 동시에 따님을 향한 애정은 커져갔기 때문에 모녀와 나와의 관계는 복잡해졌다네. 결국 나는 아주머니와 따님에게 숙부와의 일을 모두 고백했다네. 그 후로 아주머니는 나를 친척 조카라도 되는 것처럼 대해 주었다네. 나는 아주머니에게 따님을 달라고 말해볼까 몇 번이나 망설였지만 숙부와의 일 때문에 결심이 서질 않았네. 이즈음 하숙집 모녀와 나 사이에 또 다른 남자가 나타났네. 그리고 그 남자는 나의 운명에 커다란 변화를 가져왔다네.

그 남자는 바로 어릴 적 친구인 K라네. K는 진종파真宗派 승려의 아들로 어느 의사 집에 양자로 갔지. 양부모는 K를 의사로 만들기 위해 도쿄로 보냈지만 K는 그럴 마음이 없었지. K는 양부모가 보내 준 돈으로 자기가 원하는 공부를 했네. 몇 번의 방학이 지나고 내가 고향을 등지기로 결심한 그해 9월 K를 다시 만났네. K는 이미 양부모에게 편지를 써서 자신의 행동을 자백한 후였네. 나는 K가 자신이 가고 싶은 길을 간다고 할 때 찬성한 사람으로서 책임감을 느끼고 있었네. 결국 K는 양부모와 생가 모두에게 의절 당했지. K는 점차 감상적이 되어 세상의 모든 불행을 마치 자신이 짊어진 것처럼 말했네. K는 의지를 길러 강한 사람이 되고자 했으나 오히려 신경쇠약에 걸릴 지경이었고 나는 걱정되어 그의 고집을 꺾기 위해 무릎까지 꿇었다네. 그렇게 해서 겨우 내가 사는 하숙집으로 K를 데려오게 된 것이네.

K를 들이는 것에 아주머니는 찬성하지 않았네. K를 데려오는 것이 내게 좋을 게 없을 것이라고 쓴웃음을 지으며 말했네. 나는 K의 사연을 설명하며 부디 그를 따뜻하게 보살펴 달라고 부탁하였네. 나는 되도록 모녀와 K 사이가 친밀해지도록 노력했다네. 그리고 K가 조금씩 마음의 문을 여는 게 느껴져 기뻤다네. 어느 날 학교에서 돌아와 보니 K의 방에서 따님의 목소리가 들렸네. 방문을 열자 두 사람은 나란히 앉아 있었다네. 집안에는 K와 따님 단둘이 있었네. 지금까지 나와 따님만 남겨두고 아주머니가 집을 비우는 일이 없었기에 나는 의아하게 생각했네. 아주머니가 급한 일이 생겨 외출했냐고 따님에게 물었지만 그저 웃기만 했다네. 일주일쯤 지나 나는 또 K와 따님이 대화를 나누는 장면을 보았네. 그날 나는 K에게 다가올 여름방학 때 함께 여행을 떠나자고 제안했네. K는 거절했지만 그와 따님을 남겨두고 여행을 떠날 수 없었던 나는 억지로 그를 데려가려 했네. 결국 아주머니의 중재로 우리 둘은 보슈[房州]로 여행을 갔다네. 여행 중에 나는 내 옆에 있는 사람이 K가 아니라 하숙집 따님이면 얼마나 좋을까 생각했네. 그리고 K도 나와 같은 생각을 하는 건 아닌지 의심했네. 나는 K에게 속 시원히 내 마음을 털어놓을까도 생각했지만 결국 그러지 못했네. 여행에서 돌아온 후 따님의 태도가 조금 달라진 것을 느꼈네. 따님은 모든 면에서 나를 우선시 했다네. K는 별로 불쾌해하지 않았고 내 마음속에는 승전가가 울려 퍼졌다네.

아마도 10월 중순의 일이었던 것 같네. 시간표상 내가 K보다 먼저 귀가하는 날임에도 불구하고 문을 열자 집안에서 K의 목소리가 들렸네. 동시에 따님의 웃음소리가 내 귀를 울렸다네. K의 방문을 열자 마치 도망치 듯 사라지는 따님의 뒷모습을 봤네. 따님을 독차지하고 싶은 나는 작은 일도 그냥 넘길 수 없었다네. 자네는 K에게 나가 달라고 왜 하지 않았냐고 묻겠지. 하지만 K를 억지로 끌고 온 내가 그럴 수는 없었다네. 차가운 비가 내리는 11월이었네. 학교에서 돌아온 나는 아주머니로부터 K가 돌아왔다가 다시 나갔다는 소리를 들었네. 온 집안이 고요하고 가라앉은 분위기에 나는 책을 덮고 일어섰네. 골목길에서 나는 돌아오는 K와 딱 마주쳤는데 뒤에 하숙집 따님이 서 있는 것을 보았다네.

하숙집에 나와 K만 있던 어느 날, K는 하숙집 아주머니와 따님에 관해 끊임없이 이야기했네. 갑자기 이제 와서 그런 이야기만 하느냐고 내가 핀잔을 주자 K는 입을 다물었네. K는 무거운 입을 열어 띄엄띄엄 따님에 대한 자신의 감정을 털어놓았다네. 나는 아무 말도 할 수 없었네. 나는 K에게 내 마음을 털어놓아야 한다고 생각했지만 이미 늦었다는 생각이 들었네. 나는 아주머니와 따님에게도 그 이야기를 했는지 물었고 K는 아직 다른 사람에겐 말하지 않았다고 했네. 내가 앞으로 따님에 대한 감정을 어떻게 할 거냐 물었지만 그는 아무 대답도 하지 않았네.

오랜만에 도서관에서 책을 읽고 있는데 K가 찾아왔네. 밖으로 나오자 K는 갑자기 하숙집 따님 이야기로 말문을 열었네. K는 밑도 끝도 없이 자신이 어찌 보이느냐 물었네. 왜 내 생각을 궁금해하냐고 묻자 그는 자신이 약한 사람이라서 부끄럽다고 대답했네. K는 자신이 나아가야할지 물러서야할지 왜 망설이는지 모르겠다고 했고 나는 이를 기회 삼아 정말 물러설 수 있는 것이냐고 따져 물었네. 이상과 현실 사이에서 방황하는 K를 보며 나는 "정신적인 향상심이 없는 사람은 바보다"라고 말했네. 이 말은 지난번 여행 때 K가 나에게 한 말이었네. 그러자 K는 스스로를 바보라고 꾸짖으며 이 이야기는 더 이상 그만하자고 힘없이 말했네. 나는 그런 K에게 진정으로 그만두겠다는 각오가 있다면 그렇게 해도 좋다고 대답했네. 그러자 K는 "각오? 각오라…… 못할 것도 없지……"라고 중얼거렸네. 하숙집으로 돌아온 뒤 K는 아주머니의 말에도 따님의 웃음에도 대꾸하지 않았네. 그리고 내가 미처 식사를 마치기도 전에 자기 방으로 들어갔네. 그날 밤 나는 마음이 편안해졌고 승리에 취해 의기양양했었네. 하지만 다음날 나는 불현듯 K가 말한 '각오'라는 두 글자에 불안해졌네. 결단력 있는 K의 성격을 알고 있던 나는 '각오'라는 말을 수도 없이 곱씹어 보았고 점점 자신을 잃고 흔들렸네. 내가 그때 좀 더 신중히 '각오'의 말뜻을 생각해봤으면 좋았을 텐데, 나는 K가 따님을 향해 계속 전진하겠다는 말로 받아들인 걸세. 나는 K보다 먼저 일을 진행해야겠다고 결심했네.

나는 꾀병을 앓아 학교를 빠진 채 아주머니에게 따님을 달라고 부탁했네. 나의 마음을 재차 확인한 아주머니는 결혼을 허락해 주었네. 따님에게 혼담을 빨리 전해주길 바란 나는 모녀만 남겨두고 밖으로 나왔네. 하숙집에 다시 돌아온 나에게 K는 몸은 좀 나았는지 또 병원엔 다녀왔는지 물었다네. 그 순간 나는 무릎을 꿇고 빌고 싶어졌다네. 나는 앞으로 K한테 어떤 태도를 취해야 할지 난감해서 이런저런 변명을 생각해 봤지만 비겁하게도 난 내 입장을 설명하기 싫었네. 그렇게 이삼일이 흘렀네. 그동안 나는 불안감으로 마음이 무거웠네. 어떻게든 나와 하숙집 모녀 사이에 새로 성립된 관계에 대해 K에게 알려야 했네. 하지만 나보다 먼저 아주머니가 K에게 나와 따님의 혼담을 알렸네. 나는 K가 뭐라고 반응했는지 아주머니에게 물었고, 아주머니에 따르면 K는 축하한다고 말하며 자리를 떴다고 했네. 또한 선물을 하고 싶지만 돈이 없어 못해 드린다고도 했다더군. 그 이야기를 듣던 나는 가슴이 무너지는 것 같았네.

K의 행동은 이전과 변함이 없었고 나는 계략으로는 승리했지만 인간으로서는 패배했다는 것을 깨달았네. 그리고 어떻게 할지 내가 망설이던 사이 K가 자살했네. K의 자살을 발견하고 놀란 와중에도 나는 내 앞으로 쓰인 편지를 발견하고 뜯어보았네. 하지만 내가 예상했던 내용은 적혀있지 않았고 아주머니와 따님에게 비난 받을까봐 두려웠던 마음은 안도의 한숨으로 바뀌었네. 편지에는 의지가 박약하여 희망이 없어 자살한다는 말뿐이었네. 나한테 진 신세에 감사한다는 말과 이왕 신세진 김에 사후 처리도 부탁한다고 적혀 있었네. 따님의 이름은 어디에도 없었지만 끝까지 읽고 나서 K가 일부러 피했다는 것을 알았다네. 내가

더 가슴 아프게 느낀 것은 더 빨리 죽었어야 했는데 왜 지금까지 목숨을 부지했는지 모르겠다는 글귀였네. 나는 떨리는 손으로 편지를 접어 원래 자리에 두었네. K의 자살을 알게 된 아주머니는 군인의 미망인답게 침착했다네. 유족과 상의 끝에 K의 유골은 조시가야에 묻혔고 나는 그의 무덤을 찾아가 참회하고 싶은 심정이었네.

지금 사는 집으로 이사한 것은 그로부터 얼마 지나서라네. 이사 후 반년이 채 못 되어 나는 따님과 결혼했네. 행복했지만 늘 검은 그림자가 따라 다녔지. 결혼하고 나서 아내가 K의 무덤에 함께 가자고 했다네. 아내는 무덤 앞에서 우리가 결혼했다고 말하면 K가 기뻐해 주리라 생각했겠지만 나는 마음속으로 그저 용서를 구할 뿐이었다네. 그 이후로 나는 절대로 아내를 데리고 K의 무덤을 찾지 않기로 했다네. 그 후로도 나는 아내를 볼 때 마다 K 생각에 괴로웠고 점점 아내를 멀리하게 되었네. 1년이 지나도 K를 잊지 못하는 나는 늘 불안해했네. 아내는 걱정하며 나에게 "K씨가 살아있으면 당신도 이렇게 되지 않았을 텐데요"라고 말했네. 나는 그럴지도 모르겠다고 대답했지만 내가 답한 의미와 아내가 이해한 의미는 전혀 달랐기에 슬펐다네. 처음에 나는 K의 자살 이유를 실연이라 단순히 간주해 버렸지만 지금 생각해보니 그가 지금의 나처럼 외로움을 주체하지 못해 죽은 게 아닌가 하는 생각이 들었네. 그리고 나도 K의 뒤를 따라가는 게 아닌가 하는 예감이 들었네. 그러던 중 장모님이 병을 앓아 돌아가셨고 아내와 나 둘만 남았지. 아내는 세상에 의지할 사람이 나뿐이라 말했네. 나는 또다시 인간의 죄의식에 대해 깊이 생각했고 그로 인해 매달 K의 무덤을 찾았다네. 죄의식에 사로잡힌 나는 결국 죽은 목숨이라 생각하고 살기로 결심했네.

그렇게 결심한 후에도 나는 때때로 죽음을 생각했지만 언제나 아내가 마음에 걸렸네. 그렇다고 아내를 데려갈 용기도 없었지. 그러던 어느 날 메이지 천황이 서거했네. 나는 메이지 정신의 영향을 강하게 받은 우리가 메이지 시대가 끝났는데 살아남아 뭐하겠느냐고 아내에게 말했네. 아내는 그럼 순사殉死라도 하지 그러냐며 나를 놀렸지. 그리고 한 달 정도가 지나 국장이 치러진 날 밤 나는 메이지 시대가 영원히 사라진다는 예포 소리를 들었네. 나중에 생각해보니 이는 노기[乃木] 장군의 영면을 알리는 것이기도 했네. 나는 호외를 들고 아내에게 "순사다, 순사다!"하고 말했다네. 세이난[西南]전쟁에서의 죄를 안고 35년 세월을 고통스럽게 살았을 노기 장군에 대해서 생각했다네. 그리고 이삼일이 지나 나는 드디어 자살을 결심했네.

나는 지금까지 써 온 편지에 나란 존재를 이해할 수 있도록 남김없이 표현했다고 생각하네. 나는 아내를 남기고 떠나네. 내가 자살을 결심한지 열흘이 지났네. 그 사이 대부분의 시간은 자네에게 보낼 이 회고록을 쓰며 보냈다고 생각해주게. 나는 내 과거의 선과 악 모두를 다른 사람에게 참고로 공개할 생각이네. 하지만 단 한 사람 아내에게만은 알리고 싶지 않네. 아내의 과거에 대한 기억을 가능한 순백의 상태로 보존해주고 싶은 바람이네. 그러니 내가 죽은 뒤에도 아내가 살아있는 한 나의 고백을 가슴 깊이 묻어 주길 바라네.

3. 작품 해설

나쓰메 소세키의 문학적 특징을 한 마디로 규정하는 것은 어렵지만 「나는 고양이로소이다」, 「도련님」과 같은 풍자와 해학이 돋보이는 유머소설, 「풀베개」와 같은 비일상적이고 몽환적인 낭만적 소설, 그리고 소위 '전기삼부작(「산시로」,「그 후」,「문」)'을 시작으로 만년에 이르는 작품군은 심리 소설이라고 볼 수 있다.

특히 장편소설은 중심 주제에 따라 '전기'와 '후기'로 분류가 가능한데, 구체적으로 「나는 고양이로소이다」에서 「우미인초」까지는 문명 비평적인 요소가 많은 비중을 차지하고 있다. 즉 서구 문명을 맹목적으로 추종하는 일본의 피상적인 개화를 비판하고, 열강의 패권주의와 양극화된 경제구조 속에서 개인의 자유와 존엄

이 처한 위기를 직시하고 있다. 또한 일본 사회와 근대적 개인의 비극적인 구조를 작품 속에 그려냄으로써, 문명의 폐단에 대한 경고와 우려도 표출하고 있다.

한편, '전기 삼부작'을 비롯하여 '후기 삼부작(「피안 지날 때까지」,「행인」,「마음」)'과 만년의 작품인 「한눈팔기」, 「명암」에 이르는 시기에는 문명 비평적인 요소는 감소하고, 연애, 사랑, 고독, 에고이즘, 죄의식 등 인간의 내면에서 벌어지는 갈등과 의식의 흐름에 따른 심리극의 양상을 보이고 있다.

그 중 「마음」은 사랑과 에고이즘의 상극을 보여주는 작품으로 앞서 소개한 바와 같이 1960년대부터 꾸준히 일본 고등학교에서 교재로 활용되고 있어 '국민 교재'라고 불리는 작품이다. 일본에서 남녀노소를 불문하고 가장 많이 애독되고 있는 소설 중 하나가 「마음」이라는 사실과 등장인물인 '선생'이 마치 작가의 분신인 것처럼 인식되는 현상은, 윤리 · 인격 · 정직이라는 정신적 가치를 우직하게 지켜내는 나쓰메의 삶에 대한 태도가 독자들에게 시공간을 초월하여 인간이 지향해야 할 절대적 진리를 향한 구도자의 수행처럼 각인되어져 있기 때문이기도 하다.

종래에 이루어진 「마음」에 관한 연구는 주로 죽음, 에고이즘, 메이지 정신, 죄의식, 윤리라는 테마로 논의되어 왔다. 이는 대부분 '메이지 정신에 순사한다'는 선생의 윤리성을 강조한 것으로, 선생의 자살을 K에 대한 자기처벌의 형태로 해석한다. 물론 이러한 작가의 설정이 메이지라는 시대를 관통하는 민족주의적 · 제국주의적 성향을 지지하기 위한 메시지로써 미화된 고의적 장치라고 지적하는 시선도 존재한다. 또한 아내가 자신의 치부를 알게 되는 것이 두려워 끝까지 비밀로 남겨둔 채 선생이 죽음을 선택한다는 점에서, 자신의 과오를 한없이 은폐하고자 하는 위선과 자기중심적인 선생의 에고이즘을 읽어 내기도 한다. 또한 아내가 불행해지는 것을 인위적 고의적으로 회피하고자 했던 선생의 행위가 오히려 아내를 정신적인 죽음으로 몰아넣는다고 지적하는 연구도 있다.

6장

가람 시조집

이병기

01 주요 용어 해설

1. 고시조

시조는 고려 중엽에 발생한 것으로 추측된다. 시조라는 명칭은 시절가조時節歌調의 준말로 그 시절의 노래라는 뜻이다. 오늘날 대중가요의 성격과 비슷하다. 고시조는 근대의 기점인 갑오개혁(1894) 이후에 나타난 현대시조와 구별하기 위해서 붙여진 명칭이다. 현대시조가 형식과 내용에서 암묵적인 규칙을 제외하고 비교적 자유롭다면 고시조의 형식과 내용은 엄격하다. 고시조는 형식적으로 3장 6구, 45자 내외, 종장 첫 구 3음절로 구성되고, 내용적으로 임금에 대한 사랑, 충성과 절개, 자연에 대한 칭송, 역사에 대한 회고 등으로 채워져 있다. 고시조집으로는 김천택의 『청구영언』, 김수장의 『해동가요』, 박효관의 『가곡원류』가 있다.

2. 현대시조

일반적으로 현대시조는 19세기 말 갑오개혁 이후에 문자로 창작된 시조를 말한다. 고시조는 읽거나 보는 문학이 아니었고 부르는 노래였다. 그러나 1910년대 이전에 신문과 잡지에 나타난 시조를 고시조와 대별해서 현대시조라고 말하기에는 여러 문제점이 있다. 작품이 문자화됐을 뿐이지 당시의 시조는 여전히 고시조의 형식을 그대로 유지하고 있었다. 작가는 익명이었고 내용은 나라 사랑, 시국 개탄 등 개인보다는 공동체의 의식을 반영하고 있었다. 따라서 실질적인 관점에서 현대시조의 기점은 최남선, 이광수, 이병기 등에 의해서 시조가 문학의 한 장르로 논의되기 시작한 1920년대로 볼 수도 있다. 최초의 개인 시조집은 최남선의 『백팔번뇌』(1926)이다.

3. 구술 문화[orality]

구술 문화는 문자가 없거나 문자가 있어도 그것을 알지 못하는 집단에서의 문화적 성격을 말한다. 구술 문화에서의 매체는 말과 청각이다. 따라서 예술 분야에서는 청각적인 자극을 위한 노래가 발달하고 일상의 발화에서는 내용보다도 어조가 강조된다. 말은 현장에서 즉각 소진된다. 이러한 말의 매체적 성격으로 구술 문화는 현장의 영향을 많이 받고 그 구성은 첨가적이고 병렬적이다. 또한 구술 문화에서는 공동체에서의 서사나 역사에 대한 용이한 전달과 보존을 위해서 기억하기 쉬운 관용 표현이 많으며, 패턴을 유추하기 위한 정형적인 리듬이 존재한다.

4. 문자 문화[literacy]

문자 문화는 인쇄 산업의 발달로 공동체에 문자가 보편화되면서 발생한 문화의 특수성을 말한다. 구술 문화에서의 대화가 개인과의 친밀한 접촉으로 이루어진다면 문자 문화에서의 대화는 기본적으로 간접화법이 된다. 발화의 상황도 주어지지 않고 청자도 없고 음의 고저를 통한 어조의 조정도 불가하기 때문에 문자는 문자 체계 내부에서 이 모든 것을 해결한다. 문자 문화는 독자의 논리적 이해가 가능한 정교한 문법 체계를 통해서 대화를 전개한다. 구술 문화의 의미 구성이 병렬적이라면 문자 문화의 의미 구성은 종속적이며 구술 문화의 사고방식이 집합적이라면 문자 문화의 사고방식은 분석적이다. 구술 문화와 문자 문화에 대한 주요한 논의는 월터 옹의 『구술 문화와 문자 문화』에서 이루어졌다.

5. 조선어학회 사건

조선어학회 사건이란 일제강점기 시절 1942년 10월부터 일제가 조선어학회 회원 및 관련 인물을 내란죄의 명목으로 검거해서 재판에 회부한 사건이다. 조선어학회는 1921년 12월 3일 우리말과 글을 연구하기 위해 설립된 학회이다. 조선어학회는 한글의 체계를 정립하고 보급을 위해 연구발표회와 강연회를 개최하였으며 1929년에는 『조선어사전』 편찬을 기획하였으나 일제의 탄압으로 좌절되었다. 1933년에는 「한글맞춤법 통일안」을 발표했는데, 이는 오늘날까지 한글 표기의 기준이 되고 있다. 한편 일제는 1941년에 '조선사상범 예방구금령'을 공포하여 독립운동 및 민족주의 관련 활동을 언제든지 와해할 수 있는 조치를 취해 놓았다. 1942년 조선어학회는 숙원이던 『조선어사전』을 편찬한다. 이를 빌미로 일제는 같은 해 10월 서울에서 사전을 편찬하고 있던 정태진을 체포하는 것을 시작으로 이듬해 4월 1일까지 33명을 검거한다. 검거 당한 관련자들은 일경에게 혹독한 취조를 받는다. 함흥형무소에서 1943년 12월 8일 이윤재가, 1944년 2월 22일 한징이 옥사한다. 이로써 일제는 3.1운동 이후 부활한 한글 운동을 전면 폐지하고 한글 관련 지식인들의 기반을 와해시킨다. 이러한 탄압은 해방 직전까지 계속되었다.

02

작가의 생애와 시대 배경

가람의 생가 수우재는 용화산을 배산으로, 멀리 천호산을 안산으로 세우고 용화산 정상의 물길이 암반 구능을 타 내리다 샘이 솟아나는 지점에 자리 잡고 있다. 바깥 사랑채 앞에는 솟아난 샘물을 받아 놓은 직사각형 모양의 소담한 연지蓮池가 있다. 가람의 지사적 삶을 상징하듯이 흑석으로 둘레를 쌓아 올린 연지는 그 직선과 흑색이 흡사 큰 벼루가 먹물을 담고 누워 있는 모습이다.

용화산 구름자고 천호에 달 오르다
백련화 곁에 두고 못가로 거니노니
이따금 서늘한 바람 향을 불어오도다

-「고토」 3수

*『가람 시조집』에서 인용한 작품은 서지 정보를 적시하지 않는다. 그 이외에서 인용한 작품과 글만 서지 정보를 적시한다.

대숲을 뒤에 두고 자리한 안채에는 가람 생전의 흔적이 보탬도 뺌도 없이 고스란히 나타나 있다. 세 개의 방과 선을 접하고 있는 안채 마루의 가운데가 미세하게 꺼져 있다. 동쪽으로 난 옛것 그대로의 솟을 대문에서 밖을 바라보면 호남평야로 뻗어가는 시원한 들판이 펼쳐진다. 여기 전라북도 익산시 여산면 용화산 아래에서 가람은 1891년 3월 5일 태어났다.

가람은 전통문화가 근대문물을 맞아 곡절을 겪고 새롭게 정립되는 시기를 살았다. 그 시기는 일제에 의한 국권 침탈, 해방 후의 분단, 분단 후의 민족상잔의 전쟁 등 근대사의 비극이 연이어서 일어난 때이다. 이러한 시기에 가람은 학문적으로나 정치적으로나 생활인으로나 매번 시대의 벽 앞에 서야 했고 선택할 수 없는 선택지를 받아야만 했다. 그때마다 가람은 막힌 경계를 돌파하고 죽음을 담보로 지조를 지켰다. 전통문학과 근대문학의 접점에서 가람은 고시조를 현대시조로 고양시켰다. 일제에게 침탈당한 주권과 훼손된 문화를 복원하기 위해서 때로는 문필로, 때로는 행동으로 저항하였다. 해방과 전쟁의 어지러운 정국에서는 국문학 본연의 가치 수호에 뜻을 두고 정치 활동으로부터 은거하였다.

어린 시절 가람은 향리에서 조부에게 한문을 수학했다. 한학을 수학하면서 가람이 처음으로 접한 신학문은 양계초의 『음빙실문집』(飮氷室文集)이었다. 청나라 말기의 학자인 양계초는 자국에 입헌군주제를 소개한 진보적 지식인이었다. 한

용운, 안창호, 이상설, 이시영 등 근대 형성기에 한문에 익숙했던 지식인들은 양계초가 소개한 서양 사상의 영향을 받았다. 한글 사용이 본격화되기 전의 근대기 한문 세대들이 한문의 형식 속에서 근대적 사상을 습득했다는 것은 주목할 만한 사실이다. 한글이라는 대중적인 문자 체계가 존속한 당시 조선의 지식인에게 근대적 내용이 담긴 한문을 읽는다는 것은 역설적으로 한문에 대한 자기 부정의 결과를 낳는다. 왜냐하면 근대 국가의 성립 기반이 언문일치에 의한 문자의 대중화이자 전 영토의 언어적 일체감이기 때문이다. 따라서 한문으로 접한 지식인들의 근대 정신은 곧 언문일치의 '문'인 한글로 향하게 된다.

양계초의 책을 읽고 신문학을 배우기로 결심한 가람은 1910년, 19세의 늦은 나이에 전주공리보통학교에 입학한다. 보통학교를 6개월 만에 졸업하고 1910년 한성사범학교에 입학하여 1913년 졸업한다. 한성사범 시절 중요한 일은 가람이 주시경 선생의 '조선어강습원'에 참여한 것이다. 가람은 이 강습에서 한글의 체계와 민족문화의 계승과 복원에 한글이 어떠한 역할을 하는지를 배우게 된다. 바야흐로 한학으로 시작된 근대 의식에 대한 습득의 의지가 가장 날 선 정신의 칼인 민족의 말과 글을 갖게 된 것이다. 가람에게 한글은 그 자체가 우리 민족의 지혜가 담긴 보고이자 일제 치하 식민지에서 민족의 문화와 역사를 보호하고 지속시킬 수 있는 정신의 무기로 여겨졌다. 민족의 정신을 민족의 문화로 담아낼 수 있는 한글로 된 시조를 연구하고 창작하고 제도화시키는 작업은 그 자체로 정신적 저항이 될 수 있었다.

가람은 민족주의 운동의 활로를 전통문화의 계승과 복원에서 찾는다. 가람은 정신의 무기인 한글의 체계 정립과 보급과 그 활성화에 힘썼다. 가람은 조선어학회를 조직하여 간사로 일하던 무렵인 1921년에 「悼 李마리아」를 발표하면서 시조 문학을 시작한다. 이어 1924년에는 「갈길」, 「달밤에」에 등을 발표하고 1926년에는 시조문학을 이론적으로 연구하는 '시조회'를 창립한다. 이 시조회는 회원을 넓혀서 1928년 '가요연구회'로 개명한다. 시조 문학에 대한 연구 역량이 축적되고 문단에서 기반이 잡힌 가람은 제도적인 차원에서도 시조의 활성화를 위해 노력했다. 당시에는 생소했던 고전문학에 대한 비평서를 출간하여 고전과 근대의 서로 다른 줄기를 접맥한 것도 가람이었으며, 『문장』의 신인 추천 제도에 시조 분야를 신설하여 많은 신인들을 등단시킨 것도 가람이었다.

1930년대 일제는 제국주의의 야망을 실현하기 위해 태평양 전쟁을 일으킨다. 전시체제기의 감시 아래 놓인 당시 조선의 문화 운동은 완전히 경직된다. 1939년 창씨개명 법률이 공포되고 민족문화에 대한 살벌한 탄압이 전개된다. 이때 많은 민족주의 문인들이 변절의 길에 들어선다. 창씨개명을 거부하고 끝까지 민족주의의 길에서 벗어나지 않았던 가람은 조선어학회 사건으로 피체되어 약 1년간 영어의 몸이 된다. 석방 후 가람은 친일로의 회유를 거부하고 절필로써 저항하였다. 임종국은 『친일문학론』에서 가람을 일컬어 일제치하에 쓴 시와 수필의 어느 한 편에서도 친일문장을 남기지 않은 영광된 얼굴이라고 평가한다.

해방 후 다시 서울로 거처를 옮긴 가람은 서울대학교에서 교수로 재직하면서 「고전문학에 나타난 향토성」 등의 논문을 발표하였다. 6·25 전쟁 중에는 어렵게 모은 고서들을 트럭에 실어 고향에 옮겼다. 이 고서들은 훗날 주요한 국문학 자료가 된다. 휴전 후 1952년에 전북대학교 문리대학장에 피임되어 고향에서 후학을 양성하였다. 1957년 뇌일혈로 쓰러져 언어 장애가 생겼지만 차츰 회복되어 학문 활동을 재개한다. 이후 1966년 고향 수우재에서 요양하면서 자신의 문학 활동을 간추려 『가람문선』을 출간한다. 가람은 1968년 11월 29일, 자신이 사랑한 난과 술과 그리고 제자들을 남기고 생가에서 영면에 든다. 가람의 정신을 이어받은 전북대학교 국문과에서는 발간되지 않은 가람의 유고와 여러 문고에 산재해 있던 가람의 저서들을 종합하여 2017년도에 『가람 이병기 전집』을 출간했다.

민족 지사로서, 한글 학자로서, 예인으로서, 교육자로서, 서지학자이자 수천 권이 넘는 고서를 대학에 기증한 고서 수집가로서 가람은 전인격을 모두 역사에 투여한 삶을 살았다. 더구나 그의 삶은 제국의 침탈과 민족상잔의 상처로 얼룩졌던 시대에 놓여 있었다. 그 시대를 통과하면서 가람은 국문학자로서 시대의 소명에 충실히 부응했다. 오늘날의 시조 문학은 가람이 닦아 놓은 기반 위에 서 있다고 해도 틀린 말이 아니다.

03 작품 읽기

『가람 시조집』은 문장사에서 1939년 8월 15일 초판 발행되었다. 75편의 시조를 5부로 나누어 구성하였다. 각 부의 분류 기준은 일정하지 않다. 가람은 여러 글을 통해서 전통 시조의 혁신을 기획했었다. 『가람 시조집』은 그러한 혁신을 창작적 관점에서 실천한 것이다. 가람은 예도를 중시하는 선비의 품격을 유지하면서도 작품의 소재와 주제를 생활의 미시사에서 취한다. 작품에 표현된 자연이나 사건은 고시조의 상투적인 관념과 영탄의 분위기가 지양되고 생활에 밀착된 생생한 감각으로 변화된다. 시조를 현대문학의 한 장르로 정착시키고자 했던 가람의 의도가 반영된 것이다. 『가람 시조집』의 문학사적 의의는 현대시조의 기틀을 마련한 것에 있다. 『가람 시조집』에서 주목해야 할 것은 첫째, 내용에 나타난 가람의 인생관과 문학관이고 둘째, 형식에 나타난 고전에서 현대로의 변화를 이끄는 문체와 율격이다.

1. 책과 삶과 학문의 길

가람은 한결같이 학문을 익혔다. 학계 이외의 곳에 몸을 둔 적이 없었고 학문을 소명으로 여기고 일생을 그 방향을 향해서 정진했다. 끊임없이 배우라는 유학의 첫 번째 지침을 평생에 걸쳐 실천하였다. 고시조가 근대사회에 적응하는 방법에 대한 생각, 일생 동안 지켜 온 선비의 지조는 이러한 가람의 학문적 자세에서 비롯되었다. 가람에게 다가올 시간을 미리 배울 수 있는 도구는 책이었다.

> 나도 저를 못 잊거니 저도 나를 따르는지
> 외로 돌아 앉어 책을 앞에 놓아 두고
> 장장히 넘길 때마다 향을 또한 일어라

-「난초」 3수

> 책상 한머리 등은 자조 깜박이노니
> 보든 글도 두고 묵묵히 외로 앉어
> 나는 나의 한적閒寂을 깨닫노라

-「우레」 3수

> 펴든 책 도로 덮고 들은 붓 던져 두고
> 말없이 홀로 앉아 그한 낮을 다 보내고
> 이밤도 그를 끌리어 곤한 잠을 잊는다.

-「시혼」(詩魂) 2수

순간의 감정을 즉흥적이며 압축적으로 표현하는 것이 시조 작시의 원리이다. 따라서 그 표현에는 항상 어떤 구체적인 상황이 전제된다. 작가가 표현하려는 정서는 이 상황과의 맥락 속에서 역사의 특별한 서사가 된다. 『가람 시조집』에서는 독서의 상황이 가장 많이 전제된다. 가령, 시조의 주제가 생명의 찬사라든가, 패망한 역사의 회고일지라도 전제된 상황은 독서의 한 틈에 일어나는 사유의 시간이다. 가람 시조에서 '책'의 빈번한 출연은 단순히 가람의 독서벽을 보여주는 것만은 아니다. 그것은 책과 사유, 그 사유와 삶의 관계에서 책의 기능을 보여 준다. 가람은 책과 함께 '난향'을 음미하고, 천둥 치는 소리를 듣고, 등불에 어른거리는 옛 추억을 본다. 이 상황의 처음과 끝에 놓인 책은 이 감상의 심리적 동기이며 이 감상이 독자에게 재생산되는 매체이다. 책에서 얻은 심미안과 삶의 지혜는 작품 창작이라는 생산적 활동이 되고 이것은 다시 또 다른 책의 형태로 재생산된다. 가람은 「창」(窓)에서 이러한 책의 기능과 위상을 전제된 상황으로뿐만 아니라 명시적으로도 표현한다.

우리 방으로는 창窓으로 눈을 삼았다
종이 한 장으로 우주宇宙를 가렸지만
영원히 태양과 함께 밝을 대로 밝는다

너의 앞에서는 술 먹기도 두렵다
너의 앞에서는 참선參禪키도 어렵다
진귀한 고서古書를 펴어 서권기書券氣나 기를까

- 이병기, 「창」 1, 2수

'너'라고 막역하게 부르는 대상은 명시적으로는 우주를 향해 난 '창'이다. 함축적으로 '창'은 가람을 감시하는 세계의 눈이다. 방에 홀로 있을 때에도 이 세계의 눈은 계속해서 작동한다. 세계는 시간의 흐름과 함께 끊임없이 변경되고 방에 홀로 있는 유약한 자아는 그 세계에 대응해야 한다. 가람은 그 방법을 '서권기'라고 명시한다. 서권기란 추사 김정희가 『완당집』(阮堂集)에서 강조한 학문에 대한 학자의 자세를 말한다. 문자향서권기問字香書卷氣에서 발췌한 용어로서, 말 그대로 문자에는 향이 있어야 하고 책에는 기운이 있어야 한다는 것이다. 현대 용어로 말하면 캘리그라피와 매체학의 관점을 반영한 이 개념은 가람에게는 위급한 삶을 헤쳐나가는 방법론으로 전유된다. 책에 대한 가람의 인식은 집안의 유구한 전통인 유학에서 생겨났다. 따라서 그러한 인식이 옛 선비의 예술적 취향과 인생관으로 이어지는 것은 당연하다. 가람은 학문의 정진을 위해서 옛 선비들처럼 명상의 공간을 만들고 그 공간에서 신독愼獨하였다.

빼어난 가는 잎새 굳은 듯 보드랍고
자줏빛 굵은 대공 하얀한 꽃이 벌고
이슬은 구슬이 되어 마디마디 달렸다

본래 그 마음은 깨끗함을 즐겨하여
정한 모래 틈에 뿌리를 서려 두고
미진微塵도 가까이 않고 우로雨露 받아 사느니라

- 이병기, 「난초(4)」 전문

난은 선비의 이념이 실체화된 대상이다. 부드러우면서도 날카롭게 의지를 세우고(굳은 듯 보드랍고), 그 고고한 의지 위에 사념의 결실을 맺고(하얀한 꽃), 자신을 청렴하게 견지(이슬은 구슬)한다. 이러한 삶의 일용할 양식은 초근목피草根木皮보다 더 소소한 비와 이슬이다. 난초에는 어떤 누추한 신체의 흔적도 없으며, 일신의 안위를 위한 속세와의 구차한 접촉도 없다. 난초는 정신의 깨달음과 그 깨달음의 지속을 위한 학문적 정진의 고결함이 자연 속에서 현현된 것이다. 가람은 난초를 매일 가꾸고 또한 글로 옮겨 적어 격랑의 속세에서 정신의 맑음을 유지하고자 하였다. 가람의 이러한 예술적 취향은 "현실의 정치·사회적인 환경을 고려하지 않은 탈속주의로의 경도"라는 비판을 받기도 한다. 그러나 유가의 출처관에서 이러한 예술관은 사회에서 자기 역할을 하기 위한 수양의 과정임이 강조될 필요가 있다. 자기의 뜻이 어리고 약하여 세상의 어지러움을 당해내지 못할 때에는 서재에 은거하여 학문을 익히고, 자기의 뜻이 굳건하여 마땅히 나서야 할 때에는 품은 뜻을 세상에 펼치는 것이 선비의 출처관이다.

> 그 얼굴 그 모양을 누가 탐탁다 하리
> 앞뒤로 돌보아도 연연한 곳이 없고
> 그 속은 얼음과 같이 차고 창백하도다
>
> 차고 창백함을 누구 귀엽다 하리
> 다만 헌신같이 초개에 버렸으니
> 때묻고 이지러짐이 저의 탓은 아니로다
>
> -「괴석」(怪石) 전문

가람은 서재에 은거하여 뜻을 키우는 학자의 모습을 괴석에 비유한다. '얼음과 같이 차고 창백'한 학자의 '속'은 수양 과정의 엄격함과 냉철한 자기 반성을 의미한다. '헌신같이 초개에 버'린다는 시구는 사회의 요구에 기꺼이 희생하겠다는 의지의 표명이다. 민족 문화의 복원과 정치적 해방을 위한 목표를 위해서 자기 내면을 스스로 훈련시키는 것이다. 주지하다시피 이러한 가람의 유가적 출처관은 민족정신을 말살하려는 일제에 맞서 민족정신의 근본인 우리말과 글을 지키려는 필사의 노력에서 발현되었다.

> *거의 육십성상六十星霜에 이르러 내 깐으로는 꺽이어 볼 대로는 꺽이어 보았다. 그 파란이 많던 시대에 구사일생으로 남아 있는 것 아닌가? 사교도 사교요 명예도 명예지만 나는 다만 국학으로서 우리 독립국가를 도와 희생하고자 한다. 또 어학회 사건과 같은 정신의 일이라면 나는 영어되어 썩더라도 기쁘게 참가하겠다.* (이병기, 『가람문선』, 신구문화사, 1966, 206쪽.)

회갑을 넘어선 가람은 지내온 삶을 겸손하게 반성하고 남의 삶을 어떻게 살 것인지를 결의한다. 살아 남은 자의 죄의식으로서, 또 한편으로 살아 남은 자의 의무로서 학자의 소명을 밝히고 있다. 특히 조선어학회 사건을 회고하며 학자의 사회적 역할을 강조하고 있다. 가람이 공동체의 일원으로서 운명으로 여겼던 일은 학문이었으며 가람의 정체성은 학자였다. 가람의 시조에는 그 무엇보다도 올곧은 학문의 길을 걷는 한 인간의 내면 풍경과 성취 의지와 예술적 취향이 나타나 있다.

> *학문이란 그저 눈만 감고 앉아 궁리를 하는 것만이 아니고, 선진에게 배우고 익히고 체험도 해 보고 비판도 해 보며, 보다 더 바르게 크게 새롭게 나아가자는 것이다. …과연 학문은 오랜 전통을 이어 왔다. 마치 샘물이 냇물, 냇물이 강물, 강물이 바다를 이룸과 같다. 크면 클수록 이러하다. 이래서 한 체계도 세우고 조직도 하여 놀라운 독창도 할 수 있다.* (이병기, 「한국서지의 연구」, 『가람문선』, 신구문화사, 1966, 367쪽.)

2. 문학적 경계 인식

우리 문학에서 가람의 제일가는 업적은 가람이 일구어낸 고시조의 현대시조로의 혁신이다. 오늘날 시조는 민족 고유의 문학으로서뿐만 아니라 동시대적인 문학 장르로 통용되고 향유되고 있다. 이러한 전통으로부터 동시대로의 역사적 계승은 시조 이론에 대한 체계적 연구와 그에 대한 『가람 시조집』과 같은 실천이 있었기에 가능하였다. 오늘날 보편적 개념으로 자리잡은 평시조, 엇시조, 사설시조 등의 용어는 모두 가람에게서 비롯된 것이며 시조의 내용과 형식을 종래의 엄격한 정형에서 일정 정도의 암묵적 제한만 있는 자유형으로 확장시킨 것도 가람의 덕이 크다. 그러나 가람의 당대인 1920년대에 시조 문학의 위상은 위태로웠다.

> *1920년대는 시조 문학의 수난기였다. 이때는 시조무용론時調無用論이 대두되기도 하였을 뿐 아니라, 시조 시인도 극히 몇 사람에 국한되다시피 하였고, 작품의 질적인 면에서도 육당, 가람, 노산 등을 제하고는 이렇다 할 작품이 없었던 시기다. (임종찬, 『현대시조론』, 국학자료원, 1992, 137쪽.)*

이 시기에 시조 무용론이 대두된 것은 어쩌면 자연스러운 역사적 현상일지도 모른다. 한 체제가 그 내부의 모순으로 인해서 혁신을 요구받고 스스로 붕괴의 위기에 처할 때, 기존의 문화는 참과 거짓의 심사 없이 모두 부정의 대상이 된다. 구술 문화의 유산인 시조의 장르적 정체성은 이미 성숙한 문자문화에 의한 문학이 전개되고 있던 1920년대의 문학장에서 갱신의 대상이었다.

한 문화 공동체에 동일한 문자가 통용된다는 사실은 여러 가지 의미를 지닌다. 문자가 없는 문화에서는 누구도 문법적 오류를 저지르지 않는다. 이 문법의 존재로 인해서 문자는 동일 언어 공동체 내부에 어떤 획일적인 언어 사용을 부추기게 된다. 이를 기반으로 행정, 경제 등의 용어가 일원화되고 정신사적으로는 제주도 사람이나 함경도 사람이나 동일한 문화권에 있다는 환상을 갖게 된다. 이러한 문자 문화의 조건은 첫째, 표음문자가 완벽하게 정착되어야 한다. 둘째, 인쇄 산업에 의한 대량 생산과 언어 공동체 내부에서의 인쇄물의 활발한 유통이 이루어져야 한다. 셋째, 구술의 리듬을 대신할 정식 문법이 정립되어야 한다. 넷째, 매체로서 책의 물질적 형식과 저작권이 있어야 한다.

시조는 용어의 쓰임에 한문의 영향이 강하게 침윤되어 있었고 문文의 한 장르가 아니라 노래[歌]의 한 장르로 향유되었다. 시조는 읽는 것이 아니라 부르는 것이었으며, 설령 『청구영언』(靑丘永言)(1728)과 같은 시조집에 시조가 한글로 적혀 있더라도 그것은 노래의 악보에 덧붙여지는 가사에 불과했다. 마찬가지로 시조에는 일정한 저자가 없었으며 당연히 작품에 대한 저작권도 없었다. 그 작품을 누가 만들었느냐가 중요한 것이 아니라, 그 작품을 누가 현장에서 가창하느냐가 중요했다. 예를 들어, 「하여가」의 이방원이나 「단심가」의 정몽주는 허구의 작가일 가능성이 높다. 아주 쉬운 방증으로, 당시에는 한글이 없었다. 오히려 문화 공동체가 작품의 사실성과 극적 효과를 높이기 위해서 이방원이나 정몽주의 역사적 캐릭터를 간취했을 가능성이 더 높다.

가람은 생애사적으로나 학문적 배경으로나 구술 문화와 문자 문화의 간극을 메울 수 있는 절묘한 지점에 위치하고 있었다. 구술 문화의 시대에 태어나서 유년기에는 한자어를 통해서 언문 불일치라는 부족한 조건의 문자 문화를 향유했고 성인이 되어서는 언문일치의 문자 문화 자체를 주도하였다. 문자 문화에 익숙한 근대 지식인이자 전통 문예에 조예가 깊은 가람에게 시조는 단순히 한 문화권으로 지정할 수 없는 대상이었다. 구체적인 상황을 가정해 보면, 가람은 시조를 한편으로는 현장의 노래로서도 접했으며, 또 한편으로는 서지를 통한 독서로도 접했다. 이때 시조는 노래인가, 문학인가? 전통적인 구술 문학의 영향을 덜 받고 서구로부터 직통으로 유입된 문학 사조를 받아들인 시인들에게 이러한 고민은 없었다. 왜냐하면 그들에게 시詩는 처음부터 문자 문화였기 때문이다.

이러한 딜레마는 전통문학을 어떻게 근대의 형식에 대입할 것인가를 논구했던 최남선이나 이광수와 같은 근대문학 1세대들의 고민이었다. 최남선은 이러한 구술의 정형적인 율격을 혁신하고자 신체시를 썼다. 그러나 신체시는 정형률의 탈피를 너무 의식한 나머지 당시의 산문보다 더 산문적인, 그래서 시도 아니고 웅변도 아니고 소설도 아닌 글쓰기의 망설임과 불안이 엿보이는 장르에 머물고 말았다. 최남선이 생각하기에, 노래의 리듬을 지키면 그것은 여전히 노래에 머물게 되고, 노래의 리듬을 제외하면 그것은 산문이 되어서 시의 정체성을 벗어나 버린다. 그래서 최남선은 신체시 이후에 자유시로 나아가지 않고 다시 전통 부흥론으로 회귀한다. 그러나 경계의 위치에 있던 가람은 구술과 문사의 경계에서 시의 리듬을 인식했다. 이른바 가람은 시 장르의 정체성인 정형적인 리듬을 현대적 감각에 맞게 조정하는 수준에서 시조의 현대화를 시도하였다.

이런들 어떠하리 저런들 어떠하리
만수산 드렁칡이 얽혀진들 어떠하리
우리도 이같이 얽혀져 백년까지 누리리라

- 이방원, 「하여가」

얼마나 험하다 하리 오르면 오르는 이 길
물소리 끊어지고 흰 구름 일어나고
우러러 보이던 봉우리 발 아래로 놓인다

- 이병기, 「계곡」 중 6수

「하여가」의 장단은 가람 이전 고시조의 음수 · 음보율인 '3장 6구', '3장 12구'와 정확히 조응한다. 이에 반하여 가람은 이러한 정형화된 리듬 패턴을 지양하고 '3장 8구'의 형식을 주장하고 그에 맞게 시조를 창작한다. 아래의 표는 가람 연구가인 강관진이 여러 시조 이론가들의 음수 · 음보율을 정리한 것이다.

<table>
<tr><th></th><th colspan="2">3장 6구</th><th colspan="4">3장 12구</th><th colspan="4">3장 8구</th></tr>
<tr><td>초장</td><td>7(3, 4)</td><td>7(3, 4)</td><td>3</td><td>4</td><td>4(3)</td><td>4</td><td colspan="2">6-9</td><td colspan="2">6-9</td></tr>
<tr><td>중장</td><td>7(3, 4)</td><td>7(3, 4)</td><td>3</td><td>4</td><td>4(3)</td><td>4</td><td colspan="2">5-8</td><td colspan="2">6-9</td></tr>
<tr><td>종장</td><td>9(3, 6)</td><td>7(4, 3)</td><td>3</td><td>5</td><td>4</td><td>3</td><td>3</td><td>5-8</td><td>4-5</td><td>3-4</td></tr>
</table>

(강관진, 「가람 이병기 시조문학 연구」, 중앙대학교박사학위논문, 2014, 78쪽.)

이광수와 이은상 등은 3장 12구를 주장하였고, 최남선, 안자산, 이태극 등은 3장 6구를 주장하였다. 강관진에 따르면 6구와 12구의 구별은 하나의 구를 의미 단위로 보느냐, 음보 단위로 규정하느냐의 차이라고 한다. 이 설명에는 문자 문화에서 개별 독자에 따른 리듬의 자의성이 암시되어 있기도 한다. 가령, 의미 단위로 하나의 구는 '이런들 어떠하리'이지만 음보 단위로 개인에 따라서 '이런들/ 어떠하리'로 낭독되기도 하고 '이런들-어떠하리'로 낭독되기도 한다. 한편, 종장의 리듬이 이전과 변화를 보이는 것은 일종의 리듬의 '낯설게 하기[defamiliarization]'를 통한 의미의 강조이다. 왜냐하면 종장에 이르러서 작가가 강조하고자 하는 주제가 확연해지기 때문이다. 이미 설명한 것에서 나타난 것처럼 시조창이 아닌 지면에서의 낭독은 독자의 자율성을 규칙화할 수 없으며, 이러한 내면화된 리듬이 현대시의 특징이다. 가람이 주장한 3장 8구가 종전의 것과 확연하게 구별되는 지점은 음수의 폭을 넓게 지정한 것이다. 그것은 지면에서 낭독의 자율성을 강조한 것이다. 「계곡」은 가람이 자신의 이론을 실천한 것으로 기존의 음수율로는 읽혀지지 않는다. 당대에 이 3장 8구의 형식은 공감을 얻지 못했지만, 현대시조에서 「계곡」과 같은 '허용된 자율'은 쉽게 보인다.

적막이 스멀스멀 번져가는 좁은 방 안,
남편과 아이 사이에 시르죽은 그녀가 있다
쉰 넘어 가늘어진 생 실꾸리에 감긴다

물때 낀 나날을 닦고 또 닦는 여자 거칠고 마른 입술
들썩일 때마다 새나온 깊은 한숨으로 아침을 짓는다

작년 가을 어귀에서 그이 떠나보내고 한참을 에돌아 와
다시 앉은 그 자리, 슬픔에 절여진 꿈이 덩그러니 놓인다

안으로 빗장 지른 밤들이 우거진다 걸어온 길은 모두
까맣게 지워진다 그 옛날 청동 거울 속 멀어지는 풍경 하나

- 이송희, 「잃어버린 거울」 (제2회 가람시조신인문학상 수상작, 2010)

이송희의 작품은 고시조의 정형성을 기준으로 보면 장르의 형식을 벗어난 것처럼 보인다. 그러나 가람의 의견에 비추어 보면 이 작품은 리듬의 자율 속에서도 시조의 전통적 맥락을 보존하고 있다. 1수 초장의 리듬을 살펴보자. 시작은 정형적인 3, 4조이고 다음 음보는 약간의 일탈이 일어난다. '번져가는 좁은 방 안'은 음수만 세었을 때는 4, 4조이지만 휴지休止를 고려하면 4, 5조에서 4, 6조 사이의 어디쯤으로 읽힌다. 기대 지평의 경계를 넘지 않은 선에서 리듬의 긴장을 불

어넣고 있는 것이다. 종장 첫 어절 '쉰 넘어' 역시 형태상으로는 정형격인 3음절이지만 장단과 휴지를 고려하면 실제 낭독에서는 한 음보를 벗어날 듯 벗어나지 않으면서 절묘한 경계에 머무른다. 이로서 이 현대시조는 정서적인 측면에서 남편을 잃은 한 여인의 생활 속에서 느끼는 남편의 부재라는 현대적 감각을 형상화하고, 형식적인 측면에서 시조의 기대지평을 환기시켜서 고요하고 쓸쓸하고 파리한 고전적 감각을 형상화한다. 가람의 의도대로 현대인이 소소한 일상을 전통 장르의 기대 지평에 접맥한 것이다.

> 바람이 서늘도 하여 뜰앞에 나섰더니
> 서산西山 머리에 하늘은 구름을 벗어나고
> 산듯한 초사흘 달이 별과 함께 나오더라
>
> 달은 넘어가고 별만 서로 반짝인다
> 저 별은 뉘 별이며 내 별 또한 어느 게오
> 잠자코 호올로 서서 별을 헤어 보노라

-「별」 전문

가람의 개방적이고 진취적인 시조 창작론은 의고적인 시조 장르에서 「별」과 같은 동화적 상상력이 깃든 작품을 가능하게 한다. 가람은 이미 근대문학의 형성기에 현대 시조에 보이는 탈장르적인 주제의 작품을 창작했다. '달', '별', '바람', '구름' 등은 고시조에 자주 등장하는 소재이다. 문제적인 것은 가람이 이러한 소재를 의미화하는 방법이다. 이 작품의 배경을 이루는 '뜰'은 지극히 개인적인 공간인 가람의 집 마당이다. '달'과 '별'도 개인의 소망과 그리움과 고독을 의미한다. 고시조는 의미에서는 공동체 전체의 윤리를 짊어져야 하고 율격에서는 전달의 용이성을 위해서 엄격한 정형률을 지켜야 한다. 자유로운 사유는 이러한 규칙이 느슨해진 틈을 통해서 시작된다. 이 사유의 자유는 먼저 개인의 상상력에 활기를 부여하고 이 활기에 알맞은 리듬을 찾게 한다. 이러한 자유로운 개인의 상상력과 그 형식이 곧 문학의 근대성이다.

3. 문자 문화 시대에서의 시조의 혁신

1930년대는 전국의 각지에서 인쇄 산업이 활성화되고 서구의 문학 양식을 익힌 유학생들이 대거 귀국하고 각종 잡지가 창간되던 시기이다. 이 시기는 책의 형식이 최소한 지식인들 사이에서는 충분히 내면화된다. 산문에서나 운문에서나 고전적인 낭독의 독서법이 묵독으로 완전히 전환된 것이다. 낭독이 우선시되는 상르는 낭독의 현장이 필요하다. 이 낭독의 현장은 윤리적으로나 문화적으로나 공동체의 합의가 필요하므로, 그 내용 역시 공동체의 보편적인 정서를 담고 있었다. 묵독의 체계에서 낭독의 체계인 시조가 살아남기 위해서는 형식에서나 내용에서나 어떤 혁신적인 변화가 나타나야만 했다.

> 시는 짓기도 쓰기도 잘 하려니와 또한 읽기도 잘 하여야 한다. …낭독이든 묵독이든 어느 것이든 자기의 마음대로 할 것이다. (이병기, 「시조는 혁신하자」, 『가람문선』, 신구문화사, 1966, 330쪽.)

'낭독이든 묵독이든 …마음대로' 시조를 읽는다는 것은 사실상 고시조 창의 곡조와 낭독의 정형률에 대한 준수가 문자 문화에서는 무의미함을 의미한다. 구술문화의 시(노래)가 청각에 지배되는 장르라면 문자 문화의 시는 시각에 지배되는 장르이다. 문자 문화의 시에서는 지면을 통해서 인지되는 시어와 구절과 행과 연이 확정 지을 수 있는 음악적 요소의 대부분이다. 근대시는 시의 정체성을 훼손하지 않는 범주에서 최대한 자유로운 율격, 이른바 내재율을 통하여 리듬을 구사한다. 가람은 시 장르의 이러한 구술과 문자에 걸친 이중적이고 탈경계적인 속성을 정확하게 파악하고 있었다. 가람의 '시조 혁신론'의 각론은 모두 전근대에서 근대로의, 구술 문화에서 문자 문화로 이행에 필요한 요소들을 담고 있다.

가람은 시조의 혁신을 이론과 창작이라는 양면으로 실천했다. 「시조는 혁신하자」(동아일보 1932. 1. 7.)와 『시조의 개설과 창작』(전북일보출판국, 1957) 등에서 혁신적인 시조 이론을 주창했다. 가람의 시조 혁신론은 크게 네 분류로 압축된다.

첫째는 실감실정實感實情의 표현이다. 고시조의 상투적인 주제인 연군, 회고, 고사의 인용, 교훈 등의 거시적인 정서를 벗어나 개인의 생활과 밀착된 감정을 표현하자는 것이 실감실정의 내용이다.

둘째는 취재 범주의 확장이다. '첫째 혁신론'과 관계되는 것으로서 고시조에서 주로 활용되는 존귀한 소재들인 왕후, 장상, 영웅, 호걸, 매, 난 국, 죽, 용봉구린龍鳳龜麟 등의 소재에서 벗어나 일상에서 쉽게 마주치는 사소한 것까지로 소재를 확장하자는 것이 취재 범주 확장의 내용이다.

셋째는 용어의 삼수數三이다. 이 혁신론은 시어 선택의 자율성을 보장하고 지나치게 의고적인 문체에서 탈피하자는 것이다. 가령 어즈버, -하노라, -보세, -리라 등 정형화된 시조의 문체를 탈피하여 근대적인 사상을 표현할 수 있는 일상적인 문체를 구축하자는 것이다.

마지막으로 고시조의 곡조曲調를 격조格調로 대체하는 것이다. 앞서의 혁신론이 다분히 시조의 내용에 집중한 변혁의 요구였다면, 격조는 형식적으로 고시조를 지탱하던 음악적 요소를 변혁하자는 요구이다. 격조는 가람이 '3장 8구체설'에서 주장하던 시의 음악성과는 다른 차원의 음악적 혁신론이다. 비유하자면 3

장 8구체설이 작품 전체의 길이와 각 어구의 길이를 규정하는 이론이라면, 격조는 시어 제각각의 음악적 요소, 각 시어의 소리의 높낮이, 길고 짧음, 크고 작음 등을 규정하는 이론이다.

가람은 전통문화로서 시조 장르가 수용해야 할 시대적 요구를 정확하게 간파하고 있었다. 가람이 혁신론으로 내세운 것은 모두 문자 문화에서 요구하는 시조의 변이들이었다. 실감실정의 표현이나 취재 범주의 확장은 공동체에서 개인으로의 창작 주체가 이행되었을 때 나타나는 현상이다. 고시조는 공동체의 염원이나 필요성에 의해서 창작되고 가창되었기 때문에 개성이 드러나지 않는다. 구술 문화에서의 시조는 음악적인 면에서 많은 사람들이 부를 수 있게 하기 위해서 정형화된 패턴이 존재한다. 주제적인 면에서도 고시조는 공동체에서 합의된 윤리적 내용을 다룬다. 문자 문화에서 이러한 구술 문화적인 내용과 형식은 통용되지 않는다. 무엇보다도 매체의 변화에 의해서 가창의 현장 자체가 사라진다. 가람은 이러한 매체의 변화에 시조가 어떻게 적응해야 하는지를, 그래서 시조가 수구가 아닌 전통으로 남기 위해서 어떻게 해야 하는지를 시조 혁신론에서 고민한 것이다.

짐을 메어 놓고 떠나려 하시는 이날
어두운 새벽부터 시름없이 내리는 비
내일도 내리오소서 연일 두고 오소서

부디 머나먼 길 떠나지 마오시라
날이 저물도록 시름없이 내리는 비
저으기 말리는 정은 나보다도 더하오

잡았던 그 소매를 뿌리치고 떠나신다
갑자기 꿈을 깨니 반가운 빗소리라
매어 둔 짐을 보고는 눈을 도로 감으오

-「비 2」 전문

들마다 늦은 가을 찬바람이 움즉이네
벼이삭 수수이삭 으슬으슬 속살이고
밭머리 해그림자도 바쁜듯이 가누나
무배추 밭머리에 바구니 던져두고
젖먹는 어린 아이 안고 앉은 어미마음
늦가을 저믄 날에도 바쁜줄을 모르네

-「저무는 가을」 전문

바람은 어이하여 만고에 불어 있고
구름은 무삼일로 팔방으로 달리는고
무어라 천지의 일이오니 보고 놀라 하노라

- 이광수, 제목 없음

가람은 고시조의 고상한 소재와는 다르게 일상의 사소한 소재를 취하여 작품을 쓰고 있다. 그 작품의 주제는 소재를 통한 거대 사상의 나열도, 임금을 향한 흠모도, 역사에 대한 회고적 판단도 아니다. 가람은 선택된 소재를 자연 그대로 관찰하여 일상의 사건에 대입한다. 연시조인 「비」에서 '비'를 객관적 상관물로 삼아서 인간사의 만남과 헤어짐의 정서를 담담하게 진술한다. 이때 서정적 자아의 감정은 직접적으로 노출되지 않고 안개에 쌓인 것처럼 어슴푸레하게 독자에게로 전달된다. 현대시의 주요한 특질인 의미의 애매성[ambiguity]을 통하여 독자와의 미적 거리를 확보하는 것이다. 독자는 이 미적 거리를 자신의 상념으로 상쇄하기 위해서 작품이 지시하는 현장에 깊숙하게 참여하게 된다. 「저무는 가을」은 계절감을 사생寫生한 작품이다. 사생된 자연은 거대 담론을 상징하지 않고 자연 그대로 다시 남는다. 작가는 사생을 통해서 비춰지는 자신의 메시지를 생략함으로써 의미의 여백을 남겨 놓는다. 가람은 현대적 감각을 전통 시조의 형식 속에서 구현하고 있는 것이다.

이광수의 시조를 살펴보자. 일단 이 시조는 제목이 없다. 이광수나 최남선은 고시조의 관례에 따라서 시조에 제목을 붙이지 않았다. 왜냐하면 제목[list, title]은 책의 형식에서만 나타나는 요소이기 때문이다. 인용시에 나타난 '만고에 불어 있고', '-는고', '무어라', '-히노라' 등은 바로 가람이 지양했던 고시조의 상투적 표현들이었다. 시조에 익숙한 사람들이라면 인용 시의 문체와 주제가 옛 시조의 반복이라는 것을 알 수 있을 것이다. 이 시조는 개인의 창작물이라기보다는 공동체의 유산을 개인이 전유한 것이라고 볼 수 있다. 이 외에도 현대시에서 자주 사용되는 "A는 날더러 B가 되라 하고 C는 날더러 D가 되라하네"라는 표현 역시 상투적 표현이다. 이 표현은 신경림의 「목계장터」, 김남주의 「죽창가」, 하덕규의 「한계령」(양희은 노래)에도 쓰인다. 이러한 고시조가 무의미하다는 것이 가람의 논지가 아니다. 이러한 고시조의 표현은 문자 문화의 시대에 존속할 수 없다는 것이 가람의 논지이다.

가람의 '시조 혁신론'에서 가장 진보적인 부분은 격조이다. 김윤식은 가람의 격조를 고시조의 '곡조'를 대치한 이론적인 탁견이라고 평가한다. 이 '격조'의 개념은 동시대[contemporary]의 시론에서 전개되는 리듬에 관한 이론에 견주어도 전혀 뒤처지지 않을 정도로 탁월하다.

격조는 과연 음악과 다르다. 음악은 소리 그것에만 의미 있을 뿐이지마는, 격조는 그 말과 소리가 합치한 그것에 있다. 그러므로 말을 떠나서는 격조도 없다. 그런데 시조의 격조는 그 작가자신의 감정으로 흘러나오는 리듬에서 생기며, 동시에 그 작품의 내용의미와 조화되는 그것이라야 한다. 그렇지 않으면 딴 것이 되어 버린다. (이병기, 「시조는 혁신하자」, 『가람문선』, 신구문화사, 1966, 327쪽.)

격조의 이론적 탁월함은 문자 문화에서 "시란 무엇인가?"라는 근원적인 질문에까지 닿게 한다. 일반 언어에서 표현하는 것(기표)과 표현된 것(기의)이 자의적으로 연결되어 있다면 시어는 가람이 말하는 것처럼 '말과 소리가 합치한 그것'이다. 가령 '나무'라는 문자 표현은 실제 나무의 속성과는 아무런 논리적 관계가 없다. 다시 말하면 물리적인 '나무'가 반드시 문자적인 '나무'일 필연성은 없다. '나무'는 '나물'이나 '너무' 등 다른 표현과의 차이 때문에 발생한 음운론적으로만 필연적인 결과물이다. 원시 언어에서는 언어의 주술적 효과가 살아 있었다고 한다. "번개가 친다"라고 말하면 실제 번개가 치는 것과 같은 효과가 나타났다. 언어가 현장의 표현이 아닌 메시지의 전달의 역할을 하게 되면서 이러한 주술적 효과는 점차적으로 사라지게 된다. 특히 문자가 발명되고 언어가 시각적으로 인지되면서 소리의 현장성이 감소함에 따라서 이른바 소리와 의미의 상동성은 더욱 감소하게 된다(가령 '캄캄하다〉깜깜하다〉감감하다', '낳다→넣다→놓다→눟다'의 언어 효과는 문자 문화에도 남아 있는 상동성의 흔적이라고 할 수 있다). 시는 잃어버린 언어의 신화를 되찾아서 언어가 사물 그대로 지면에서 살아나게 하는 것이다. 격조格調의 말 그대로, 그 사물에 맞는 소리를 찾아주는 것이 현대시의 사명이다.

외어 두고 두고 그립어 하든 그대
다만 믿어 오기 고운 그 맘이려나
이제야 보는 얼굴도 맘과 다름 없고나

그리 아오실이 몇몇이나 있으리오

머리를 조으고 간절히 비옵노니

처음에 맹서하시든 그뜻 잊지 마오라

-「그 뜻」 전문

「그 뜻」은 가람의 시조 중에서 연정을 주제로 하는 희소한 작품이다. 이 시조는 격조의 사용에서 고시조의 구태성과 거리를 두고 있다. '외어 두고 두고'에서 나타난 것처럼 생활과 밀착된 언어를 적극적으로 사용하고 있다. 특히 '그대', '그-', '이제야'처럼 근대 문학의 문체인 지시어가 시어로 채택되고 있는 점은 주목할 만하다. 이것은 문학을 문자로 인식하고 있다는 문체적 표식이기 때문이다. '두고'의 반복은 그 의미의 강조를 리듬으로 대신하는 것이다. '맘이려나'에서 '-려니'는 사랑의 밍실임과 의구심을 드러내는 문체이다. '아오실이'는 '아실 이'를 늘여 쓴 것인데, 이를 통해서 작가의 개성과 현시가 드러난다. 지금까지 말한 이 시어의 효과들은 의미와 소리의 조화를 추구하는 격조의 개념으로 설명될 수 있는 것들이다. 고시조에서는 감정의 흐름을 곡조가 대신하였다. 가사는 그러한 곡조에 종속된 요소였다. 문자 문화에서 시조는 시어의 의미와 소리 자체가 이 곡조를 대신해야 한다. 하나의 사물이 주술처럼 진짜로 문면에 나타나게 하기 위해서는 '그 내용의미와 조화되는' 정확한 시어를 선택해야 한다. 이때 언어는 자의적인 것이 아니라 필연적인 하나의 사물이 된다.

시대적으로 가람은 구술 문화와 문자 문화의 경계에서 경계인다운 사유로 시조의 혁신을 일구어 냈다. 시는 소설과 같은 전적인 문자 문화의 장르도 아니고 노래와 같은 전적인 구술 문화의 장르도 아니다. 오늘날의 현대시도 마찬가지로 구술 문화적인 리듬과 문자 문화적인 내용을 동시에 포함하고 있다. 말하자면 문화적 경계 자체가 시의 정체성이다. 그런 점에서 구술 문화와 문자 문화의 경계적 위치에 시조의 형식과 내용을 옮겨 놓은 가람의 업적은 문학사적으로 높이 평가받아야 할 부분이라고 할 수 있다.

2부

서양인문고전

1장

향 연
Symposion

플라톤
PlatĐn

01

주요 용어 해설

1. 에로스

그리스 신화에서 에로스는 사랑의 신을 의미한다. 로마 신화에서는 쿠피도 Cupido 또는 아모르Amor라고 불린다. 고대 그리스어와 라틴어에서 문자적으로는 욕망[desire]을 의미한다. 에로스의 출생에 관해 헤시오도스는 『신통기』에서 에로스를 세계 생성 시에 카오스(혼돈)에 이어서 가이야(대지) 및 카르타로스(심연)와 함께 태어난, 신들 중에서도 가장 아름다운 신이라고 하였다. 또한 아리스토파네스의 희극 『새』 중에서 오래된 오르페우스교의 교의를 인용해서 에로스를 아직 대지도, 대기도, 천공도 없을 때, 밤의 여신 닉스Nyx가 가져온 세계의 알에서 태어난 만물의 창조자라고 하였다. 미술이나 문학에서는 많은 경우 에로스는 아프로디테의 아들이라고 하며, 가끔 이 여신의 동반자로써, 때로는 복수로 표현되었다.

플라톤의 『향연』에 등장하는 에로스는 철학적으로 분석된 사랑 개념이다. 플라톤은 에로스가 절대 선과 절대미를 결여하고 있기 때문에 그것을 추구하는 다이몬으로써 에로스의 「사랑의 길」을 묘사하고 있다. 이는 에로스가 결여된 것에 대한 획득 충동임을 함의한다. 플라톤은 이렇듯 지상의 여러 아름다운 사물에 대한 인식에서 출발해서 신적인 아름다움까지 이르는 에로스의 모습을 그리고 있다. 그는 이 상승의 길이 '지혜에 대한 사랑', 즉 철학하는 길이라고 설명한다. 이것이 헬레니즘의 에로스 개념이라면 헤브라이즘의 에로스 개념은 좀 다르다. 『신약성서』에 나타난 사랑, 아가페agapĐ는 죄 없이 인간의 고통을 짊어져 십자가에 매달린 예수로 구현되는 사랑이다. 이는 인간의 죄에도 불구하고 신으로부터 받은 절대적인 사랑이다. 이것은 인간의 상승의 길이 아니라, 신의 하강의 길이다. 단순한 육체적 · 성적 욕망을 극복하려는 철학적 시도는 이 대조적인 에로스와 아가페라는 두 가지 사랑 개념을 통해서 역사적으로 전개되었다. 르네상스에서는 전자가, 원시 기독교나 종교개혁에서는 후자가 커다란 역할을 수행했다.

2. 행복[eudaimonia]

보통 행복으로 번역되는 그리스말은 에우다이모니아이다. 이것의 보다 엄밀한 의미는 '인간 번영[human flourishing]'이다. 어원적으로 이 말은 eu(좋은)+daimon(정령)으로 구성되어 있다. 따라서 에우다이모니아의 문자적 의미는 자애로운 신과 같은 상태에 도달하는 것이다. 이 의미가 확장되어서 신의 호의를 입은 자, 즉 행운아라든지 축복받은 자들까지도 에우다이모니아 개념에 해당한다. 소크라테스에 따르면 모든 인간은 다른 무엇보다도 에우다이모니아를 원한다.(『변론』, 30b) 그런데 이것에 이르기 위해서는 덕[aretÐ]이 요구된다. 그는 우리가 행복한 삶을 살기 위해서는 영혼의 속성으로써 용기, 지혜, 절제와 같은 덕들을 갖춰야 한다고 생각했다. 덕이 없으면 행복은 불가능하다.(『메논』, 88c) 따라서 소크라테스는 단순하게 육체적 쾌락이나 명예가 행복한 삶이라는 주장에 반대한다. 이 때문에 그는 영혼을 돌보는 것보다 육체나 부나 명예를 탐닉하는 아테네인들을 등에 비유를 통해서 신랄하게 비판하고 있다.(『변론』, 29e) 우리가 진정으로 행복해지기 위해서는 도덕적인 덕들을 실천함으로써 우리 영혼이 가능한한 최고의 상태에 놓여있어야 한다. 영혼의 건강이 많은 부나 정치적 권력을 얻는 것보다 중요한다. 역사 속에 수많은 위대한 인물들이 이를 증명하고 있다. 소크라테스에 따르면 영혼의 완성이 가장 중요한 선이자 행복의 원천이다.(『크리톤』, 47e-48a)

3. 욕망[epithymia]

현대 탈근대 철학자들은 욕망만이 인간의 본질이라고 말한다. 왜냐하면 욕망은 인간이 자신의 존재를 지속시킬 수 있도록 인간에게 삶의 활력을 불어넣기 때문이다. 그래서 이들은 스피노자의 '코나투스conatus' 개념과 프로이트의 '리비도libido' 개념을 수용한다. 이 때문에 욕망은 '개별화의 원리'라고 간주된다. 왜냐하면 욕망에 의해 인간은 서로 구별되기 때문이다. 우리가 좋아하는 취향과 색깔이 다른 사람들과 우리를 구분해주는 주체성을 만들어준다. 그러나 플라톤은 욕망에 대해서 다른 생각을 가지고 있었다. 그에 따르면 인간의 영혼은 이성[logos], 욕망, 기개[thymos]로 구성된다. 인간은 단지 욕망만으로 환원되는 존재가 아니다. 욕망은 머리를 자르면 자를수록 머리가 다시 생기는 히드라처럼 야만적이고 혼란스러운 존재이다. 그것은 인간의 유일한 본성이 아니다. 오히려 우리 안에는 욕망의 본질적인 다양성과 로고스의 통일성이 대립된다. 이 다루기 힘든 욕망들을 전체적인 하나의 조화 속에 담아두려고 하는 로고스가 우리 안에 존재한다. 『향연』에서 플라톤이 주목하고 있는 점은 욕망이 '결핍'으로서 존재한다는 것이다. 이런 욕망의 충족은 쾌락을 산출한다. 그런데 이 충족의 순간은 일시적이고 다시 다른 욕망이 생겨난다. 따라서 욕망은 그 자체로 고통이다. 이를 벗어날 수 있는 길은 플라톤에 따르면 욕망을 육체적 쾌락이 아닌 절대적인 아름다움에 대한 욕망으로 전환시키는 길이다.

02

작가의 생애와 시대 배경

플라톤은 기원전 428-7년에 태어나서 기원전 348-7년에 죽었다. 그는 아테네의 귀족 출신인 아버지 아리스톤과 어머니 페릭티오네 사이에서 태어났다. 그의 형제로는 형 둘(글라우콘, 아데이만토스)과 누이 하나(포토네)가 있었다. 그가 태어났을 때 소크라테스는 42살이었다.

아버지 아리스톤은 일찍 돌아가셨다. 어머니 페릭티오네는 솔론의 친척이었고 남편과 사별 후 페리클레스와 친분이 두터웠던 퓌리람페스와 재혼하여 안티폰을 낳는다. 그녀의 친척중에 카르미데스와 크리티아스는 30인 과두정권에 참여한다.

플라톤과 소크라테스의 교분은 그의 이십대부터 시작된다. 스승의 사상에 매료된 후 플라톤은 문학보다는 철학에 매진하게 되었다. 플라톤과 그의 스승 소크라테스의 철학 사상은 당시 그리스 정치 상황과도 밀접한 관련을 갖고 있었다. 펠로폰네소스전쟁이 벌어지는 동안 아테네 내부에서는 민주주의 세력과 귀족주의 정파 간의 갈등이 지속되고 있었다. 민주주의 정권은 소크라테스를 귀족주의의 본보기로 처형하였다. 소크라테스는 기원전 399년 70세에 사형 선고를 받고 처형된다. 이 사건은 플라톤에게 매우 큰 충격을 가져다 주었다. 당시 28세로 정치 지망생이었던 플라톤은 이 사건을 계기로 철학에 전념하게 된다. 민주주의에 대한 플라톤의 비판적인 시각은 이렇듯 스승의 죽음으로 인해 더욱 극대화되었다. 플라톤은 철인哲人의 국가통치 이론을 내세웠으며 시민 가운데 통치자 계급을 따로 두어 정치를 맡겨야 한다고 주장했다.

플라톤은 당시 시대적 상황을 목도하면서 더욱더 현실 정치로부터 거리두기를 시도한다. 펠로폰네소스 전쟁 직후(기원전 404) 30인 과두 정권의 무자비하고 전제적인 공포 정치는 많은 이들에게 실망을 안겨다 주었다. 다행히도 민주 정권이 들어서면서 과두정권이 90일 천하로 막을 내리게 된다. 그러나 스승 소크라테스의 죽음에서 보듯이 아테네의 민주정은 이름만 민주정이었을 뿐, 진정한 민주주의라기보다는 중의 정치에 더 가까웠다. 플라톤은 이런 민주정의 폐허를 지적하면서 철인왕이라는 귀족정을 지향한다.

소크라테스 사후 40세까지 플라톤은 크게 주목할 만한 행보를 보여주지 않았다. 그가 40세 되던 해에 2년 간 남부 이탈리아와 시켈리아(시칠리아)를 여행한다. 그는 시켈리아의 시라쿠사이에서 참주 디오니시오스 1세의 처남인 21살의 디온을 만난다. 그는 철인왕 이념을 구현하기 위해서 디온에게 관심을 갖기 시작했다. 그후 그는 42세에 아테네로 돌아와서 아카데미아 학원을 세우고 학문 활동을 시작한다. 그후 몇 차례 시켈리아를 방문하지만 번번히 그의 정치적 이상의 실현하려는 시도는 실패로 되돌아간다. 그는 아카데미아에서 저술과 학문 활동을 계속하다가 기원전 347년 80세로 생을 마감한다. 그가 죽은 후 아카데미아는 누나인 포토네의 아들 스페우시포스가 이어받게 된다. 아카데미아 학원은 6세기까지 이어져 내려온다.

03 작품 읽기

1. 문제 제기

행복이란 무엇일까? 현대인들은 행복을 쾌락으로 생각하는 경향이 있다. 우리는 어떤 욕망을 충족시킬 때 쾌락을 느끼고 그것이 행복이라고 간주한다. 그리고 그런 쾌락을 누릴 수 있는 자유를 인간의 기본적 권리로 생각한다. 그렇다면 행복은 욕망이 실현되어 발생하는 만족감을 의미하는 반면, 불행은 욕망이 좌절되어 일어나는 고통, 즉 불만족을 의미한다. 결과적으로 우리는 행복해지기 위해서는 더 많은 욕망을 가져야 하고 또한 그 욕망을 채울 수 있는 능력을 가져야 한다. 그렇다면 욕망은 행복의 필요조건이고 그 자체로 좋은 것이라고 할 수 있다.

'욕망이 절대선'이라는 생각은 현대 자본주의 사회를 움직이는 이데올로기이다. 소비사회는 물질적 풍요로움을 가져다줄 수 있다는 미명 아래 끊임없이 새로운 욕망을 창출하고 있다. 인간은 근본적으로 욕망을 가진 동물이다. 그리고 많은 욕망을 추구하고 그것들을 소비하는 것이 자본주의에서 말하는 행복이다. 각자는 자신이 갖는 욕망으로 차별화되고 정의된다. 우리는 욕망을 통해서 자신의 정체성을 만들어간다. 입는 것, 먹는 것, 쇼핑하는 모든 것들이 우리 욕망의 계발이나 만족과 관련되어 있다. 따라서 들뢰즈는 『앙티 오이디프스』에서 욕망이란 인간에게 환희를 주는 창조적인 역동성이자 생명력을 주는 힘이라고 주장한다. 그 결과 욕망을 정죄하는 모든 도덕과 종교적 전통은 의문시되어야 한다. 또한 욕망을 결핍으로 간주하고 그것을 부정적으로 간주하는 철학 전통들도 해체되어야 한다. 이 때문에 들뢰즈는 스피노자와 니체의 형이상학을 통해서 욕망을 찬양하고 있다.

그런데 이런 욕망 중에 성적 욕망은 인간의 기본적 욕망에 속하는 것처럼 보인다. 그래서 프로이트는 『정신분석학입문』에서 인간으로부터 파괴적 욕망을 제외한다면 거의 모든 인간의 욕망은 성적 요소를 갖는다고 말한다. 성적 결합은 단순히 종족 보존을 위한 수단이 아니라 쾌락적 욕망을 충족시키기 위한 것이다. 따라서 우리가 행복해지기 위해서라면 이런 성적 욕망을 억압되거나 수치스러운 것으로 간주해서는 안 된다.

그러나 성적 욕망을 모든 욕망 중의 으뜸이며 진정한 욕망이라고 간주할 수 있을까? 현대의 성 이데올로기는 고급 문화나 목적을 추구하는 삶보다 자연적 욕구나 원시적인 성적 욕망의 충족에 좀 더 가치를 부여하고 있는 것처럼 보인다. 그리고 매우 천박한 욕망의 틀에 저항하는 사람들을 '성적 억압'이라는 범주로 상처를 입히려고 한다. 동물이 아니라 인간으로서 성적 욕망을 고려한다면, 우리는 그것을 어떤 방식으로 고양시키고 승화시킬 수 있을까? 2,500년 전, 현대와 같은 성적 문란함을 지켜보면서 소크라테스는 사랑에 대해 지금과는 다른 주장을 하고 있다. 그는 매우 색다른 방식으로 성적 욕망을 통해서 행복에 도달할 수 있는 방법을 논의하고 있다. 이제 그의 이야기를 들어보자.

2. 내용 구분*

1) 아폴로도로스의 도입(171a1-174a2)
2) 아리스토데모스의 향연 이야기(174a3-175e10)
3) 향연 방식과 주제 결정하기(176a1-178a5)
   (1) 향연의 진행 방식에 대한 참가자들의 이야기(176a1-e10)
   (2) 에뤽시마코스의 연설 주제 제안(177a1-178a5)
4) 파이드로스의 연설(178a6-180b8)
5) 파우사니아스의 연설(180c1-185c3)
6) 아리스토파네스의 딸꾹질(185c4-e5)
7) 에뤽시마코스의 연설(185e6-188e4)
8) 웃음에 관한 공방(189a1-c1)

---

* 기준 판본은 옥스퍼드 고전 텍스트[Oxford Classical Texts]의 『향연』이다. 쪽수 표기는 이 판본에 언급된 '스테파누스 쪽수[Stephanus Numbers]'를 따르고 있다. 예: '171a1'.

9) 아리스토파네스 연설(189c2-193e2)

10) 소크라테스의 염려(193e3-194e3)

11) 아가톤의 연설(194e4-197e8)

12) 소크라테스의 계속되는 염려(198a1-199c2)

13) 소크라테스의 이야기(199c3-212c3)

(1) 소크라테스와 아가톤의 대화(199c3-201c9)

(2) 디오티마 이야기(201d1-212a7)

ⓐ 에로스의 특성: 중간자(201d1-203a8)

ⓑ 에로스의 기원과 본성(203a8-204c6)

ⓒ 에로스의 정의: 좋은 것을 항상 소유하려는 욕구(204c7-206a13)

ⓓ 에로스의 기능: 아름다움 속에서 출산(206b1-207a4)

ⓔ 에로스의 원인: 새로운 것의 출산을 통한 불사(207a5-208b6)

ⓕ 에로스의 효과: 불사의 자식(208b7-209e4)

ⓖ 에로스의 사다리: 아름다움 자체에 대한 지식으로 상승(209e5-12a7)

(3) 소크라테스의 결론: 에로스로의 권유(212b1-c3)

14) 알키비아데스의 등장(212c4-215a3)

15) 알키비아데스의 연설(215a4-222b7)

(1) 모상을 통한 찬양: 실레노스/사튀로스의 유사성(215a4-216c3)

(2) 아이러니와 방자함/절제(216c4-219e5)

(3) 인내와 용기(219e5-221c)

(4) 독특함(221c2-222b7)

16) 소크라테스의 답변(222c1-223a9)

17) 향연의 마무리(223b1-d12)

3. 등장인물

아폴로도로스	이 글에서 전체 이야기를 들려주는 사람이다. 소크라테스와 관련해서 플라톤과 크세노폰의 작품 속에서만 등장한다
글라우콘	아폴로도로스로부터 향연 이야기를 전해 듣는 친구로 등장한다. 플라톤의 외할아버지와 친형도 글라우콘이란 이름을 사용하고 있다.
포이닉스	172b에 언급되고 있지만 누군지 알려져 있지 않다.
아리스토데모스	향연 이야기를 아폴로도로스에게 들려주는 사람으로 나온다. 173b에 따르면 퀴다테나이온 출신으로 소크라테스의 추종자로 간주된다.
파이드로스	뮈르니누스 출신으로 에뤽시마코스와 친구 사이이다. 기원전 415년 알키비아데스처럼 종교적 사건 때문에 아테네에서 추방된다. 전쟁 후 기원전 404년에 사면을 받아 아테네로 귀향한다. 기원전 393년 사망한다.
파우사니아스	『프로타고라스』와 크세노폰의 『향연』에도 등장한다. 아가톤과 연인관계였다.
에뤽시마코스	기원전 448년 출생. 의사 아쿠메노스의 아들이며 그 자신도 의사였다.
아리스토파네스	기원전 450-기원전 386년. 아테네의 유명한 희극 작가였다. 11개 작품들이 남아있다.
아가톤	기원전 445년 출생. 이 글에서는 기원전 416년 비극 경연 대회에서 최초로 우승한 잘생긴 청년이었다. 기원전 408년 경 마케도니아로 이주하여 기원전 399년 사망한다.
소크라테스	기원전 469-기원전 399년. 5세기 후반 아테네의 철학자였다. 그의 철학은 제자 플라톤이나 크세노폰의 작품들을 통해서 전해진다. 이 글에서는 50대 초반으로 남성으로 등장한다.
디오티마	플라톤이 이 작품을 위해 만든 가공적인 인물.
알키비아데스	기원전 451-기원전 404년. 페리클레스의 후견을 통해 양육되었다. 펠로폰네소스 전쟁을 지휘한 장군이었으나 개인적 야망 때문에 조국 아테네를 배신하게 된다. 뛰어난 정치적 · 군사적 능력과 수려한 외모를 타고 태어났다. 배신에 배신을 거듭하다가 기원전 404년 스타르타의 첩자에 의해서 암살당한다.

4. 작품 안내

『향연』은 에로스(사랑)의 탄생과 목적 그리고 본성에 대해서 다루고 있다. 비극 시인 아가톤AgathĐn은 기원전 416년 디오뉘소스 축제[Dionysia]때 자신의 첫 번째 비극 경연 대회의 우승을 자축하기 위해서 자신의 집에서 향연[symposion]을 베풀게 된다. 식사가 끝나고 '에로스'라는 주제에 대한 논의가 벌어진다. 각 참석자들이 돌아가면서 에로스를 찬미하는 찬가를 하나씩 짓게 된다. 여기서 소크라테스는 에로스의 가장 최고 목적은 철학자, 즉 '지혜를 사랑하는 자[philosophos]'가 되는 것이라는 주장한다.

이 대화에 참여하는 사람은 일곱 명이다. 『파이드로스』의 주인공인 파이드로스(178a부터 시작), 법률 전문가인 파우사니아스(180c부터 시작), 의사인 에뤽시마코스(186a부터 시작), 희극 작가인 아리스토파네스(189c부터 시작), 아가톤(195a부터 시작), 디오티마의 입을 빌어 말하는 소크라테스(201d부터 시작), 마지막으로 알키비아데스(214e부터 시작) 순으로 이야기가 진행된다.

파이드로스는 도입부(172a-178a)에서 수많은 사람들과 사물들에 대한 송가頌歌[eulogy]가 지어졌지만 아직까지 아무도 에로스에 대해서는 적합한 송가를 지은 사람이 없다는 사실을 지적하면서 모두가 한마디씩 에로스에 대해서 이야기해 볼 것을 권유한다.

1) 파이드로스의 이야기(178a6–180b8)

파이드로스의 이야기는 매우 통속적 정서에 바탕을 두고 있다. 그는 에로스를 성적 열정이라고 생각하며, 특히 동성 간의 성적 열망이라고 설명한다.* 파이드

* 아테네에서 이런 관계들은 법으로 또한 일반적인 의견에 따라 수치스러운 것으로 간주되었다. 그러나 문학작품들에서는 종종 상류층 사람들이 스파르타를 모방하기 위해서 이런 유행을 좇

로스의 이야기 속에 나타난 논증에 따르면, 에로스는 두 가지 이유에서 영광을 받기에 합당하다. 첫 번째는 그가 고귀한 신분을 갖는다는 점이다. 두 번째는 그가 우리에게 베푸는 유익함(즉 덕과 행복) 때문에 영광을 받는다. 첫 번째 주장은 헤시오도스나 우주 진화론자들의 주장을 통해서 설명된다. 그들에 따르면 에로스는 생식의 힘으로써 우주의 원초적인 제일 원리이다. 두 번째 논점은 에로스가 야망을 실현할 수 있는 가장 강력한 자극이 된다는 논증에 의해서 증명될 수 있다. 그는 '연인 군대'를 예로 들고 있다. 사랑하는 자는 사랑 받는 자의 존경을 얻고 또한 그를 실망시키지 않기 위해서 어떤 것이라도 인내하고 성취하게 될 것이라는 것이다. 따라서 서로 사랑하는 자들로 구성된 군대는 결코 정복될 수 없을 것이다. 따라서 에로스가 우리에게 베푸는 유익은 그가 우리들에게 고취시키는 용기[menos]라고 할 수 있다.

우리는 신화 속에서 이런 예들을 쉽게 찾아볼 수 있다. 알케스티스Alcestis는 그녀의 연인인 아드메토스AdmĐtos를 위해서 죽었고, 아킬레스는 그의 연인인 파트로클로스Patroclos를 위해서 목숨을 초개같이 버렸다. 하늘이 이들의 헌신에 보답이라도 한 듯 알케스티스는 다시 생명을 얻었고, 아킬레스는 '축복받은 자들의 섬'으로 옮겨졌다. 그러나 소심한 음악가였던 오르페우스Orpheus는 하데스(지하세계)에 있는 에우뤼디케EurydicĐ를 구하기 위해서 자신의 목숨을 버리지 않았다. 그러나 이런 신화적 이야기들은 군사적 덕목에 의존해서 비현실적 관행을 옹호하는 것처럼 보이며, 스파르타식 관행과 그들의 성문화 이론에 대한 변명처럼 들린다. 따라서 파이드로스의 송가는 매우 보잘것없는 형식으로 취급된다.

아가고 있음을 보여준다. 이런 비정상적인 성행위와 관련해서 플라톤은 『법률』 636b에서 그러한 타락에 대해서 스파르타를 비난하고 있으며, 841d에서 실재적으로 도덕적인 사회에서는 그런 행위들이 금지되어야 할 필요를 주장하고 있다. A. E. Taylor, *Plato: The Man and His Work*, Routledge, 2014, 212쪽.

2) 파우사니아스의 이야기(180c1–185c3)

파우사니아스의 이야기는 파이드로스의 이야기와는 달리 아테네의 윤리적 정서를 고려하고 있으며 형식적인 면에서 좀 더 정교하게 짜여 있다. 그는 파이드로스의 주장을 도덕적인 측면에서 매우 불만족스러워한다. 왜냐하면 그는 '숭고한 사랑'과 '범죄적 사랑'을 구분하지 못하고 있기 때문이다. 이런 구분은 심지어 신화에도 나타나 있다. 그에 따르면 에로스는 둘로 구분되어야 한다. 왜냐하면 그의 어머니가 둘이기 때문이다. 어머니가 없는 우라노스Ouranos의 딸로서의 '천상의[ourania]' 아프로디테와 제우스와 디오네DionĐ의 딸로서의 '세속적[pandĐmos]'아프로디테는 서로 구분된다. 에로스는 아프로디테의 아들이기 때문에 '천상의' 에로스와 '세속적인' 에로스의 차이도 분명 구분되어야 한다. 전자는 천상의 에로스로서 숭배의 대상이지만, 후자는 세속적인 에로스로서 숭배의 대상이 될 수 없다.*

> 행위는 그 자체만으로는 아름답지도 추하지도 않다. 예를 들어 지금 여기서 우리가 하고 있는 행동은 그것이 술을 마시는 것이든 노래를 하는 것이든 대화를 하는 것이든 이 행동들 중에 어떤 것도 그 자체로 아름다운 것은 존재하지 않는다. 오히려 행위를 통해서 그것이 어떻게 행해지는 가에 따라서 아름다운 것인지 아닌지가 드러나게 되는 것이다. 아름답고 올바르게 행해지면 아름다운 것이 되고 올바르지 않게 행해지면 추한 것이 된다. 사랑하는 일도 마찬가지이다. 따라서 사랑 그 자체가 다 아름답다거나 찬미 받을 것이 아니라 아름답게 사랑하는 에로스만이 찬미를 받을 만하다.(181a)

---

* 파우사니아스는 여기까지 소크라테스의 윤리학에 따르고 있다. 그것은 모든 인간의 활동에는 올바른 것과 그른 것이 있기 때문에 사랑하는 것에도 올바른 방식이 있고 그른 방식이 존재한다는원리이다. A. E. Taylor, 같은 책, 1986, 214쪽.

한편 저급한 사랑의 형식은 두 가지 특징을 갖는다. 첫 번째, 그것의 대상은 남성이거나 여성이다. 두 번째, 그것의 대상은 사랑받는 자의 영혼이 아니라 육체에 국한된다. 따라서 세속적으로 사랑하는 사람은 자신의 연인이 머리가 텅 빈[anoÐtos], 그래서 잡기 쉬운 사냥감이 되길 선호한다.

> 그런데 세속적인 아프로디테에 속하는 에로스는 참으로 세속적이어서 닥치는 대로 무엇이건 상관없이 사랑하려 한다. 그리고 이것이 바로 보잘것없는 사람들이 사랑하는 그런 사랑이다. 이 사람들은 소년들을 사랑하는 것 못지않게 여자들을 사랑한다. 또한 자기들이 사랑하는 자들의 영혼보다 오히려 몸을 더 사랑한다. 게다가 그들이 할 수 있는 한 가장 어리석은 자들을 사랑한다. 왜냐하면 성행위에만 혈안이 되어서 아름답게 사랑하는지 추하게 사랑하는지 신경을 쓰지 않기 때문이다. 바로 이 때문에 그들은 닥치는 대로 무엇이든, 좋은 것이든 나쁜 것이든 상관없이 사랑하게 된다.(181b)

반면 천상의 사랑은 모두 남성적인 것이다. 천상적인 사랑의 대상은 항상 남성이고 그 열정은 음탕함[hybris]과는 구별된다. 천상적 사랑의 대상은 예쁘고 젊은 사람이 아니라 자신의 품성이 평생 우정을 보증할 수 있는 남성다움을 가진 사람이다.

> 이 에로스에 영감을 받은 자들은, 본성상 더 건장하고 지성을 더 많이 가진 것을 소중히 여겨 남성에게로 향한다. 바로 소년 사랑 그 자체에서도 순수하게 이 에로스에 고무되어 있는 자들을 누구라도 알아볼 수 있을 것이다. 그들은 그냥 소년들이 아니라 이미 지성을 갖기 시작할 때의 소년들을 사랑한다. 그런데 이때란 수염이 나기 시작하는 것과 비슷한 때이다. 내 생각에 이때부터 그들을 사랑하기 시작하는 사람들

은 전 생애동안 그들과 함께 지내면서 그들과 함께 삶을 공유할 준비가 되어 있기 때문이다.(181d)

파우사니아스의 이야기는 어떤 측면에서 파이드로스의 이야기보다 도덕적으로 더 고차원적인 에로스를 말하고 있다. 이처럼 고귀한 사랑과 비천한 사랑은 근본적인 차이를 갖는다. 파우사니아스는 고귀한 사랑이 육체적 아름다움이나 매력과는 독립적으로 사랑의 목적이 '삶 전체에 걸쳐 유지되는 교제[cĐnsortium totius vitae]'라고 주장한다. 이처럼 그는 관능적 호감으로서의 사랑과 참된 정신들 간의 결합으로 이끌어주는 사랑을 엄격하게 구분하고 있다.

3) 에뤽시마코스의 이야기(185c–188e)

에로스 개념은 처음에는 축제 분위기에서 성적 욕구로 해석되면서 정욕적 측면이 부각되었지만, 파우사니아스를 거치면서 이런 호색적 측면이 점차 탈색되기 시작한다. 그리고 다음에 나오는 에뤽시마코스의 이야기를 통해서 에로스가 학문 또는 지식의 원리로 등장하게 된다. 에로스가 의학의 원리로 등장하면서 의학적 인간은 에로스의 비밀을 간직한 진정한 보고寶庫라고 평가된다.

에뤽시마코스는 좋은 에로스와 나쁜 에로스의 구분을 강조하지만, 이것들 사이의 차이점을 단지 사람들의 영혼에서만 찾는 것에 반대한다. 차이점은 인간이라는 유기체뿐만 아니라 우주의 구조 속에도 담겨져 있다는 주장이다.

에로스에 두 부류가 있다는 것을 그가 훌륭하게 구분했다고 나는 생각한다. 그러나 에로스가 사람들의 영혼에만, 그리고 아름다운 자들에 대해서만 있는 것이 아니라 다른 많은 것들에 대해서도 그리고 다른 것들 속에도 (즉 모든 동물들의 몸에나 땅에서 자라는 것들에도, 말하자면 모든 것들 속에) 있다는 것을 나는 의술로부터 깨달았다.(186b)

이 논점은 특별히 의술을 통해서 예시될 수 있다. 육체의 건강한 요소들과 병든 요소들은 모두 그것이 갈망하는 것들을 가지고 있다. 왜냐하면 육체에는 건전한 욕구들뿐만 아니라 불건전한 욕구들도 존재하기 때문이다. 의술의 업무는 전자들을 만족시켜주고 후자들을 억제하는 일이다. 의술은 '채움과 비움에 관련하여 에로스(육체의 정욕)가 몸 안에서 하는 일들에 대한 지식'이다. 따라서 훌륭한 의사란 이 정욕들 중에서 어떤 것이 건전하고 어떤 것이 불건전한지를 구별할 줄 알며, 환자에게 있어 불건전한 욕구들을 건전한 욕구들로 대체시킬 수 있는 능력을 가진 사람이다. 사실상 우리 육체는 항상 서로 투쟁하는 '대립자들(뜨거운 것과 차가운 것, 마른 것과 젖은 것 등등)'로 구성되어 있다. 의술은 이 대립자들 사이에 '사랑과 조화'를 만들어내는 기술이다. 체육, 농경, 음악의 임무도 정확하게 이와 비슷하다.*

의사는 환자의 몸이 한 에로스 대신 다른 에로스를 얻을 수 있도록 변화를 일으켜주는 자이다. 그리고 그는 에로스가 안에 생겨나야만 하는데 정작 안에 없는 자들에게는 에로스를 만들어 넣어주고, 있으면 안 되는 에로스가 안에 있을 때는 제거해 줄 줄 아는 자가 훌륭한 장인이다.(186d)

음악에서도 우리는 좋은 에로스와 나쁜 에로스를 구분할 수 있다. 좋은 에로스는 실제로 세련된 감식력을 가진 사람을 유쾌하게 할 수 있는 음계인 반면, 나쁜 에로스는 대중의 환상을 자극하는 음계들이다. 마찬가지로 자연 학자에게 좋고 건강한 기후는 따뜻함과 추움의 올바른 또는 균등한 타협인 반면, 나쁜 기후는

* 헤라클레이토스는 '대립자들의 조화'에 대해서 논의하면서 "그것은 서로 따로 떨어져 있지만 동시에 서로 함께 묶여있다"고 주장한다.

성난 에로스의 사례이다. 왜냐하면 나쁜 기후는 뜨거운 날씨와 차가운 날씨, 건조한 날씨와 습한 날씨의 불건전한 섞임[krasis]이기 때문이다. 천문학도 마찬가지로 에로스에 관한 학문이다. 또한 신들과 인간들의 관계와 관련해서도 좋은 에로스와 나쁜 에로스가 존재한다. 왜냐하면 표적들과 징조들을 해석하는 일과 제사를 지내는 일에서 종교적인 방식과 비종교적인 방식, 제사장들과 예언가들의 전문적인 지식은 에로스 학문의 또 다른 예시가 되기 때문이다.

> *이렇게 에로스는 크고 많은 능력을 가지고 있다. 그러나 우리들에게 있어서, 그리고 신들에게 있어서 좋은 것들과 관련하여 절제와 정의를 갖고 일을 행하는 에로스야말로 가장 큰 능력을 가지고 있고 우리에게 행복을 가져다주며 우리가 서로 그리고 우리보다 더 뛰어난 신들과 사귀고 친구가 될 능력을 갖게 해준다.*(188d)

따라서 이 이야기의 논점은 에로스가 단지 인간의 문제일 뿐만 아니라 우주적 차원을 갖는다는 점이다. 그 근원적인 생각은 자연은 언제 어디서나 서로 연결되거나 또는 보충될 필요가 있는 대립자들로 구성되어 있다는 원리에 근거하고 있다. 그것들이 균형 있게 결합되어 안정성을 확보한다면, 그 결과는 알맞은 기후, 건강, 번영, 평정이 될 것이다. 그러나 균형을 이루지 못해 불안정한 상태에 머물게 된다면, 그 결과로 자연의 지각변동, 질병, 불행, 폭력적이며 불건전한 자극이 발생하게 될 것이다. 이 모든 사례들에서 학문의 임무는 좋은 결과들이 배출될 수 있는 균형점을 발견하는 일이 될 것이다.*

---

* 이 이야기에 등장하는 교설의 근원은 헤라클레이토스 학파의 원리다. 이에 따르면 세계 질서의 외관상의 영속성은 교환물들의 균형이라는 개념으로 설명된다. 피타고라스학파 역시 모든 사물들은 대립자들의 결합이라고 주장한다. 의학적 사실들의 나열은 시칠리아 의학의 창시자인 엠페도클레스 철학의 영향으로 보인다. 특별한 생물학적 작용은 항상 사유 원리로부터 출발하고 있다. 또한 파

4) 아리스토파네스의 이야기(189a–193d)

이 이야기는 전체 대화편 중에 가장 많이 알려져 있는 부분이다. 아리스토파네스에 따르면, 태초에 인간은 머리는 하나지만 네 개의 팔과 네 개의 다리와 두 개의 얼굴을 가진 둥근 생명체였다. 이 생물체들은 세 개의 성[sex], 즉 남성 · 남성, 여성 · 여성, 남성 · 여성으로 이루어졌다. 남성은 태양으로부터 생겨났고 여성은 흙으로부터 생겨났으며 둘 다를 공유하는 것은 (발광체이자 흙으로 만들어진) 달로부터 생겨났다. 태초에는 육체적 사랑도 육체적 생식도 존재하지 않았다. 인간은 단순하게 흙과의 수정을 통해서 번식했다. 이 생물체들은 힘이 강한 만큼 오만했고 천상 세계를 돌격해서 봉쇄하겠다고 신들을 위협하기 시작했다. 자신의 안전을 위해서 제우스는 그들의 가운데를 중심으로 세로로 분리시켜 반토막 존재로 만들어버렸다. 이제 그들은 번식을 하려면 성적인 육체적 교접이 필요하게 되었다. 그때부터 인간은 오직 반쪽짜리 생명체로 자신의 반쪽을 보충하고 결합하기 위해서 분리된 다른 반쪽을 갈망하게 되었다.

그런데 이제 그들의 본성이 둘로 잘렸기 때문에 반쪽 각각은 자신의 나머지 반쪽을 그리워하면서 줄곧 만나려 들었다. 서로 팔을 얼싸안고 한데 뒤엉켜 한 몸으로 자라기를

우사니아스의 설명은 헤라클레이토스의 우주론에서 의학에 관한 사변적 기초를 발견하려는 시도가 이뤄지고 있는 『히포크라테스의 전집』(corpus), 특별히 「섭생론 I」(Peri diaitĐs A) 논문과 유사하다. 이로써 도출할 수 있는 추론은 시칠리아 의학의 주요 관념들이 5세기 아테네의 지식인들에게 일반적으로 알려져 있었다는 것이다. 이런 이유 때문에 플라톤의 윤리학적 대화편들에서는 그것들이 유비로 사용되고 있다. 『향연』에서 이 이야기의 기능은 육체적 성[sex]이라는 주제를 두고 고차적인 조화로서 대립자들의 화해라는 개념에서 보편적 우주적 의미에 대한 주의를 환기시키는 역할을 감당한다. 또한 이것은 소크라테스의 담론의 전주곡이 된다. 왜냐하면 소크라테스의 원리는 초우주적[supra-cosmic] 차원을 가지고 있기 때문이다. 한편 세계 구성 원리로서의 에로스에 관한 이런 생각은 아리스토파네스의 해학적인 우주 발생론의 출발점을 제공하고 있다. A. E. Taylor, 같은 책, 1986, 218쪽.

욕망하다가 결국에는 상대방과 떨어진 체로는 아무것도 하고 싶어 하지 않았기 때문에 굶어서 혹은 다른 아무 일도 하지 않음으로써 죽어갔다. (191a)

따라서 아리스토파네스에 따르면 에로스는 원초적 자아의 잃어버린 반쪽과의 재결합에 대한 갈망이다. 그 결합이 이뤄지기 전까지 우리는 행복에 도달할 수 없다. 남녀 간의 결혼으로 이뤄진 일반적인 사랑은 원초적으로 성이 다른 두 반쪽들 간의 재결합이다. 한편 동성인 두 사람들 사이의 사랑은 원래 남자 · 남자, 여자 · 여자였던 반쪽들 간의 재결합이다. 만일 우리가 계속해서 불경건하게 살아간다면, 제우스는 우리를 다시 반쪽으로 나눠서 팔 하나와 반쪽짜리 얼굴을 가지고 한 발로 뛰어다니게 만들지도 모른다고 경고하고 있다. 아리스토파네스가 희극 작가임을 고려하면 이런 원초적인 인간에 관한 이야기는 신화적 요소가 매우 강하게 남아 있다고 할 수 있다.

5) 아가톤의 이야기(194e–197e)

아리스토파네스 다음에는 아가톤이 이야기를 이어 받는다. 아가톤에 따르면, 앞서 말한 사람들은 찬가에 반드시 들어가야 할 중요 항목을 간과하고 있다. 그들은 에로스가 인간에게 베푼 선물들에 대해서 이야기하면서 그의 본질적인 특성들은 언급하지 않고 있다. 예찬가라면 다음과 같은 에로스의 특성들을 고려해야만 한다.

A. 에로스는 모든 신들 가운데 가장 아름다운 신이다. 왜냐하면,
(a) 그는 모든 신들 가운데 가장 젊기 때문이다.
(b) 그는 온화하고[apalos] 부드럽기[malakos] 때문이다.
그래서 그는 가장 부드러운 장소인 신들과 인간들의 영혼 속에 살고 있다.

(c) 그는 유연성을 가지고 있기[ygros to eidos] 때문이다.

그래서 그는 영혼의 가장 깊은 곳을 자유자재로 들어갔다 나왔다 할 수 있다.

(d) 그는 아름답고 사랑스러우며 광채가 나기 때문이다.

그래서 그는 시든 꽃과 같은 육체나 영혼에게 다가가 꿀을 따려하지 않는다.

B. 에로스는 다음과 같은 덕들을 가지고 있다.

(a) 정의. 그는 폭력을 행사하지도 당하지도 않기 때문이다. 그는 다른 사람으로부터 폭력을 당할 수 없다. 그의 사랑은 자발적인 것이기 때문이다. 또한 그는 다른 사람에게 폭력을 행사하지도 않는다. 모든 사람들은 그의 자발적인 종들이고 자발적인 사람은 폭력을 행사할 수 없기 때문이다.

(b) 절제. 그는 모든 즐거움들을 지배하고 있기 때문이다.

(c) 용기. 그는 전쟁의 신인 아레스ArÐs를 정복할 수 있기 때문이다.

(d) 지혜. 에뤽시마코스가 주장했듯이, 그는 의학의 창시자이기 때문이다. 또한 그는 전혀 시적이지 않는 것에 시적 영감을 불어넣기 때문에 가장 지혜로운 시인이다. 아울러 그는 자신의 지혜를 발휘하면서 모든 생성과 발생의 고안자이며 모든 기술들을 가르친 스승이 되었다. 바로 사랑, 즉 아름다움에 대한 사랑이 다양한 신들에게 영감을 부여하고 아름다운 것들의 발견자가 되게 만들었다. 필연만 우주를 지배했던 태초에 하늘 그 자체는 공포의 장소였다. 그러나 에로스의 탄생을 통해서 하늘과 땅에 모든 좋은 것들이 생겨났다. 요컨대 에로스는 사람들에게는 평화를, 하늘과 바다에 고요함을, 우리의 근심을 덜어주는 평온한 잠과 명랑함과 즐거움을 주는 자, 모든 사람들의 갈채를 받는 자이다.

바로 이 때문에 신들의 일들이 정해진 것도 에로스가, 물론 아름다움에 대한 에로스가(에로스는 추한 것을 향하지 않는다) 그들 사이에 생겨난 후의 일이다. 그전에는 필연

(아낭케)이 통치했기 때문에 많은 끔찍한 일들이 신들에게 일어났었다. 그러나 이 신이 태어나고서부터 아름다운 것들을 사랑함으로 인해서 모든 좋은 것들이 신들과 인간들 사이에 생겨났다.(179b)

아가톤의 에로스 찬가는 여러 미사여구를 섞어서 에로스의 특성을 아름답게 포장하지만, 그 안에는 이 미사여구가 갖는 사고의 빈약함이 깃들여있다. 찬가는 그 주제에 대해서 사실과 관련된 가장 좋은 것을 말해야 한다. 그러나 아가톤의 찬가는 진리와는 무관하게 그 주체를 찬미하고 있다. 바로 진리에 근거한 찬가, 즉 소크라테스의 에로스 찬가가 의도하는 목적이다.

나는 아둔해서 찬미 대상 각각에 관해 진실을 말해야 하며, 또 이게 기반이 되고 바로 이것으로부터 가장 아름다운 것들을 골라내어 가능한 한 그 찬미 대상에 가장 알맞게 제시해야 한다고 생각하고 있었다. 그래서 나는 진실을 알고 있으니까 말을 잘하게 되리라고 아주 자신만만해 하고 있었다.(198d)

6) 아가톤에 대한 소크라테스의 변증술적 질문(199c–201c)

이 부분에서 에로스에 대한 논의가 잠깐 중단된다. 이 막간의 목적은 진리를 말하려는 소크라테스의 찬가가 올바른 출발점에서 시작하는가를 확인하려는 것이다. 다시 말하면 공상적 신화로부터 현실로 다시 되돌아와야 한다. 에로스, 사랑, 갈망은 어떤 관계를 나타내는 용어이다. 왜냐하면 모든 에로스는 상관관계에 있는 어떤 것에 대한[of] 에로스이기 때문이다(예: 특정한 아버지나 어머니에 대한 사랑). 이 말은 그 상관관계에 있는 것이 그것을 갈망하는 자에게 어떤 욕구 만족을 충족시키는 것임을 의미한다.

그렇다면 이제 이건, 즉 에로스가 무엇에 대한 에로스인지 하는 것은 기억하여 자네 곁에 지켜 두고 있게. 다만 다음과 같은 정도만 말해주게. 에로스는 그가 어떤 것에 대한 에로스라고 할 때 그 어떤 것을 욕망하는가, 안 하는가?

"물론 하죠."

그가 욕망하고 사랑하는 바로 그것을 가진 상태에서 욕망하고 사랑하나, 아니면 안 가진 상태에서 그리하나?

"안 가진 상태에서죠. 그렇게 보는 게 적어도 그럴 법합니다."

그럴법함 말고 그런 게 필연인지, 즉 욕망하는 것은 자기가 결여하고 있는 것을 욕망한다는 것, 혹은 결여하고 있지 않다면 욕망하지 않는다는 것이 필연인지 숙고해 보게.(200a)

소크라테스는 여기서 그리스어 '에로스'가 강한 욕망으로서 사랑을 의미하고 있음을 지적하고 있다. 그것은 열망적 사랑으로 자신에게 선으로 인식된 대상에 관한 간절한 욕구를 의미한다. 이 열망적 욕구가 바로 그리스어에서 에로스이다. 따라서 에로스는 항상 자신이 추구하는 대상에 대한 열망적 사랑이며 그 대상은 아직 도달하지 못한 또는 소유되지 못한, 또는 어떤 것으로 남는다. 이 주장은 만일 에로스가 아름다움을 원한다면, 에로스는 아직 그것을 소유하지 못한 것이며 따라서 에로스는 전에 아름다웠던 적이 없는 것이다. 또한 만일 에로스가 선을 원한다면, 에로스는 지금 선한 것일 수 없다는 결론을 함의한다.

도대체 누가 바로 이것을 욕망하겠는가? 오히려 누군가가 나는 건강한데 또한 건강하기를 바란다거나 나는 부자인데 또한 부자이기를 바란다거나 나는 내가 갖고 있는 바로 이것들을 욕망한다고 말한다면.(200c)

소크라테스는 바로 이 논점에서 아가톤과의 대화를 정리하고 자신의 담론을 시작하고 있다. '결여로서의 에로스'가 바로 담론의 출발점[archĐ]이 된다. 우리의 찬양에 적합한 에로스는 자신을 넘어서 존재하는 선을 찾아 나서는 영혼의 열망적인 전진[amor ascendens]이다. 이 전진은 우리가 온 마음으로 원하는 어떤 것이 존재하지만 아직 그것을 갖지 못했다는 인식과 함께 출발해야만 한다. 사랑을 찾는 영혼은 마음속에 사랑의 굶주림을 느끼면서 그것을 찾기 시작한다. 이것이 바로 소크라테스의 진리를 말하기 위한 아르케, 즉 '제일원리'이다.

7) 소크라테스의 이야기(201d–212c)

여기서 소크라테스는 만티네아Mantinea의 사제이자 예언자인 디오티마Diotima(제우스에 의해서 존경을 받는 자)의 입을 통해서 자신의 논의를 진행한다. 이 과정 중에서 디오티마는 소크라테스가 눈을 열어 에로스의 참된 신비를 이해하도록 돕고 있다. 여기서 관조하는 영혼의 상승이라는 신비적 교설이 소개된다. 이 이야기의 목적은 종교적 언어로 기술될 수 있다. 그것은 구원의 길을 떠나는 영혼의 순례를 묘사하며, 그 출발점은 영혼이 구원의 필요를 느끼는 순간이다. 그리고 그 종착점은 최종적인 죽음이다. 이것은 기독교의 신비주의처럼 영혼은 자신으로부터 벗어나 하나님 안에서 참된 자아를 찾아가는 신비스러운 여정을 밟아가는 것과 유사하다.

갈망하는 영혼은 아직 아름다운 것도 선한 것도 아니다. 그것은 앞으로는 그렇게 되겠지만 아직은 아니다. 그러나 이 말은 그 영혼이 추하고 나쁜 것이라는 것을 함의하지는 않는다. 완전한 무지와 완전한 지식 사이에 중간 단계가 존재하듯이, 이 양 극단 사이도 중간 상태가 존재한다. 그 단계는 정당화 할 수 있는 능력은 아직 갖추지 못했지만 참된 신념들을 갖추고 있는 상태이다. 신화적으로 에로스는 신도 아니고 단순한 인간도 아니라 다이몬daimĐn[精靈]으로 표현된다.(202d-e) 전통적으로 다이몬은 인간성과 신성 사이의 중간에 속한다. 그들은 한편으로 인간의 기도들을 신들에게 전달하고, 다른 한편으로 신들의 명령, 계시나 선물들을 인간들에게 전한다. 따라서 신들과 인간들 사이의 교제에서 매개자 역할을 한다. 에로스는 이런 정령 중의 하나로 간주된다.

> 신이 인간과 직접 섞이는 게 아니라, 바로 이것을 통해서 인간들과의 온갖 교제와 대화가 신들에게(그들이 깨어 있건 잠들어 있건 간에) 있게 된다. 그리고 이런 일들에 관해 지혜로운 자는 신령한 사람인데 반해, 기술 일반에 관해서건 특정한 손재주에 관해서건 다른 어떤 것에 있어서 지혜로운 자는 그저 미천한 재주꾼에 불과하다. 바로 이 다이몬들이 많고 다양한데, 에로스도 이들 가운데 하나이다.(203a)

에로스의 이런 역할은 그의 탄생 배경과 관련이 있다. 그는 메티스MĐtis(풍요)의 아들인 포로스Poros(방책)와 가난뱅이 하녀인 페니아Penia(궁핍)의 아들로 아프로디테의 생일날 하늘에서 임신되었다. 에로스의 성격은 이런 두 부모로부터 물려받았다. 그는 어머니처럼 가난하고, 못생기고 지저분하며 거처할 곳도 없다. 그러나 그는 아버지처럼 아름답고 선한 것, 용기, 인내, 끊임없는 책략들에 대한 고상한 욕구와 또한 이 욕구들을 추구할 수 있는 기술을 가지고 있다. 그는 위대한 마법사이자 현인이다. 그리고 그는 평생 동안 지혜를 추구한다.

그는 신도 아니고 인간도 아니지만, 허기졌다가 채워지고 다시 더 많은 것에 허기를 느끼면서 '죽어가는 삶'을 살아간다. 그는 지혜를 사랑하는 사람[philosophos], 즉 철학자이다. 신들은 지혜를 사모하지 않는다. 그들은 이미 그것을 가지고 있기 때문이다. 한편 어리석은 자들도 지혜를 사모하지 않는다. 그들은 그들이 무엇을 필요로 하고 무엇을 결핍하고 있는지를 알지 못하기 때문이다. 오직 지혜를 사랑하는 자만 지혜를 사모한다. 이 두 극단 사이에서 살아가는 자가 바로 에로스이다.* 그들은 가장 아름다운 것인 지혜에 대한 굶주림을 느낀다. 그러나 그들은 그 굶주림을 만족시킬 수 없기 때문에 허기를 느낄 수밖에 없다. 항상 아름다운 자로서의 에로스에 관한 일반적 묘사는 열망된 좋음(아름다움/지혜)과 그것을 열망하고 있는 자(에로스)를 혼동하기 때문에 벌어진 오류에 근거한다.(201e-204c)

> 그럼 그 지혜를 사랑하는 자들이란 누구인가? 지혜로운 자도 무지한 자도 아니라면 말이다. 이쯤 되면 적어도 이것 정도는 어린애한테조차 분명하다. 이 둘 사이에 있는 자들이고, 또 그 가운데에 에로스가 속한다. 지혜는 가장 아름다운 것에 속한다. 에로스는 아름다운 것에 관한 에로스이다. 그래서 에로스는 필연적으로 지혜를 사랑하는 자일 수밖에 없고[philosophos], 지혜를 사랑하는 자이기에 지혜로운 것과 무지한 것 사이에 있을 수밖에 없다.(204b)

소크라테스의 주장에 따르면 인간이 자신의 합리성[rationality]을 인식하게 될 때 자아 특성에 대한 구분이 생겨난다. 합리성은 인간이 이미 소유하고 있는 천부적 재능[endowment]이 아니다. 그것은 인간이 도달해야 할 의무가 있는 목표물[attainment]이다. 영적 인격[spiritual manhood]과 자유는 인간이 행복하기를 바란다면 반드시 달성해야만 하는 선이다. 그러나 그것은 아득하게 떨어져 있는 선이기 때문에 인간의 삶 전체는 투쟁, 즉 그것들에 도달하기 위해서 치러야 할 수많은 성공과 실패와의 투쟁이다. 만일 인간이 그것에 도달할 수만 있다면, 그때 인간의 삶은 신적인 삶으로 변화될 것이다. 인간은 찰나刹那[temporality]를 벗어나서

---

* 피타고라스 학파에 따르면 이성적 존재들은 3가지로 분류된다. 신들, 인간들 그리고 피타고라스와 같은 자들[philosophoi]. Aristotle, Fr. 192.

모든 변화가 정지된 영원[eternity]으로 들어가게 될 것이다. 그렇지만 그가 그것에 도달하려고 노력하지 않는다면, 그는 단순한 동물 상태로 돌아가게 되고, 단순한 변화와 운동을 겪는 사물들 중의 하나가 될 것이다. 따라서 인간은 지금 있는 그대로의 상태로는 결코 평화를 얻지 못하고 행복해질 수도 없다.*

행복한 자들은 좋은 것들을 소유함에 의해서 행복해진다.(205a)

그렇다면 가장 아름다운 지혜를 사랑함으로써 최종적으로 우리 마음이 열망하는 동경의 대상은 무엇일까? 그것은 최고선, 즉 행복[eudaimonia]이다. 모든 사람들은 그 자체로 행복을 소망하며 자신들의 행복이 영원히 유지되기를 소망한다. 그렇다면 모든 사람들은 행복을 열망적으로 동경하고 있음에도 왜 우리는 모든 사람들을 '사랑하는 자'라고 부르지 않을까? 그 이유는 제작자의 비유를 통해서 설명해 볼 수 있다. 모든 장인들[dĐmiourgoi]은 비록 그들이 어떤 것을 제작하는 자들임에도 불구하고 '제작자[poiĐtĐs]'라고 부르지 않는다. 제작자라는 말은 오직 특수한 종류의 제작자, 즉 시와 노래를 만드는 사람에게만 사용된다.** '사랑하는 자'라는 말도 이와 마찬가지이다. 선 또는 행복에 대한 모든 열망적 동경을 사랑이라고 할 수 있지만, '사랑하는 자'라는 이름은 특수한 종류의 행복, 즉 '아름다움을 통한 출산[tokos en kalĐi]'을 열렬히 사랑하는 사람에게만 부여된다. 물론 그 출산은 육체적인 것이든 영적인 것이든 무관하다.(206b)

---

* 여기서 소크라테스는 찬가의 진정한 성격과 관련해서 아가톤의 방식을 따르고 있는 것처럼 보인다. 왜냐하면 그는 에로스의 본질적 속성이 무엇인가라는 물음을 다루고 있고 이제 그는 "그가 우리에게 베푸는 유익함이 무엇인가?"[tina chreian echei tois anthrĐpois]라는 물음으로 나가고 있기 때문이다.

** poiĐtĐs는 내포적 의미에서는 제작자[dĐmiourgos]이다. 그러나 외연적 의미는 특수하게 시와 관련해서 시를 제작하는 사람, 즉 '시인'만을 지칭한다.

> 이것은 몸에 있어서 그리고 영혼에 있어서 아름다운 것 안에서 출산하는 것이다… 모든 사람들이 몸에 있어서 그리고 영혼에 있어서 임신하고, 어떤 나이에 이르게 되면 우리 본성은 출산하기를 욕망한다. 그러나 추한 것 안에서는 출산할 수 없고 아름다운 것 안에서만 출산할 수 있다….이 일은 신적인 것이다. 임신과 출산은 죽을 운명인 생물 안에 들어있는 불사적인 것이다. 이것은 조화되지 않는 것에서는 일어날 수 없다. 추한 것은 신적인 모든 것과 조화되지 않지만 아름다운 것은 조화된다.(206b-c)

육체 또는 정신의 성숙은 출산에 대한 욕구를 통해서 드러난다. 아름다움은 우리를 매혹시키고 자극해서 출산 충동을 품게 하는 반면, 추함은 그 충동을 방해한다. 그러나 에로스는 아름다운 대상에 대한 단순한 욕구가 아니라, '아름다운 대상과 수정을 통해 자식을 가지려는 욕구'이다. 따라서 우리는 왜 이 출산에 대한 욕구가 그렇게 보편적이고 심층적인 것인가를 쉽게 이해할 수 있다. 그것은 영원이라는 형식 아래 자신의 존재를 영속화시키려는 시도이기 때문이다. 모든 사람들의 기본적인 욕구는 자신의 선을 소유하고 그것을 영원히 존속시키려는 것이다.

> 그럼 에로스가 왜 낳음에 대한 것일까? 낳음은 죽을 수밖에 없는 자에게 있는 영속적이고 불사적인 것이기 때문이다. 에로스가 좋은 것이 늘 자신에게 있는 것에 대한 것이라고 한다면, 이로부터 우리가 좋은 것과 더불어 불사를 욕망한다는 결론이 필연적으로 도출된다. 따라서 이 주장으로부터 에로스는 불사에 대한 것이라는 결론이 필연적으로 도출된다.(207a)

유기체는 자신의 개체성[individuality] 안에서는 이런 욕구를 실현시킬 수 없다. 유기체는 본성상 죽을 수밖에 없기 때문이다. 그러나 출산이 영속적으로 유지될 수만 있다면, 우리는 영원에 가까이 도달할 수 있을 것이다. 따라서 출산에 대한 열정과 본능은 모든 동물들의 짝짓기와 새끼 부양과 연관되어 있다. 우리 육체뿐만 아니라 사고와 감정들도 역시 영원히 동일하게 유지될 수 없다. 심지어 우리의 지식도 항상 머릿속에 머물러 있지 않는다. 왜냐하면 우리는 계속해서 알고 있던 것을 잊어버리고 그것을 연습[meletÐ]을 통해서 회복시켜야만 하기 때문이다. 이런 방식으로 오직 새로운 개체가 출산되고 그것이 옛 개체의 자리를 이어받음으로써만 인간은 육체적으로 불멸에 참여할 수 있다.(208b)

그러나 '몸에 있어서 임신', 즉 육체적인 부모 · 자식 관계에 대한 열망은 영원하고 불변적인 선의 성취에 대한 열망적 동경에 비하면 보잘 것 없는 것이다. 따라서 이것은 디오티마에게 거의 관심 밖의 대상이다. 그녀의 주요 목적은 '영혼에 있어서 임신', 즉 영적인 부모 · 자식 관계의 개념을 소개하는 것이다. 육체를 사랑하는 삶(208c)이 아닌 명예를 사랑하는 삶을 살펴보면, 알케스티스Akcestis, 아킬레스AcillÐs, 코드로스Codros와 같은 많은 영웅들은 죽음과 위험을 초연하게 대처하도록 만든 불멸의 명성에 대한 욕구를 갖고 있음을 알 수 있다. 육체적인 부성父性에 대한 욕망을 느끼는 남자가 여인에게 매력을 느끼고 엄청나게 사랑에 빠지는 것처럼, 영적인 문제, 즉 지혜와 선의 출산이 임박한 성숙한 영혼을 가진 사람들도 지혜와 선과 엄청난 사랑에 빠지게 된다. 따라서 육체적인 성인成人과 마찬가지로 정신적인 성인은 자손을 갖기 위해서 아름다운 배우자를 찾아 나서게 된다.(209a-b)

그는 아름다운 용모에 매력을 느끼지만 정말로 그가 찾고 있는 것은 그 배후에 있는 아름답고 고귀한 영혼이다. 만일 그가 자신이 찾고 있는 것을 발견한다면 그는 선에 관해서, 선한 사람이 살아갈 방식에 관해서 그리고 그가 실천해야 될 행동들에 관한 담론을 쉴 새 없이 쏟아내면서 자신이 발견한 선택받은 영혼을 교육하려 노력할 것이다. 이제 이 두 친구들은 자신들의 교제를 통해서 잉태

된 영적 자식의 양육을 위해서 서로 제휴하게 된다. 그리고 이 영적인 인연은 그들의 서약물인 영적 자식이 좀 더 아름답고 불멸적인 것일수록 육체적인 부모·자식 관계의 인연보다 더 영속적인 것으로 승화된다. 그런 영적 소산의 사례들로 호메로스와 헤시오도스의 작품을 꼽을 수 있고, 또한 뤼쿠르고스Lycurgos와 솔론SolÐn과 다른 그리스 또는 북아프리가 지역 정치인들이 후대에 남긴 유익한 제도들과 삶의 원리들을 들 수 있다. 이들 중에 몇몇은 그 자손들에 의해서 신격화되기도 한다.(209e)

> 사람들은 호메로스나 헤시오도스나 다른 훌륭한 시인들을 바라보면서 이들이 다음과 같은 자들을 자식으로 남긴 것을 부러워한다. 즉 자신들이 불사적인 자들이어서 이들에게 불사의 명성과 기억을 가져다주는 그런 자들을 부러워한다. 또한 뤼쿠르고스가 라케다이몬에 남긴 아이들도 그런 한 사례가 된다. 그들은 라케다이몬, 그리고 전 그리스의 구원자들이었다. 그리고 솔론도 법들을 낳았기 때문에 여러분들 사이에 존경을 받고 있다. 그리고 서로 다른 사람들이, 그리스 사람들 사이에서든 이방인 사이에서든, 여러 곳에서 많은 아름다운 업적들을 보여주었고 온갖 종류의 덕을 낳았다.(209d)

그러나 영원한 선에 대한 열망적 동경은 이보다 훨씬 더 높은 수준을 지향한다. 지금까지 우리는 두 가지 낮은 형태의 에로스의 자식들(생물학적 자식과 법이나 제도)을 살펴보았다. 이제 우리는 가장 고차적인 삶, 즉 철학적(지혜를 사랑하는) 삶을 열망하는 자가 가야 될 좀 더 험한 길을 논의할 시점이다. 열심히 이 일을 추구하려는 사람은 먼저 어릴 때부터 육체적인 아름다움에 민감해지는 것을 배워야 한다. 만일 그가 올바르게 지도받는다면, 그는 아름다운 사람과 사귀면서 미적 담론을 출산하려고 노력할 것이다. 그러나 이것은 오직 시작에 불과하다. 그다음에 그는 스스로 모든 물리적 아름다운 것들의 유사관계를 깨닫게 됨으로써 모든 아름다운 대상들을 사랑하는 자로 발전해야 한다. 그리고 비록 영혼 속에는 어떤 이름으로 불릴 수 있는 아름다움이 존재하지 않지만, 그는 정식으로 영혼의 아름다움이 가진 우월성을 깨달아야만 한다.

그렇게 되면 그는 반드시 젊고 아름다운 영혼들과 사랑을 나누고 그렇게 됨으로써 미적 담론들을 출산해야만 한다. 또 그는 행동들과 법률들[epitedeumata kai nomoi]에서 나타난 아름다움을 볼 줄 알고, 아름다운 행동들과 법률들이 함의하는 원리들을 파악해야만 한다. 또 그는 지식과 그것의 지성적 미를 응시해야만 한다. 그것들은 스스로 그에게 환희의 넓은 바다처럼 드러나게 될 것이다. 여기서 다시 그는 풍성한 철학 속에서 수많은 고귀하고 훌륭한 담론과 사상을 출산하게 될 것이다. 다시 말하면 그는 고귀한 발견들을 통해서 자신이 연구하는 학문들을 풍성하게 만들 것이다.

> 이끄는 자는 그를 행동 다음에 지식으로 이끌어야 한다. 그렇게 되면 그가 이번에는 지식의 아름다움을 볼 수 있게 되고, 또한 이제는 여러 아름다움을 바라보고 있기에, 더 이상 어린 소년이나 특정 인간이나, 하나의 행동이 갖는 아름다움에 흡족해서 노예처럼 어떤 한 존재에 있는 아름다움에 종노릇 하는 보잘것없고 하찮은 사람이 되지 않을 것이다. 오히려 아름다움의 큰 바다로 향하게 되고 그것을 관조함으로써 아낌없이 지혜를 사랑하는 가운데 많은 아름답고 웅장한 이야기들과 사유들을 산출하게 된다. 그렇게 돼서 결국 거기서 힘을 얻고 성장해서 어떤 단일한 지식, 아름다움에 대한 지식을 직관하게 된다.(210d)

그러나 아직 우리는 최종 목적지에 도달한 것은 아니다. 단지 우리는 그곳이 가까이 보이는 지점에 도달한 것 뿐이다. 그는 탐색을 위해 전진하다가 갑자기 그가 오랫동안 찾고 있었던 최고미를 발견하게 될 것이다. 그것은 영원하고, 동일하며 완벽하고 모든 변화[mutability]를 초월한 아름다움(미의 이데아)이다. 그것은 어떤 물체라고, 심지어는 학문 또는 담론이라고도 서술될 수 없는 것이다. 우리가 다른 모든 것들을 아름다운 것이라고 부르게 만드는 모든 아름다움의 실체와 본질은 단지 이것에 일시적으로 참여한 것에 불과하다. 지금까지 식별된 모든 아름다움들은 이 불변하는 빛에 관한 불확실한 반성의 결과이다.

> *오히려 그것은 그것 자체가 그것 자체만으로 늘 단일한 형상으로 있는 것이며, 다른 모든 아름다운 것들은 다음과 같은 이것에 관하게 된다. 즉 다른 것들이 생성되거나 소멸할 때 바로 이것은 조금도 많아지거나 적어지지 않으며 아무 영향도 받지 않는 방식으로 말이다.*(211b)

이 빛이 지평선 위로 떠오르면, 에로스의 순례는 마침내 최종 목적지에 도달하게 된다. 따라서 인간에게 있어서 참된 삶은 유일하고 절대적인 아름다움을 관조하는 삶이다[theÐmenÐi auto to kalon]. 이 절대적 아름다움에 비교하면 인간에게 욕망을 불러일으키는 모든 아름다움들은 찌꺼기에 불과하다. 오직 절대적 아름다움과 사랑을 통해서 우리의 영혼은 그림자가 아닌 진정한 실체로서 영적 자식을 출산하게 될 것이다. 왜냐하면 영혼은 이제 마침내 본질적 실체와 혼인을 맺게 되기 때문이다.(212a4) 이것이 바로 참된 불멸[immortality]의 성취이다. 소크라테스는 이야기를 통해서 에로스(열망하는 동경)가 이런 불멸의 추구 과정에서 가질 수 있는 참된 조력자임을 다른 사람에게 설득하고 있다. 이것이 바로 에로스의 힘과 남성성에 대한 찬가를 통해서[egkomiazÐ tÐn dynamin kai andreian tou erÐtos] 그가 제공하고 있는 논점이다.(212b-c)

친애하는 소크라테스, 인간에게 삶이 살 가치가 있는 건 어딘가의 바로 이런 삶에서 일 것이다. 아름다움 바로 그것 자체를 바라보면서 살 때 말이다. 당신이 일단 그것을 보게 된다면 황금이나 옷이나 아름다운 소년들이나 젊은이들과 차원이 다르다고 생각하게 될 것이다. …그렇다면 순수하고 정결하고 섞이지 않은 아름다운 것 자체를 보는 일이 누군가에게 일어난다면, 즉 인간의 살이나 피부나 다른 많은 죽을 수밖에 없는 쓰레기들에 물든 것을 보는 게 아니라 단일 형상인, 신적인 아름다운 것 자체를 누군가 직관할 수 있게 된다면 어떠하리라고 생각하는가?(212d-e)

5. 적용

지금까지 우리는 진정한 사랑(에로스)이란 무엇인가에 대해서 여러 화자들의 주장을 살펴보았다. 에로스는 동성 간의 성적 열망이다(파이드로스). 에로스는 육체적 사랑이 아니라 도덕적으로 뛰어난 남성적 특징을 갖는 사람과 맺는 우정이다(파우사니아스). 에로스는 인간뿐만 아니라 모든 만물에 적용되는 지식의 원리이다(에뤽시마코스). 에로스는 원초적 자아의 잃어버린 반쪽과의 재결합에 대한 갈망이다(아리스토파네스). 에로스는 가장 아름다운 존재이며 정의, 절제, 용기와 지혜의 덕을 갖춘 존재이다(아가톤). 에로스는 아름다움 자체를 관조함으로써 지혜를 사랑하게 되는 영혼의 상승이다(소크라테스). 이 주장들은 에로스가 육체적 사랑과 정신적 사랑이라는 둘로 구분될 수 있다는 점, 그리고 진정한 선과 행복에 도달하기 위해서는 육체에 대한 사랑이 아니라 영원한 것, 즉 아름다움 자체에 대한 지혜를 갈망해야 한다는 점을 강조하고 있다.

사랑은 어느 날 사춘기의 영혼에서 발생한다. 왜냐하면 어떤 육체적 아름다움이 우리의 영혼을 유혹하고 뒤흔들어 놓기 때문이다. 그것이 자극하는 감동, 환희, 황홀감은 대단하다. 그래서 우리는 그 육체적 에로스에 영원히 남아있기를 원한다. 그러나 이는 성숙하지 못한 영혼의 에로스이다. 왜냐하면 경험상

이런 성적 에로스는 영원할 것 같지만 찰나의 순간에 불과하기 때문이다. 곧이어 우리는 또다른 육체에 관심을 갖게 될 것이고 그 육체를 갈망하면서 욕망의 좌절을 다시 경험하게 될 것이다. 이런 육체적 에로스의 갈망은 결코 끝나지 않는다. 따라서 진정한 에로스는 이런 상태에 머물러 있지 말고 다음 단계로 넘어가야 한다.

우리는 누구나 아름다운 육체를 가진 존재를 사랑하는 것만으로는 결코 행복질 수 없다. 아름다운 육체를 가진 존재의 영혼이 보잘것없거나 기분 나쁘게 하거나 또는 사악할 수 있어 우리를 괴롭히고 고통스럽게 만들 수 있기 때문이다. 이 때문에 우리는 육체적인 아름다움보다 영혼의 아름다움이 더 중요하다고 생각한다. 그리고 지성이나 따뜻한 감정은 전혀 아름답지 않은 육체를 아름답게 변화시킨다. 정신을 통한 이런 육체의 변화를 매력이라고 한다. 정신적 매력은 육체적 아름다움과는 결이 다르다. 이처럼 지성을 갖추고 풍요로운 인격을 갖춘 자는 내면이 텅 빈 육체적 아름다움보다 더 깊고 진정한 사랑을 가져다 준다. 우리가 영혼 안에서 무엇보다 더 사랑해야 하는 것은 선함, 용기, 정직이다. 이것들은 다음 단계로 우리를 인도한다.

우리는 용기나 도덕성이 뛰어난 이런 덕들을 가진 영웅들을 숭배한다. 왜냐하면 이들은 이런 덕들을 통해서 올바른 행동을 할 줄 알기 때문이다. 그런데 올바른 행동을 하기 위해서는 선이 무엇인지 그것을 어떻게 실천해야 하는지를 잘 알고 있어야 한다. 모든 학문을 통합하고 지식과 지혜를 조화시키는 실천적이고 이론적인 학문이 바로 철학이다. 철학이란 지혜를 사랑하는 것이고 영혼을 돌보는 학문이다. 철학이야말로 가장 아름다운 영혼의 행동이다.

한편 철학은 본질을 탐구하는 학문이다. 철학은 여러 존재들 중에 공통된 본질을 확인하는 작업이다. 우리 정신이 영혼을 사랑하는 에로스에 의해서 고양될 때 육체, 영혼, 말, 행동, 법, 학문 등을 통해 지상에 구현되고 있는 단 하나의 동일한 아름다움을 사랑하고 있음을 깨닫게 된다. 그것은 바로 순수하고 완전한 아름다움 그 자체이다. 우리가 아름다운 육체에 대한 광적인 열정과 몰입으로부터 벗어나서 우리의 에로스가 점점 더 고결한 대상으로 향하여 점진적으로 승화한다면, 우리는 이를 통해서 구원을 받게 되고 행복하게 될 수 있다. 여기서 행복[eudaimonia]은 신과 같아지는 것[eudaimon]을 의미한다. 한편 기원전 5세기에 벌어졌던 세속적인 에로스와 천상의 에로스 간의 논쟁은 여전히 21세기 우리 사회에서도 이어져 내려오고 있다. 20세기 대표적인 세속적 에로스의 대변자는 오스트리아의 정신분석가 빌헬름 라이히Wilhelm Reich(1897-1957)이다. 라이히는 마르크스주의의 방법론인 변증법적 유물론을 통해서 정신분석학에 대한 사회학적 비판을 제시했다. 그는 성적 욕구를 억압하는 문화는 잘못된 것이라고 생각했다. 따라서 일부 일처제 폐지, 성 윤리 해체 등과 같은 무제한적인 성적 욕망의 추구가 바람직하다고 주장한다. 그는 마르크스주의와 프로이트의 성적 욕망 개념을 혼합하면서 성 관념이나 도덕 윤리를 억압하는 기성 질서를 해체할 것을 요구한다. 이것이 개인의 성욕을 억누르는 사회적 제약을 해체하고, 성 해방을 실천하는 '성 정치[Sexuelle Politik]'이다. 이처럼 그는 개인 문제였던 성 관념을 정치적인 문제로 부각시키고 성 해방을 통해서 억압된 인간 해방을 이룰 수 있다고 주장한다. 그리고 성 해방이 인간의 진정한 행복이라고 생각한다.

네오마르크스주의의 중심 운동가인 헤르베르트 마르쿠제Herbert Marcuse(1898-1979)도 역시 『에로스와 문명』(1955)에서 "쾌락 원칙을 따르는 인간의 본능은 자연스러운 생의 충동-Eros에서 출발한다"고 주장하고 있다. 그는 라이히처럼 인간은 본능적인 성적 욕망을 충족시켜야 행복하다고 생각한다. 이것이 바로 성 정치이며 성적 쾌락이 가장 소중한 가치라고 규정한다. 이들에 따르면 성적 쾌락이 행복의 근원이기 때문에 모든 종류의 성적 쾌락을 인정하는 에로스 사회 건설이 성 정치의 목표가 된다. 이런 성 해방을 방해하는 모든 것은 인간을 불행하게 만드는 요소라고 이들의 추종자들은 생각한다.

그러나 『향연』에서 소크라테스는 이와 다른 이야기를 보여주고 있다. 세속적인 에로스는 인간을 낮은 데로 끌어내리고 천박하고 사악한 존재들을 통해 선과 행복을 보여줌으로써 진정한 선이나 행복에서 벗어나게 한다. 다른 한편 천상의 에로스는 감각적인 것을 떠나서 이상을 추구함으로써 영혼의 구원과 속죄의 가능성을 보여준다. 이런 에로스는 아름다움 자체에 대한 사랑을 통해서 이루어질 수 있다.

콘스탄틴 브랑쿠스Constantin Brancusi의 조각 「키스」는 낭만적 사랑이 무엇인지를 잘 보여주고 있다. 조각 속 연인들은 서로 눈을 맞추고 상대방을 완전히 감싸면서 포옹하고 있다. 그들은 마치 영혼의 반쪽을 만난 것처럼 긴밀하게 하나가 되어 있다. 그러나 반대로 이런 성적인 낭만적 사랑은 단점을 가지고 있다. 그것은 이 연인들이 서로 숨 쉴 공간조차 없는 지독한 관계 안에 함몰되어 있다는 점이다. 개인으로서 독립성과 개별성이 존재하지 않는다. 그들은 타인의 삶을 의식하지도 않는다. 이들은 성욕이라는 감정의 덫에 갇혀 상대방의 영혼은 무시한 채 육체적인 사랑의 포로가 되었다. 과연 이것이 진정한 행복이라고 말할 수 있을까? 소크라테스는 단호히 'No'라고 말하고 있다.

2장

한여름 밤의 꿈
A Midsummer Night's Dream

셰익스피어
William Shakespeare

01

주요 용어 해설

1. 희극

웃음을 매개체로 하여 인간 생활의 모순이나 사회의 불합리성을 해학적, 풍자적으로 경쾌하게 다룬 연극이나 극 형식을 말한다. 현대 장르 비평에서 희극은 비극보다 심오한 것으로 간주된다. 희극은 고통과 죽음이라는 비극적인 운명을 초월하여 새로운 삶의 의지를 지향하기 때문이다. 사이퍼Wylie Sypher가 비극을 탄생-투쟁-죽음으로, 그리고 희극을 탄생-투쟁-죽음-부활이라는 사이클로 정의한 것이 그 단적인 예다.

2. 극중극

극 속에 여러 가지 형태로 존재하는 또 하나의 극을 말한다. 전체극과 극중극의 경계가 확연한 틀을 갖추고 있는 '테두리 있는 극중극'과 경계가 없는 '테두리 없는 극중극'이 있다. '테두리 없는 극중극'에서 배우는 변장, 역할 바꾸기, 속이기 등을 통해 또다시 배우(보여주는 자)와 관객(보는 자)으로 구별되기도 한다. 『한여름 밤의 꿈』에서 '테두리 있는 극중극'은 「피라머스와 티스비」가 있고, '테두리 없는 극중극'은 숲속에서 두 쌍의 연인이 바뀌는 상황극, 그리고 당나귀 머리를 쓴 보톰과 티타니아의 사랑극이 있다. 이와 같은 극중극의 효과는 관객으로 하여금 전체극 자체를 하나의 '허구적 구축물'로 인지하도록 돕는다. 그럼으로써 관객은 가상의 무대에서 펼쳐지는 '환상'을 다차원적으로 받아들임과 동시에 현실도 극과 같은 환상이 될 수 있음을 체험하게 되는 것이다.

3. 메타연극

극중극에 대한 개념을 발전시켜서 아벨Lionel Abel이 1963년에 만든 용어다. 메타연극은 '연극에 대한 연극'이며 '연극 자체를 문제 삼는 자기 반영적인 연극'으로 정의될 수 있다. 메타연극의 목적은 연극과 현실의 거리를 무너뜨림으로써 관객에게 연극이 실재를 가장하고 있지만 사실은 실재가 아니라 연극을 보고 있다는 사실을 일깨우는 연극이다.

4. 광대

셰익스피어의 많은 작품에는 clown, fool, jester로 불리 우는 광대가 등장한다. 광대는 웃음을 자아내고 희극의 본질인 축제를 구현시키는 극적장치로 작용한다. 이 작품에서 광대역할을 하는 보톰은 현실과 환상 사이를 연결해주며 인간의 어리석음이나 우스꽝스러움을 들추어내는 역할을 한다. '보톰은 셰익스피어의 가장 멋진 광대'(Vaughan 70)로 불리기도 한다. 셰익스피어는 개인과 개인, 개인과 사회와의 원만한 조화를 보톰을 통해 보여줌으로써 폭넓은 인간상을 제시한다.

5. 사랑의 미약(媚藥)

에로스의 화살이 꽂힌 자리에서 핀 삼색제비꽃 즙으로, 잠든 사람의 눈꺼풀에 바르면 잠에서 깬 후 처음 본 상대를 열렬히 사랑하게 되는 효능이 있다. 이로 인해 젊은 연인들의 상대가 바뀌어 한바탕 소동이 벌어진다. '사랑의 미약'은 인생에서 사랑과 미움이 얼마든지 역전이 가능함을 보여주는 상징물이자 '인생은 미스터리'라는 작가의 인생관을 보여주기 위한 도구이다.

6. 신화 찾기

1) 테세우스와 히폴리타의 이야기: 1579년 노스[Thomas North]가 번역한 플루타크의 『영웅전』에 나오는 「테세우스의 생애」와 초서[Geoffrey Chaucer]의 『캔터베리 이야기』 중 「기사 이야기」에서 얻어온 것이다.

2) 「피라머스와 티스비」: 골딩Arthur Golding이 번역한 오비드의 『변신』에서 차용했다.

3) 사랑의 미약: 몽테메이어Montemayor가 쓴 『다이아나 에나모라다』에 근거를 두었다.

4) 당나귀로 변신한 보톰: 스코트Reginald Scot가 쓴 『마술의 발견』에 근거를 두었다.

5) 오베론과 티타니아: 오베론은 1534년에 출판된 프랑스의 설화 『보르도의 후옹』에 근거를 두며 티타니아는 오비드의 변신에 나오는 다이아나의 별명이다.

6) 퍽: 민속설화의 로빈 굿펠로우에서 차용하여 인간성과 낭만성을 부여하였다.

7. 명대사

1) "오, 자기야 들어봐. 책에서 진정한 사랑은 항상 장애물이 있다고 하잖아." (라이샌더 1.1)

2) "사랑은 눈이 아니라 마음으로 보는 것."(헬레나 1.1)

3) "연극이란 아무리 훌륭해도 인생의 그림자에 지나지 않아."(테세우스 5.1)

4) "광인, 연인, 그리고 시인은 모두 머릿속이 상상으로 가득 차 있지요."(테세우스 5.1)

5) "이야기의 교훈은 말을 하는 것만으로는 충분하지 않다는 거예요. 말을 바르게 해야 한다는 거죠."(라이샌더 5.1)

02

작가의 생애와 시대 배경

1. 출생

지금도 국경을 초월하여 전 세계인의 마음속에 살아있는 셰익스피어는 스트랫퍼드 어폰 에이번에서 1564년에 태어났다. 가죽 제조업으로 성공한 그의 아버지 존 셰익스피어는 치안관을 지낸 지방의 유력인사였다. 이에 걸맞게 존 셰익스피어는 1556년에 스트랫퍼드 헨리 가에 위치한 커다란 집을 구입했다. 이 집이 바로 셰익스피어가 태어난 곳으로 현재는 영국의 관광명소가 되어 엄청난 돈을 벌어들인다는 곳이다. 대저택을 구입한 존 셰익스피어는 그해 겨울, 부친에게 토지를 임대했던 로버트 아든의 막내딸인 메리 아든과 결혼했다. 그들의 결혼식은 당시 신분을 뛰어넘는 극적인 장면으로, 농업사회에서 상업사회로 변모됨에 따라 자본주의가 대두되는 시대적 상황을 보여준다.

2. 교육

셰익스피어 시대에는 개인주의의 등장으로 교육이 중요시되었다. 필연적으로 그는 7살 때 스트랫퍼드 문법학교에 입학하여 엄격한 규율 속에서 영어를 라틴어로, 라틴어를 영어로 번역하는 등 로마시대의 고전작품들을 탐독했다. 그러나 운명의 수레바퀴는 그를 내버려 두지 않았다. 1570년대 중반, 아버지의 사업이 기울자 대학을 가지 못한 것이다. 그럼에도 불구하고 그의 타고난 언어구사 능력과 무대예술에 대한 천부적인 감각, 다양한 경험, 인간에 대한 심오한 통찰력은 그를 위대한 작가로 만드는 데 충분했다.

3. 결혼

1578년 학교를 떠난 후 몇 년 동안 셰익스피어가 무엇을 했는지에 대해서는 의견이 분분하다. 그러나 1582년 여름에 그는 고향으로 돌아왔음에 틀림없다. 8월 어느 날 그의 아내인 앤 해서웨이가 임신한 사실이 드러났기 때문이다. 당시 셰익스피어는 18세, 그녀는 26세로 이들의 결혼이야말로 센세이셜한 사건으로 추정된다. 1583년 5월에 딸 수잔나가 탄생하고 2년 후 쌍둥이 남매 햄닛과 주디스가 태어난 후 그는 고향을 떠났다.

4. 활동

1580년대 후반 셰익스피어는 가족을 떠나 엘리자베스 1세 여왕이 통치하던 번영의 도시 런던에 왔다. 급격한 인구 유입으로 런던은 사람들로 흥청거리고 교회의 종소리와 극장의 북소리가 뒤섞여내는 불협화음으로 난장판이었다. 셰익스피어는 운명을 따라 극장으로 향하였을 것이다. 처음에 그는 씨어터 극장에서 허드렛일로 시작하여 점차 배우로, 극작가로, 그리고 체임벌린 경의 극단 공동운영자로서 경력을 쌓았을 것으로 추정된다.

1592년 셰익스피어의 작품을 공연하던 로즈극장이 노동자 폭동으로 인해 폐쇄된다. 라이벌 극장인 커튼극장에서 1594년 그의 작품 『헨리 4세』 1부가 올라가자 런던 사람들은 극장에 몰려들었다. 1599년 그가 공동 소유주였던 글로브극장(씨어터극장을 헐고 그 자재를 옮겨 템즈강 남쪽에 지음)을 개관해 자신의 작품, 『줄리어스 시저』를 비롯한 4대 비극 등을 무대에 올렸다. 그러자 유명 극작가들은 시골 문법학교만 나온 셰익스피어를 조롱하기도 했다. 하지만 그는 혜성처럼 나타나 런던의 연극 무대를 장악한 것이다.

1603년에서 1611년까지 약 8년간은 그의 삶의 황금기였다. 소속되어 있던 체임벌린 극단이 국왕의 후원을 받는 왕실극단으로 격상되었고, 그는 국왕의 종복으로 연봉을 받았으며 연 평균 12번 정도의 공연을 어전에 바쳤다. 1608년에는 블랙프라이어스라는 실내 극장을 인수하기도 했다. 그는 1611년 마지막 작품 『템페스트』를 마치고 많은 부와 영예를 거머쥐고 고향으로 향했다.

5. 죽음

그는 고향에서 글을 쓰며 평온한 나날을 보냈다. 그런데 자신의 죽음을 예견했는지 그는 1616년 3월 25일 유언장을 작성했다. 유언장에는 아내, 두 딸과 사위, 그리고 외손녀들, 여동생과 조카들, 고향 친구들, 극단 동료들, 그리고 고향의 가난한 사람들에게 재산을 분배한 내용이 있었다. 자수성가한 부르주아의 인간애를 엿볼 수 있다. 그리고 얼마 후 셰익스피어는 4월 23일 운명했고 4월 25일 홀리 트리니티 교회에 안치 되었다.

6. 반향

1) **벤 존슨:** 한 시대만 한정되지 않고 영원하다.

2) **엘리자베스 1세:** 국가를 넘겨주는 경우에도 셰익스피어 한 명만은 못 넘긴다.

3) **토마스 칼라일:** 셰익스피어를 영국 식민지 인도와도 바꿀 수 없다.

4) **최여경:** 셰익스피어 공연으로 해가 지지 않는 지구촌.

5) **각종 매체:** 언어의 마술사, 문화 영웅, 애국지사, 카니발의 왕.

03

작품 읽기

1. 작품 소개

사랑과 미움의 변주곡인 『한여름 밤의 꿈』은 5막으로 구성된 희극이다. 공간적 배경은 아테네 도시와 숲이며, 등장인물은 아테네의 귀족들, 보톰과 그의 노동자 동료들, 그리고 요정들이라는 서로 다른 세 집단으로 구성되어 있다. 셰익스피어는 꿈이라는 구조와 희극의 구성 요소인 광대의 실천을 통해 이 세 집단의 화해와 조화를 그려내고 있다. 꿈은 숲, 밤, 그리고 상상의 세계로서 작가는 이러한 세계를 통해 기존 관습으로부터의 해방뿐만 아니라 기존 사회체제에 영합하고자 하는 욕구를 동시에 보여준다. 그뿐만 아니라 이와 같이 상반된 욕구를 젊은 연인들의 사랑의 도피와 결혼이라는 축제에 담아낸다.

광대 역할을 맡은 퍽은 숲속에서 두 쌍의 연인들을 '사랑의 미약'으로 뒤바꾸었다가 다시 원래대로 되돌리고, 보톰은 요정의 왕비, 티타니아의 연인이 되어 요정들을 인간들의 세계에 혹은 인간들을 요정들의 세계로 안내한다. 또한 보톰은 친구들과 더불어 연극을 무대에 올림으로써 아테네의 상류사회, 노동자들, 그리고 요정들이 같은 공간에서 한바탕 즐길 수 있는 웃음을 가져다준다. 이 작품은 사랑의 애절함, 어리석음, 그리고 현실과 환상의 조화와 사랑의 무대가 되는 장소의 이동 등이 잘 엮여진 셰익스피어의 대표적 낭만희극에 속한다. 이 극에 대한 연구는 주로 연인들의 사랑과 변신, 가부장제의 억압, 극중극의 효과, 대조되는 극적 요소들의 통일성 문제, 예술이나 상상력의 목적에 관한 문제, 다층적 플롯에 관한 문제, 해방의 공간에서의 성적 욕망, 꿈 또는 환상이 주는 극의 모호성 등 다양하다. 최근에는 꿈의 의미를 신화로 해석하는 작업이 이루어지고 있다.

2. 줄거리

아테네의 공작 테세우스는 아마존의 여왕 히폴리타와 나흘 후 올리게 될 결혼식에 관해 대화를 나누고 있다. 그때 신하인 이지우스가 딸 허미아를 데리고 나타난다. 드미트리우스와 결혼을 거부하고 라이샌더를 고집하는 딸을 아테네의 국법으로 다스리기 위해서다. 테세우스는 허미아에게 아버지가 원하는 결혼을 하거나, 죽음을 선택하거나, 아니면 독신으로 평생 어두컴컴한 수녀원에서 살 것인가를 자신의 결혼식 당일까지 결정하라고 명령한다. 그러나 허미아와 라이샌더는 아테네의 법이 미치지 않는 곳으로 도망가서 결혼할 것을 약속하고 다음날 밤 숲속에서 만나기로 한다. 계획을 엿들은 헬레나는 한때 연인이었으나 지금은 허미아를 사랑하는 드미트리우스에게 이 사실을 알린다. 그러자 드미트리우스는 허미아와 라이샌더를 쫓고 헬레나는 드미트리우스를 쫓아 네 사람은 숲속으로 들어간다. 뿐만 아니라 퀸스, 스너그, 보톰, 플루트, 스나우트, 그리고 스타블링 등의 아테네 노동자들도 테세우스의 결혼 축하 공연인 「피라머스와 티스비」를 연습하기 위해 그 날 밤 숲속에서 모인다.

숲속에서는 요정의 왕 오베론과 여왕 티타니아가 인도 소년을 놓고 쟁탈전을 벌인다. 티타니아가 소년을 애지중지하자 오베론은 그 아이를 빼앗기 위해 부하 퍽에게 '사랑의 미약'을 가져오라고 한다. 퍽이 나간 뒤 드미트리우스와 헬레나가 등장한다. 헬레나는 사랑을 호소하고 드미트리우스는 그런 그녀를 냉대한다.

이 장면을 본 오베론은 퍽에게 가지고 온 '사랑의 미약'을 드미트리우스의 눈꺼풀에 발라 헬레나를 사랑하게 만들라고 명령한다. 그리고 오베론은 티타니아가 잠들어 있는 곳으로 가서 그녀의 눈에 '사랑의 미약'을 바른다. 그러나 퍽은 지쳐 잠들어 있는 라이샌더와 허미아를 발견하고 실수로 라이샌더의 눈에 '사랑의 미약'을 바른다. 이때 드미트리우스를 쫓던 헬레나가 라이샌더를 흔들어 깨운다.

라이샌더는 눈을 뜨자마자 "그대를 위해서라면 불 속에라도 뛰어들겠소"(2.2)라고 헬레나에게 사랑의 말을 퍼붓는다. 헬레나는 자신을 놀린다고 라이샌더에게 화를 내며 가버린다. 라이샌더는 헬레나의 뒤를 쫓고, 악몽을 꾸다 깨어난 허미아는 곁에서 잠들었던 라이샌더가 사라진 것을 보고 찾으러 나선다.

한편 티타니아가 잠들어 있는 곳에서 노동자들은 퀸스의 지시로 연극연습을 한다. 그런데 피라머스 역을 맡은 보톰이 퍽의 장난으로 당나귀 얼굴을 하고 나타난다. 동료들이 놀라 모두 도망치고 혼자 남은 보톰은 태연히 노래를 한다. 그 소리에 깬 티타니아는 보톰을 보자마자 "난 당신의 노랫소리에 귀머거리가 되었고, 당신의 외모에 장님이 되었어요"(3.1)라며 요정들에게 그를 자신의 잠자리로 안내하도록 명령한다.

오베론은 퍽으로부터 티타니아의 눈먼 사랑 얘기를 듣고 기뻐한다. 그때 허미아와 드미트리우스가 와서 다투는 장면을 오베론과 퍽이 지켜본다. 퍽의 실수를 깨달은 오베론은 그에게 헬레나를 데려오라고 명령한 뒤 자신이 드미트리우스의 눈에 '사랑의 미약'을 바른다. 퍽의 인도로 헬레나가 등장하고 "누군가가 울면서 약속을 하는 것은 대개의 경우 진실을 말하는 거예요"(3.2)라고 사랑을 호소하며 라이샌더가 뒤따른다. 이때 잠에서 깨어난 드미트리우스는 헬레 나를 보자마자 "그대의 두 눈을 무엇에 비할까요? 수정조차도 그대의 눈만큼은 맑지 않아요. 오, 그대의 입술은 맞물린 한 쌍의 앵두가 유혹하듯 빛을 발하고 있군요"(3.2)라고 사랑의 언어를 쏟아낸다. 헬레나는 자신을 욕보인다며 화를 내고 그들은 서로 그녀를 차지하겠다고 싸운다. 그때 허미아가 나타나 자신의 사랑을 훔쳐갔다고 헬레나를 할퀴려고 달려들자 두 청년은 말린다.

이 혼란을 지켜본 오베론은 퍽에게 두 청년이 결투를 하지 못하도록 상대의 목소리를 흉내 내어 그들을 이리저리 끌고 다니다가 지쳐 잠들게 하라고 지시한다. 그들을 찾느라 지친 허미아와 헬레나도 두 청년이 있는 곳에 잠들어 있다.

이 틈을 타 퍽은 자신의 실수를 바로잡기 위해 라이샌더의 눈에 '사랑의 미약'을 바른다.

두 쌍의 남녀가 잠든 곳에 티타니아, 보톰 그리고 요정들이 등장한다. 티타니아는 보톰의 머리를 사향장미로 장식하여 꽃방석에 앉혀놓고 그에게 먹을 것 등을 시중든다. 보톰은 티타니아의 팔을 베고 음악을 들으며 잠이 든다. 소년을 빼앗은 오베론은 그러한 티타니아의 모습이 불쌍하여 마법에서 풀어준다. 잠에서 깨어난 티타니아는 "어떻게 이런 일이? 저런 상판대기 보는 것조차 싫어!"(4.1)라며 이상한 꿈을 꾸었다고 오베론에게 고백하고 둘은 화해한다.

테세우스는 히폴리타에게 사냥개 짖는 소리를 들려주고자 이지어스, 그리고 시종들과 숲속으로 들어간다. 그는 잠들어 있는 네 사람을 보고 그들을 깨운다. 네 사람은 모두 신기한 꿈을 꾸었다고 한다. 이지어스는 당장 라이샌더와 딸을 처벌해 달라고 한다. 이때 드미트리우스는 "허미아에 대한 제 사랑이 눈 녹듯 녹아버렸어요. 허미아에 대한 제 사랑은 이제 어린아이가 한 때 혹했던 값싼 장난감에 대한 기억에 불과해요"(4.1)라는 자기의 변심과 더불어 헬레나를 사랑한다고 고백한다. 그러자 테세우스는 자신의 결혼식 날 두 쌍의 연인도 함께 성대한 혼인잔치를 열자고 제안한다.

한편 숲속에서 혼자 깨어난 보톰은 인간의 머리로는 상상할 수 없는 괴상한 꿈을 꾸었다며 어리둥절해 한다. 이 순간 상인들은 피라머스 역을 맡은 보톰이 없으므로 일당 6펜스를 날렸다고 낙심해 있었다. 때마침 보톰이 돌아오자 모든 상인들은 기뻐하며 연극 준비를 한다. 궁정에서는 세 쌍의 결혼식과 「피라머스와 티스비」라는 축하 공연이 이어지고 참석한 많은 사람들은 즐겁게 관람한다.

저녁이 되어 모두가 잠자리에 든 후, 오베론과 티타니아를 비롯한 요정들은 연인들의 앞날을 축복한다. 마지막으로 퍽이 관객을 향해 허황되고 초라한 연극이긴 하나 한낱 꿈이었을 뿐이니 꾸짖지 말라는 부탁으로 이 극은 막을 내린다.

3. 작품 헤쳐보기

1) 가부장제의 억압

당대 지배 이데올로기인 가부장제는 이 작품의 공간적 배경인 아테네와 숲에 만연해 있는 사상이다. 그러나 중세 기독교의 일원론적인 이데올로기에서 탈피하여 인본주의를 꿈꾸는 르네상스 운동은 이러한 기존의 규범과 충돌할 수밖에 없었다. '나란 무엇인가?'라는 문제의식이 끊임없이 대두되면서 새로운 인간관과 세계관이 요구되었기 때문이다.

이러한 사상의 충돌은 이 작품에서 주로 부부 그리고 부모와 자식 사이에서 가부장제의 억압으로 나타나며, 특히 사랑에 빠진 젊은 남녀를 방해하는 장애물로써 작용한다. 가부장제의 억압을 대표하는 인물은 아테네의 엄격한 법률을 고수하는 테세우스, 허미아의 아버지 이지어스, 그리고 요정세계를 다스리는 왕인 오베론을 들 수 있다. 테세우스는 여성 중심의 사회인 아마존의 수장, 히폴리타를 무력으로 정복한 가부장 체제의 수호자다. 작품의 첫 부분에서 "나는 칼을 들이대며 당신에게 구애했고 상처까지 입히며 사랑을 얻었소"(1.1)라는 테세우스의 말은 대표적인 하나의 예라 할 수 있다. 가부장적인 힘으로 아마존의 여왕에서 테세우스의 약혼자라는 위치로 자리바꿈한 히폴리타는 결국 남성 중심의 체제에 편입된다.

이러한 사실은 허미아에게 가해지는 남성 중심의 제도적 폭력에도 불구하고 침묵으로 일관하는 히폴리타의 모습에서 증명된다. 한편 절대적인 가부장적 억압은 이지어스가 딸에 대한 권리를 주장하는 부분이다. 이지어스는 자신이 선택한 드미트리우스와 딸이 결혼하기를 거부하자 테세우스에게 아테네의 국법에 따라 "딸은 제 것이니, 제가 처분할 수 있도록 맡겨 주십시오"(1.1)라고 간청한다. 이처럼 부성의 권위는 아테네 법률의 성격과 동일시되며 곧 국가를 대표하는 테세우스의 공권력으로 연결되는 것이다. 따라서 테세우스는 아버지의 가부장적 권위에 창조주의 절대적인 권한을 부여하여 허미아를 타이른다.

테세우스: …너에게 아버지는 하나님과 같으시다. 너의 아름다움을 만드신 분이야. 아버지에게 넌 밀랍인형에 지나지 않아, 그러므로 널 그대로 두는 것도, 부수어버리는 것도 네 아버지의 권한이다.(1.1)

테세우스는 공권력의 대표자로서, 이지어스는 아버지로서, 그리고 드미트리우스는 미래 남편으로서 허미아의 신체적 권리를 주장할 뿐 그녀의 마음은 중요하지 않다.

이지어스: …난 드미트리우스를 사랑한다. 이게 바로 내 딸을 그에게 주고자 하는 이유다. 허미아는 내 것이야, 그래서 난 드미트리우스에게 내 딸을 주려는 거야.(1.1)

이지어스는 가부장 사회에서 여성에 대한 소유권은 처음에는 아버지에게, 다음은 아버지가 선택한 미래 남편에게 넘어가게 됨을 분명히 함으로써 딸에 대한 소유권을 주장한다. 더 나아가 셰익스피어는 요정 세계에서도 가부장적 억압을 보여준다. 오베론은 '사랑의 미약'을 이용하여 아내와 당나귀 머리를 쓴 보톰을 사랑에 빠지게 함으로써 그녀에게 수치심을 주는 것은 물론 인도 소년까지도 빼앗는다.

숲속에서 '사랑의 미약'에 의해 오베론에게 굴복당한 티타니아의 모습은 아테네 궁정에서 테세우스의 칼에 항복한 히폴리타의 상황과 흡사하다. 두 여성 모두 자신의 의지에 의해 남성들에게 순종한 것이 아니라 남성들이 그녀들을 견제하기 위해 사용한 수단으로 인해 패배했다는 공통점을 가지고 있다. 따라서 아테네라는 문명 세계의 가부장적 권력이 전원적이고 해방적인 숲의 세계에도 작용하고 있음을 알 수 있다.

숲과 궁정은 별개의 세계가 아니라 구조적인 연속성을 갖는다. 그러므로 숲은 가부장 세계에서 완전히 벗어날 수 있는 독립적 공간 이라기보다는 도피처인 것이다. 다시 말해서 숲은 기존의 이데올로기라는 현실세계에서 벗어나 한바탕 꿈을 꾸며 즐기는 환상의 세계인 것이다.

2) 가부장제에 도전하는 여성들

셰익스피어 시대는 옛 질서와 새 질서가 공존하며 혼란과 발전을 거듭하던 르네상스 시대다. 다시 말해서 신 중심의 가부장 체제와 인간 중심의 새로운 세계관의 충돌로 사회와 경제 구조 및 계급 구조의 변동이 일어나던 때다. 당연히 문학 작품에서도 기존의 가부장 체제에 도전하는 여성들의 모습을 볼 수 있다. 셰익스피어는 이 작품에서 허미아와 헬레나를 통해 이를 명백히 보여준다. 극의 첫 부분에서 허미아는 아버지께 불복종하여 아테네의 국법으로 넘겨진다. 그녀는 좋아하지 않는 사람에게 순결을 바치고 마음에도 없는 멍에를 쓰고 사느니 차라리 죽음을 선택하겠다고 당당히 맞선다. 그녀는 진실한 연인들에게는 숙명적으로 사랑의 장애가 있기 마련이니 "그렇다면 참고 시련을 극복하자"(1.1)라며 라이샌더에게 위안을 주고 둘은 다음날 밤 숲으로 도망가기로 합의한다. 절박한 상황 속에서 허미아는 자신의 사랑을 포기하지 않고 새로운 길을 선택한다. 그 길은 기존의 가치를 거부하는 용감한 해체 의식적 행위로 볼 수 있다.

> *허미아: 맹세코 갈게. 큐피드의 가장 강한 활과 그리고 그의 최상의 황금빛 화살촉에 걸고, 사랑의 여신인 아프로디테의 순결한 비둘기에 걸고, 연인들을 묶어주는 모든 것에 걸고, 연인 아이네아스가 디도 여왕을 찼을 때 그녀가 불에 타 죽은 모닥불에 걸고, 그리고 남성들이 깬 모든 약속(여성들보다 남성들이 깬 더 많은 약속)에 걸고. 맹세 할게, 내일 그곳에서 만나.*(1.1)

허미아는 라이샌더가 필요하다면 하늘에 있는 별이라도 따다 줄 기세다. 전통적인 여성의 모습과는 너무 달라 허미아의 맹세는 희극적이기까지 하다. 사랑의 열정에 사로잡힌 그녀에게는 오로지 라이샌더만 보일 뿐이다. 퍽의 실수로 '사랑의 미약'에 취한 라이샌더가 자신을 팽개치고 헬레나에게 사랑을 고백할 때 "이 사기꾼, 벌레! 도둑! 밤새 슬그머니 와서 내 남자의 마음을 훔쳐가?"(3.2)라며 헬레나를 손톱으로 할퀴려는 장면에서 그녀의 맹목적인 사랑이 엿보인다.

헬레나 역시 자신을 거부하고 허미아를 좇는 남자를 찾아 숲으로 향하는 도전적인 여성이다. 그녀에게 있어서 "사랑은 가치 없는 것들을 아름답게 만드는 것"(1.1)이다. 따라서 숲에서 따라오지 말라는 드미트리우스의 말에 헬레나는 강철 같은 자신의 일편단심이 당신에게 끌려가고 있으니 끝까지 따라가 "내가 지금 처해 있는 이 지옥을 천국으로 바꿀 거야. 사랑하는 사람 손에 죽는다는 것은 성스러울 테니"(2.1)라고 자신의 의지를 밝힌다. 그때 드미트리우스가 "당신은 아테네를 떠나 자신을 사랑하지 않는 누군가를 좇으며 당신의 명성을 위태롭게 하고 있어. 한밤중에 인적 없는 곳에 혼자 있는 것은 순결을 지키는 최선의 방법이 아니야"(2.1)라고 하자 그녀는 다음과 같이 말한다.

헬레나: 당신의 빛나는 얼굴을 볼 수 있으니 나에겐 밤이 아니야. 당신이 있으니 이 숲은 인적 없는 곳도 아니지. 당신은 나에게 이 세상의 전부야. 이 세상의 모든 것이 나를 지켜보고 있는데 어떻게 인적 없는 곳이라고 할 수 있어?(2.1)

뿌리치면 뿌리칠수록 더 열정적으로 변하는 헬레나에게 드미트리우스는 짐승이 그대를 잡아먹든 말든 상관하지 않겠다며 도망친다. 헬레나는 "갈 테면 가. 다프네와 아폴로의 이야기가 바뀔 테니"(2.1)라며 그를 뒤쫓는다. 사랑에 빠진 여성이 남성을 쫓는 상황은 기존의 질서에 대한 전복으로 가부장 질서가 지배하는 당시 사회에서 전통적인 성역할이 전도될 수 있음을 작가는 보여주는 것이다. 주변의 시선, 자존심, 그리고 위험을 무릅쓰고 끝까지 자신의 사랑을 쟁취하는 허미아와 헬레나는 가족, 사회, 더 나아가 국가의 기존 체제에 대한 도전적인 여성의 진취적인 모습이라 할 수 있다.

3) 축제로서의 결혼: 부조화 속의 조화

희극은 근본적으로 축제적 성격을 띤다. 모든 윤리적, 도덕적, 사회적, 그리고 종교적인 구속과 제약에서 벗어나 마음껏 웃을 수 있는 곳이 축제의 공간이며, 그 속에서 해방감과 자유로움을 만끽하는 것이 축제의 본질이기 때문이다. 이러한 축제 정신을 바흐찐Mikhal Bakhtin이 『도스토옙스키의 시학의 문제점』에서 '카니발 이론'으로 설명한다.

> *위계적인 질서에 의해 분열되고 폐쇄된 가지나 사상, 현상 등이 카니발 세계에서는 자유롭고 거리낌 없는 관계를 이룬다. 성스러운 것과 속된 것, 높은 것과 낮은 것, 위대한 것과 열등한 것 등이 서로 조화되고 결합된다.*(123)

위의 축제적 성격에 비추어 볼 때, 이 극의 중심 내용인 세 쌍의 결혼과 더불어 보톰과 티타니아의 사랑은 새로운 사회를 구축하기 위한 작가의 전략적인 시도로 볼 수 있다. 허미아와 라이샌더의 경우, 이들은 국법을 어기고 숲속으로 도피함으로써 부모와 분리된다. 그러나 이들은 숲속의 혼란 속에서 변모의 과정을 거치고 결국 결혼하게 됨으로써 부모 세대와의 통합을 이룬다. 당나귀 머리를 쓴 보톰 또한 노동자이지만 요정의 여왕과 달콤한 사랑을 나눈다. 이 사랑은 평상시에는 불가능하지만 카니발 세계에서는 인정된다는 축제 정신에 기반을 두고 있다.

뱀버Linda Bamber가 "희극의 주된 관심은 자신의 내적 생활보다는 전체적으로 사회 속에서 혼란을 겪은 후의 재정립된 사회적 표면이다"(2)라고 하듯 이러한 축제 정신은 개인의 행위 그 자체를 넘어 집단의 행위로 전체적인 조화와 융화를 가져온다. 결혼이 이러한 축제 정신과 같은 성격이라는 사실은 테세우스의 대사에서 드러난다.

> 테세우스: 히폴리타, 나는 칼을 들이대며 당신에게 구애했고 상처까지 입히며 사랑을 얻었소. 그러나 결혼식은 방법을 바꾸어 화려하게, 홍겹게 그리고 떠들썩하게 할 테요.(1.1)

테세우스는 무력으로 사랑을 취했지만 결혼이라는 축제를 통해 조화와 통합의 측면을 모색하고 있음을 암시한다. 테세우스는 가부장적 억압자로 대표되나 결혼을 통해 새로운 가치관을 받아들일 것을 보여주며, 허미아와 헬레나는 가부장적 억압에 도전하나 기존의 전통적인 여성상을 동시에 가지고 있다. 허미아는 혼전 순결을 위해 숲속에서 동침을 요구하는 라이샌더를 뿌리치지만 악몽을 꾼 후에는 그를 찾으며 살려달라고 외치기도 한다. 헬레나 또한 두 남자의 사랑을 동시에 받을 때 "당신들이 진정한 남자라면… 이렇게 대하진 않을 거야"(3.2)라는 등, 기존의 도덕적 규범을 강조하기도 한다. 이와 같이 양면성을 지니고 있지만 당대의 지배 담론에 도전하는 여성들과 가부장 제체의 수호자이면서 동시에 '다른 방법'을 시도하는 테세우스는 셰익스피어가 신구新舊의 가치관의 충돌 속에서 탐구한 보다 바람직한 인간의 모습이라 할 수 있다.

희극의 궁극적인 관심이 개인과 개인, 개인과 사회와의 원만한 조화를 통해 행복한 세계를 구축하는데 있듯이 당시 결혼도 개인과 개인을 위한 사랑의 성취이자 집안, 그리고 축하하기 위해 참석한 사람들, 즉 "집단의 소원성취 의식"(Carroll 38)에 목표를 두었다. 또한 셀린저[Leo Salinger]가 셰익스피어의 희극에서 결혼의 중요성을 "희극은 결혼의 축하이며, 결혼은 사회에서의 조화에 초점을 두는 것"(17)이라고 보듯 이 작품에서 세 쌍의 결혼은 희극 전통에 뿌리를 두며 가족과 사회와의 조화를 이루는 통합의 원리에 의해서 완성된다. 그러므로 작가는 이 작품 속에서 당시의 이데올로기인 가부장제의 억압과 이에 도전하는 여성들의 모습을 보여주지만 궁극적으로는 결혼이라는 축제를 통해서 이들의 통합은 물론 바람직한 미래에 대한 삶의 방향을 제시한다고 볼 수 있다.

4) 현실 세계 그리고 꿈(상상)의 세계

이 작품은 현실의 세계와 꿈의 세계를 시 · 공간에 의해 분명하게 구별하지만 플롯 자체는 기묘하게 얽혀 있어 어디까지가 현실이고 어디까지가 꿈인지 모호하다. 환상의 지배를 받는 현실과 현실에 기반을 둔 꿈이 씨줄과 날줄로 짜여 작품의 대부분에 공존하기 때문이다. 현실은 궁정과 낮으로 대체되며 꿈은 숲과 밤으로 대체된다. 이러한 측면에서 볼 때, 이야기의 구조는 (현실/궁정/낮) →(꿈/숲/밤) →(현실/궁정/낮)이라는 시 · 공간적 순서로 진행된다. 두 쌍의 연인들이 궁정/낮에 부딪힌 현실을 도피하여 숲/밤에 들어가 꿈의 세계에서 살다가 다시 궁정/낮이라는 현실의 삶, 좀 더 자세히 말하면 처음의 현실보다는 더 나아진 삶으로 원상복귀한다는 것이다.

그러나 그들은 숲/밤에서 오베론과 퍽이 연출한 연극의 배우가 되어 궁정/낮에서와 다른 삶을 산다. 궁정이라는 현실에서는 허미아가 라이샌더와 드미트리우스의 사랑을 동시에 받았다면, 숲이라는 꿈의 세계에서는 헬레나가 두 남성의 사랑을 동시에 받는다. 이와 같이 전복된 상황에서 두 쌍의 연인들은 배우가 되고 이들을 지켜보는 오베론과 퍽은 관객이 되기 때문에 숲속에서의 꿈은 '테두리 없는 극중극'이라 할 수 있다. 오베론과 퍽의 연출로 탄생한 또 하나의 '테두리 없는 극중극'은 당나귀 머리를 쓴 노동자 보틈과 요정의 여왕, 티타니아의 사랑극이다. 전자의 극중극은 언제든지 상황은 바뀔 수 있다는 것, 그리고 후자의 극중극은 기존의 계급질서의 타파라는 상징적인 의미를 내포하고 있다. 작가는 이와 같은 극중극을 꿈이라고 설명하고 있으므로 이 작품에서 꿈과 연극은 동일시된다. 꿈과 연극은 현실을 바탕으로 한 상상력에 의해 창조된 것으로 요술과 같아서 현실에서 불가능한 일을 가능하게 해준다.

> *테세우스: 광인이나 연인이나 시인은 모두 그들의 지나친 상상력에 지배를 받거든. 어떤 사람들은 그들이 어디서나 악마와 괴물을 본다고 생각해—그게 결국 광인이라는 거지. 연인들도 똑같이 미치광이들이야—검은 피부의 집시가 세상에서 가장 아름다운 여성이라고 생각하거든. 시인들은 항상 시적 황홀경을 가지고 주위를 봐, 일상적인 것과 비현실적인 것을 혼돈하면서, 그리고 존재하지 않는 것들을 글로 묘사하면서. 이 사람들은 너무 강한 상상력을 가지고 있어서, 그들이 행복을 느낄 때면, 신 혹은 다른 초자연적인 존재가 자신들에게 행복을 가져다준다고 생각해. 혹은 그들이 밤에 두려움을 느낄 때면, 그들은 관목 숲을 보고 그것이 야생 곰이라고 상상하거든!(5.1)*

꿈은 불가능한 것이 없는 상상의 세계다. 그리하여 작가는 등장인물들의 꿈 이야기를 통해 관객에게 현실에서 억압되고 경험하지 못한 삶의 영역을 맛보게 함과 동시에 진실을 파악할 수 있는 기회를 준다. 더 나아가 작가는 극중극을 통해서 현실이 여름밤의 백일몽처럼 허구일 수도 있다는 것을 보여줌으로써 현실세계와 꿈의 세계의 모호성을 드러낸다. 결국 꿈은 허구와 진실을 동시에 지닌 동전의 양면과 같은 것이다. 그럼에도 불구하고 꿈, 즉 상상력은 때로는 현실이 될 수도 있다는 명제를 되새겨 볼 때 상상력의 세계는 인류의 발전에 필수 불가결한 요소라 생각된다. 이러한 측면에서 셰익스피어는 당시 가부장제 사회의 모순점과 인간의 평등성을 상상력으로 빚어낸 꿈/연극을 통해서 현실의 모습을 조망해 보고 보다 나은 미래의 삶을 제시했다고 볼 수 있다.

5) 에로티시즘

코트Jan Kott는 『한여름 밤의 꿈』이 셰익스피어의 모든 작품들 가운데 가장 에로틱한 극이라고 주장한다. 제목에서 시사하듯 여름은 인생에 비유하면 청년시절이다. 그것도 '한여름'이니 혈기왕성한 청년기의 절정이 연상된다. 여기에 역사는 밤에 이루어진다는 말이 있듯이 '밤의 꿈'은 신비로운 기운마저 감돌아 에로틱한 분위기를 자아내는 최적의 상태다. 당연히 연인들의 사랑도 역사의 한 페이지를 쓰기에 충분하다. 단적인 예를 보면, 숲속에서 라이샌더가 "덤불에서 우리 둘이 함께 자도 좋은데. 마음은 하나, 침대도 하나, 몸은 둘, 그리고 충실한 서약도 하나"(2.2)라며 허미아에게 같이 잘 것을 제안한다. 그러나 허미아는 순결을 이유로 거절하고, 그들은 서로 거리를 두고 잠자리에 든다. 그날 밤 허미아는 뱀이 자신의 가슴 위를 기어가는 꿈을 꾼다. 그녀는 뱀이 자신의 가슴을 뜯어 먹는 줄 알았다며 그 무서운 상황에서 라이샌더는 웃고만 있었다고 꿈을 설명한다. 가버Marjorie B. Garber가 뱀은 프로이트 심리학에서 남성의 성기를 나타낸다고 설명하듯이 꿈은 허미아의 잠재의식과 욕망이 위장된 형태로 표출된 것이라고 볼 수 있다. 다시 말해서 당시 순결을 지켜야 하는 여성의 성적 억압과 둘만의 공간에서 맛보는 해방감의 교차점에서 느끼는 갈등이 꿈으로 나타난 것이다.

티타니아가 보톰에게 표현하는 사랑의 감정은 훨씬 더 에로틱하다. 보톰이 동물의 모습을 하고 있기에 그 효과가 더욱 커 보인다.

> *티타니아: 주무세요, 제가 당신을 제 팔로 감싸 드릴게요. 요정들아, 물러가라. 사방으로 흩어져라. 마치 사랑스런 인동을 부드럽게 휘어감은 인동 덩굴처럼, 느릅나무 가지를 휘감고 있는 암컷 담쟁이덩굴처럼 이렇게 감싸 드릴게요. 오, 당신을 얼마나 사랑하는지! 당신한테 푹 빠져 버렸어!(4.1)*

당나귀 머리를 쓴 보톰의 몸을 팔과 다리로 칭칭 감고 있는 티타니아의 모습은 동물을 탐하는 변태적인 성욕으로 느껴질 만큼 에로틱하다. 예로부터 당나귀가 네발 달린 짐승 중에서 가장 길고 단단한 성기를 가진 동물로 알려져 있다는 사실은 성적 분위기를 더욱 고조시킨다. 이러한 육감적인 표현은 억압된 여성의 욕망을 표출하는 것으로 초자연적인 요소가 존재하는 숲속에서 가능한 것이다. 셰익스피어는 한여름 밤, 가톨릭 절기에 따르면 성 요한 제의 전날 밤으로 이날 밤에 기이하고 신비로운 일이 벌어진다는 서양의 신화를 빌어 여성의 욕구를 환상처럼 표현한 것이라 할 수 있다.

4. 토론 거리

1) 셰익스피어는 '이 순간도 축제 중'이라 말할 수 있을 만큼, 전 세계에서 셰익스피어에 관한 많은 논문들이 쏟아져 나오고 있다. 왜 사람들은 셰익스피어에게 열광하는 것일까? 특히 『한여름 밤의 꿈』은 우리나라의 경우, 해마다 거의 어떠한 형태로든 공연되는 작품이다. 최근의 동향을 보면 2016년 11월 13일 세종문화회관에서 「셰익스피어 인 발레 한여름 밤의 꿈」이라는 판타지 희극 발레로 공연되었고, 2017년 7월 22일 전북 정읍사예술회관에서 셰익스피어의 『한여름 밤의 꿈』이 농악과 사물 악기를 활용해 한국의 전통 연희로 부활되었다. 2018년 1월5일-28일에는 세종문화회관에서 쉽게 보는 「셰익스피어 시리즈」로 이 작품이 가족 음악극 형식으로 공연되었다. 이와 같이 이 작품이 다양한 장르로 계속해서 재탄생되는 이유가 무엇일까?

2) 이 극의 지배적인 주제는 아버지, 통치자, 법률과 같은 사회적 권위에 도전하여 사랑을 성취하는 연인들의 모습이라 할 수 있다. 이들이 현실을 도피하여 들어가는 숲의 세계는 일상에서 일탈하여 해방의 공간을 형성하는 문학의 본질

과 일맥상통한다고 할 수 있다. 이런 의미에서 작가의 상상력으로 탄생되는 문학이라는 공간은 인간의 억압된 욕구를 분출할 수 있을 뿐만 아니라 상처받은 영혼들의 치유 장소도 될 수 있다. 여러분에게 있어서 문학은 어떤 역할을 하는가?

3) 테세우스는 허미아에게 "결혼한 여성은 선택되어 아름다운 향수가 되는 장미와 같지만, 수녀는 단지 줄기에 붙은 체 시드는 법이다"(1.1)라고 주지시키는데 이러한 삶은 어떤 의미이며 또한 여러분은 어떤 삶을 선택할 것인가? 그리고 그 이유는 무엇인가?

4) 헬레나는 자신의 사랑을 받아주지 않고 도망치는 드미트리우스에게 "갈 테면 가. 다프네와 아폴로의 이야기가 바뀔 테니"(2.1)라고 한다. 이 말은 약자가 쫓고 강자가 쫓긴다는 의미다. 사랑하는 연인들 관계에서 약자와 강자가 존재하는가? 존재한다면 어떤 형태로 존재하는가?

5. 텍스트

박부순, 『한여름 밤의 꿈』, 소리내, 2018.

3장

악 령

Besy

도스토옙스키

Fyodor Mikhailovich Dostoevskii

01

주요 용어 해설

1. 아우구스티누스(Augustinus)와 기독교 이원론[dualism]

기독교 세계에 살고 있는 사람들의 삶을 이해하기 위해서 반드시 알아야 할 개념이 있는데, 그것은 삶에 대한 이원론적 인식이다. 지상의 삶과 천상의 삶이 그 이원론을 구성하고 있는 각각의 요소이며 지상의 삶은 죄악과 고통에 가득 찬 무의미한 삶이고 따라서 인간은 영원한 행복이 넘쳐흐르는 천상의 삶에서 진정한 삶의 의미를 찾아야 한다는 것이 그 이원론의 본질이다. 지상을 비추는 찬란한 태양의 아름다움 때문에 하데스와의 약속을 저버리고 지하 세계로 돌아가기를 거부한 시지포스가 웅변적으로 대변하고 있는 고대 그리스인들의 휴머니즘 사상과 대척점에 있는 것이 바로 기독교의 이원론적 사상이다.

그런데 기독교가 이렇게 지상과 천상의 분리라는 이원론적 기초 위에 서게 되었던 것은 기독교가 맞이했던 최초의 위기 때문이었다. 로마제국으로부터 탄압받던 기독교는 4세기 초 공인을 받고 4세기 말이 되면 로마제국의 국교로 승격되기에 이른다. 그런데 기독교를 국교로 맞이한 지 얼마 되지 않은 410년 로마제국은 서고트 족에게 수도 로마가 점령당하는 수모를 당한다. 많은 로마 사람들이 이러한 국가적 재난이 기독교 국교화의 책임이라고 생각하고 기독교를 비난하기 시작했다. 신과 인간 사이에 등가의 교환 관계가 존재한다고 믿고 있던 것이 당시 로마의 종교관이었다. 국교로 승격시켜 새롭게 맞이한 기독교 신은 등가 교환의 차원에서 로마의 번영을 보장해줘야 하는 것이 마땅한 일이었다. 그러기는커녕 로마제국 역사 이래 가장 치욕적인 이러한 사건이 발생하고 말았으니 기독교 신에 대한 비난이 쏟아지는 것은 당연한 일이었다.

이것이 기독교가 맞이한 최초의 신학적 위기다. 그리고 이러한 위기를 돌파한 위대한 신학자가 바로 아우구스티누스였다. 그는 『신국론』이라는 방대한 대작을 집필하여 로마인들의 기독교 신에 대한 비난이 얼마나 그릇된 것인가를 설파한다. 그는 먼저 로마의 역사를 통괄적으로 조사하여, 이전에도 로마는 수많은 치욕을 겪어 왔다는 역사적 사실들을 실증적으로 보여줌으로써 410년 로마 함락도 그러한 역사적 추이의 하나일 뿐 기독교 국교화의 결과는 결코 아니라는 사실을 밝힌다.

다음으로 그는 로마의 영광이며 치욕과 같은 이러한 지상 세계의 현상들이 얼마나 부질없는 것들인지를 논증한다. 그 논증법에 따르면, 절대적으로 사실은 아니지만 크게 양보하여 로마의 함락이 기독교 신의 책임이라고 인정한다 한들 그것이 부질없는 지상사의 하나에 지나지 않을 뿐인데, 그것을 들어 기독교를 비판하고 있는 로마 인들의 태도는 따라서 결코 온당치 못한 것이다. 플라톤의 현상과 이데아의 이원론을 원용한 그의 논증법들이 신학적으로 화려하게 개화하여 마침내 그의 신학적 이론 체계는 로마 사람들의 기독교 비판을 잠재우는 데에 결정적 역할을 하게 된다. 그리하여 기독교의 제1차 신학적 위기는 훌륭하게 극복되고 기독교 신학은 탄탄한 토대를 가지게 된다. 그리고 그 토대는 이렇듯 지상과 천상의 분리라는 이원론이었다.

2. 토마스 아퀴나스(Thomas Aquinas)와 이성[reason]

11세기 말부터 13세기 말까지 200여 년에 걸친 십자군 전쟁은 유럽의 역사에 중대한 결과를 가져온다. 휴머니즘의 재발견, 다시 말하면 르네상스 시대를 촉발한 가장 큰 계기가 바로 이 십자군 전쟁이었다. 기독교의 로마 국교화 이후 이교 혹은 이단으로 단죄되어 유럽의 역사에서 완전히 사라졌던 고대 그리스 로마의 문명들이 아랍 세계에 고스란히 보존되어 있음을 십자군 전쟁은 유럽 사람들에게 알려준 것이다. 고대 그리스 로마 문명! 그것은 인간의 이성 바로 그것이었다.

그리고 당시의 유럽 사람들에게 인간 이성의 발견은 충격 그 자체였다. 최초의 조상이 지었던 원죄 때문에 인간의 신분은 죄인으로 타락하였고, 그 결과 인간은 자신 속에 존재하는 어떤 힘에 의해서도 스스로를 구원할 수 없는 존재인바, 인간은 결코 스스로는 진리에 접근할 수 없고 그 진리는 오직 신의 계시에 의해서 인간에게 주어진다는 것이 당시 유럽 사람들의 생각이었다. 그런데 신의 계시가 아니라 인간 이성에 의해서 고대 그리스 로마인들은 이렇듯 찬란한 진리 체계(특히 아리스토텔레스의 저작들)를 완성해 놓았지 않은가? 그렇다면 계시만이 진리의 유일무이한 주관자라는 것을 과연 믿어야 하는 것일까? 이러한 의문이 13세기의 기독교가 맞이한 제2차 신학적 위기를 구성한다. 그리고 이 위기를 아우구스티누스만큼 훌륭하게 극복한 신학자가 바로 위대한 신학자 도마스 아퀴나스이다.

그는 방대한 『신학대전』을 집필하여 계시와 이성이 서로 대립적 개념이 아니라는 것을 설파함으로써 중세 유럽의 기독교 세계에 가해진 고대 그리스 로마의 휴머니즘 문명의 충격을 최소한으로 완화시키며 제2차 신학적 위기를 성공적으로 해소한다. 그에 의하면 이성도 계시의 부분 집합인바, 인간이 이성에 의해서 어떤 진리를 알게 된다 해도 그것이 계시의 권능을 부정하는 것이라고 생각해서는 안 되며, 계시는 진리의 영원한 주인이라는 사실은 변함이 없다.

3. 러시아 정교회[The Russian Orthodox Church]와 제3의 로마[The Third Rome]

988년 어떤 종교를 받아들일까를 놓고 고심하던 러시아(당시는 지방 정권인 키예프 공국)의 드미트리 1세는 동로마 제국으로부터 동방 정교회를 받아들인다. 그때 이후 러시아 정교회는 러시아의 국가적 정체성 확립에 결정적 역할을 하면서 러시아의 국교로서의 변함없는 위치를 차지한다. 그리고 1448년 콘스탄티노플 총대주교의 관할권에서 벗어나 독자적인 지위를 확보한다. 또한 1453년 동로마 제국의 멸망 이후부터는 자신을 '제3의 로마'로 자부하며 예수의 재림은 반드시 러시아에서 이루어진다는 확고한 신앙을 가지고 인류를 구원하는 세계사적 존재가 바로 자신이라고 믿기에 이른다.

그런데 이러한 확고한 신앙 체계가 19세기에 들어오면 심각한 위기를 맞이하게 되는데 그 위기는 유럽의 계몽주의적 사상의 유입에 의해 촉발되었다. 그리고 1453년 이래 제3의 로마라는 자부심 속에서 인류적 사명의 주체자라는 자의식을 가질 만큼 이렇게 안정적인 발전만을 계속해왔다는 사실이 도리어 러시아 정교회에게는 치명적인 파국을 안기고 마는데, 몇 차례의 신학적 위기를 겪어오면서 새로운 도전에 대한 대응 능력을 갖추고 있었던 유럽의 기독교는 계몽주의 사상에 대해서 적절하게 대처할 수 있었던 반면에 러시아 정교회는 그렇지 못한 바, 악령 속에 나타나는 극단적 허무주의의 출현을 막을 수 없게 된다.

02
작가의 생애와 시대 배경

1. 표도르 미하일로비치 도스토옙스키(Fyodor Mikhailovich Dostoyevsky), 그는 누구인가?

교양인들에게는 참으로 맥 빠지는 질문이겠지만 아직은 '미래형' 교양인이라고 할 수밖에 없는 우리의 독자인 대학 신입생들에게는 이 질문이 충분한 의미를 가질 만큼 도스토옙스키는 생소한 이름일 것이다. 모두가 잘 알고 있는 천재 물리학자 알베르트 아인슈타인Albert Einstein의 입을 빌어 이 질문에 대답해보자면, 우리 인간의 정신적 존재로서의 신비스러운 면모를 천재적 직관으로 통찰한 '위대한 종교 작가'가 바로 도스토엡스키이며 바로, 이러한 점에서 수학자 가우스Gauss보다 더 높게 평가해야 할 사람이 있다면 그 사람이 바로 도스토엡스키이다. 인류 역사에서 가장 위대한 수학자이자 수학의 왕자라고 일컬어지는 가우스보다 더 높은 평가를 그것도 물리학자 아인슈타인에게서 받고 있다는 사실만으로도 도스토엡스키의 문학적 위대성이 어떤 것인지는 더 이상 말할 필요가 없을 것이다.

문학계 외부의 시선이 이러할진대 문학계 내부에서 도스토엡스키 숭배가 상상을 초월한다 해도 그것은 너무도 당연한 일이라 할 것이다. 문학인들 중에서 한 사람만 인용해 보자면, 『등대로』(To the Lighthouse)의 작가 버지니아 울프를 들 수 있을 텐데, 그녀에 따르면 도스토엡스키를 읽을 때만큼 가슴 설레게 하는 작가는 오직 셰익스피어 밖에 없다는 것이다. 아인슈타인과 버지니아 울프를 인용한 지금, 도스토엡스키가 누구인가? 라는 질문에 대해서 우리는 다음과 같이 간단하게 대답할 수 있겠다 : 도스토엡스키는 셰익스피어와 어깨를 나란히 할 수 있는 단 한 사람뿐인 위대한 작가이며 이는 문학계 안팎에서 공히 인정하고 있는 사실이다(여기에서 우리는 셰익스피어의 위대성은 주지의 사실이라고 간주하고 넘어가기로 하겠다).

2. 위대한 작가 도스토엡스키의 근대적 불행

그는 1821년에 러시아의 모스크바에서 태어나 1881년에 60세의 나이로 죽었다. 60년에 걸친 그의 생애는 세계 문학사에 위대한 발자취를 남겼다. 그러나 그의 인생은 전혀 행복한 것이 아니었으니, 근대 세계가 예술에 떠안긴 불행한 숙명이 어떤 것인지를 모범적으로 보여주겠다는 듯이 위대한 예술가 도스토엡스키의 생애는 그야말로 '근대적 불행'으로 가득 차 있는 것이었다. 도스토엡스키의 생애 속으로 구체적으로 들어가기 전에 근대 세계와 예술의 관계를 살펴보고 근대적 불행이 무엇인지를 설명해 보기로 하자.

근대적 불행 그것은 현대시의 아버지 샤를르 보들레르Charles Baudelaire가 시집『악의 꽃』에서 절규하고 있는 것처럼 시대가 내린 저주를 예술이 온 몸으로 받아내야만 한다는 사실에서 기인하는 불행이다. 근대 이전의 역사에서 예술은 자기 시대의 공식적 가치를 받들고 그 가치를 미학적 형식에 의해서 가장 아름답게 표현하는 인간 행위였다. 예를 들어 보자면 서양 중세의 모든 위대한 예술가들은 자기 시대의 공식적 가치인 '신앙과 명예'를 가장 아름답게 표현하는 데에 온 정열을 다 쏟아 부었고 거기에서 지극한 행복을 느끼고 있었다.

그러나 이렇듯 조화로웠던 시대와 예술의 관계는 근대에 들어서면서 파탄을 맞이한다. 근대 세계의 예술은 자기 시대의 공식적 가치라는 것이 무엇인지를 간파하는 순간 경악하게 되는데 그 가치가 너무도 속악한 것이기 때문이다. 그 결과, 예술이 진정성을 추구하면 할수록 예술은 시대의 속악하기 그지없는 공식적 가치를 부정할 수밖에 없게 된다. 그리하여 근대 세계에서의 예술은 자기 시대의 공식적인 가치를 부정할 때에만 바로 그때에만 진정한 걸작이 탄생할 수 있다는 기이한 조건 속에 놓이게 된다. 시대와 예술의 불화, 이것이 근대 세계가 예술에 내린 저주이며 이 불화 관계로부터 예술가의 삶은 불행해지기 시작한다.

시대의 속악한 본질을 진정성과 대립시키면서 그것을 끊임없이 부정하는 예술가는 결국 현실 세계 속에서 불행한 삶을 살 수밖에 없는데 이것이 바로 근대 세계가 예술에 떠안긴 숙명이며, 이 숙명으로부터 기인하고 있다는 점에서 예술가의 불행은 예술가 개인 차원의 불행이라고 할 수 없는 시대적 차원의 불행이라고 볼 수 있다. 그것을 우리는 예술의 '근대적 불행'이라고 일컫는다. 그리고 근대 세계의 속악성이 무엇인지를 밝히자면 그것은 바로 물질에 대한 욕망이며 그 물질의 상징적 표상으로 작용하고 있는 화폐에 대한 신격화이다.

한 켤레의 구두를 위해서라면 셰익스피어는 백 번이라도 버릴 수 있다는 『악령』 속의 한 구절은 그러므로 근대 세계의 공식적 가치가 얼마나 속악한 것인지를 적나라하게 보여주고 있는 것이며 또한 동시에 그러한 사실을 응시하고 있는 예술가 도스토옙스키의 전망을 보여주고 있는 것이라 하겠다. 도스토옙스키가 살았던 시대는 이러한 속악한 가치가 시대의 공식적 가치로 되어가고 있는 시대였으며 예술가를 비롯한 학자 지식인들이 그러한 시대의 흐름을 부정하고 거기에 저항하면서 시대와의 마찰을 빚게 되고 개인 도스토옙스키의 인생 또한 예외 없이 이러한 마찰을 통해서 불행 속으로 빠져 들고 말았던 것이다.

도스토옙스키는 1846년 『가난한 사람들』을 발표하여 작가로서 공식적인 등단 작업을 완료한다. 거기에다가 한 무명 청년의 데뷔작에 불과한 이 소설이 단번에 대단한 호응을 얻어 그는 단연 러시아 문단의 총아로 떠오른다. 그러나 3년 후인 1849년 정치적 음모 사건이 발생하고 거기에 연루된 그는 사형 선고를 받고 사형장의 총살대에까지 올랐다가 마지막 순간 극적으로 내려온 황제의 명령으로 사형 집행이 중단되고 그는 그야말로 구사일생으로 목숨을 구하게 된다.

이것이 바로 그 유명한 '페트라셰프스키 사건'이다. 그는 이제 손발에 쇠사슬이 채워진 비참한 모습으로 어느 추운 겨울 날 시베리아 유형길에 오른다. 이때부터 도스토옙스키의 삶은 불행 속으로 곤두박질치게 된다. 그리고 그 불행은 이처럼 개인 도스토옙스키의 사적 영역이 아닌 시대와의 불화에서 근원하고 있는 바, 그의 불행이야말로 '근대적 불행'이라 불러 마땅할 것이다.

3. 페트라셰프스키 사건

도스토옙스키를 문단의 총아라는 위치로부터 시베리아 유형수라는 비참한 위치로까지 추락시켜버린 페트라셰프스키 사건은 도스토옙스키의 근대적 불행이 시작되는 원점이라는 의미를 떠나 도스토옙스키의 문학 세계를 근원적으로 바꾸어 놓는 절대적 계기로 작용하게 된다. 그의 문학 세계를 이해하는 데에 있어서 무엇보다 먼저 이 사건의 경과와 의미를 살펴보는 것은 그러므로 당연한 일이라 하겠다.

1842년, 4년에 걸친 육군공병학교 교육 과정을 수료한 도스토옙스키는 육군공병 소위로 임관되어 육군성 지역 개발과의 토목 기사 보직을 맡게 된다. 군대나 기술에 대해서는 그렇다 할 만큼 특별한 재능도 취미도 없었던 그였지만 아버지의 경제적 실용주의적 판단(학비 면제와 안정적 급여가 지급되는 직업 보장)에 의해서 결정된 길이었던 만큼 그는 그 직업에 만족을 느끼지 못 하고 2년 후인 1844년, 그가 어린 시절부터 사랑해 마지않았던 작가의 꿈을 실현시키기 위해 전역 신청을 하고 문학계에 뛰어든다. 그리고 2년 후 1846년『가난한 사람들』이 출간되자 당대의 유명한 시인 네크라소프 그리고 그에 못지않게 영향력이 막강했던 비평가 벨린스키 등 러시아 문학계는 극찬을 아끼지 않았고 독자 대중들의 호응 또한 대단하여 그는 일약 장차 러시아 문단을 짊어지고 나갈 젊은 스타로 떠오른다.

문학의 젊은 아이콘이 된 도스토옙스키는 수도 상트페테르부르크 사교계에 드나들면서 당대를 대표한다는 사람들과 교류하게 된다. 이렇게 의기양양하게 사교계를 누비던 도스토옙스키는 페트라셰프스키를 만나 페트라셰프스키 클럽에 가입한다. 이 서클은 프랑스의 공상적 사회주의자 푸리에의 사상을 추종하는 정치 서클로서 당시 러시아 외무성에 근무하던 진보주의자 페트라셰프스키에 의해 결성되었기 때문에 페트라셰프스키 서클이라 불리었다. 당시 러시아의 황제 니콜라이 1세의 극단적으로 보수적인 통치에 비판적인 지식인들의 정치 결사체가 많이 있었는데 이 서클도 그 중 하나였다. 1825년부터 1855년까지 군림했던 니콜라이 1세는 당시 유럽 여러 나라의 통치자들과는 달리 시대의 흐름에 발맞추는 개혁 작업을 극단적으로 혐오한 나머지 그 결과 러시아는 시간이 흐를수록 유럽과 정치 사회 경제적으로 격차가 벌어지게 되고 그것이 지식인들 사이에 커다란 불만을 유발시키게 되었다.

이러한 배경에서 태어난 페트라셰프스키 서클은 러시아의 전제·정치·제도에 대한 반대, 그리고 러시아 봉건 체제의 상징인 농노 제도의 폐지를 주장하면서 러시아의 유럽화를 당면 목표로 설정하고 매주 금요일 지식인 회원들의 회합을 이어나가고 있었다. 그들은 1840년대 러시아 지식인 운동의 흐름이었던 서구주의자들이었다. 한편, 황태자 시절에는 진보적 자세를 견지했던 니콜라이 1세는 1825년의 '데카브리스트 반란'을 겪고 나서부터는 극단적 보수주의로 급격하게 기울었고 특히 지식인들의 활동을 엄격하게 통제했는데 거기에 비례하여 비밀경찰의 사찰 활동도 극심해졌다. 그리고 1848년의 프랑스 2월 혁명은 그 영향력이 전체 유럽으로 파급되어 유럽은 혁명의 열풍에 휩싸이게 되었는데 여기에 신경이 예민해진 러시아 공안 당국의 활동 또한 더욱 치밀해지고 있었다.

1849년 이러한 국제적·국내적 정세 속에서 페트라셰프스키 서클은 결국 비밀경찰의 정보망에 포착되어 백여 명에 이른 회원들이 체포되고 재판에 넘겨져 그중 21명이 사형 선고를 받게 되는데 도스토옙스키는 사형 선고를 받은 사람들 속에 들어 있었다. 도스토옙스키는 앞에서 말한 바처럼 감형을 받고 시베리아 유형에 처해지는데 4년에 걸친 강제 노동형과 그것이 끝난 후 추가적 형벌로서 6년에 걸친 사병 복무 기간을 거쳐야만 했다.

그리고 이런 가혹한 형벌을 통하여 그는 인생을 저 밑바닥으로부터 체험하게 된다. 그 결과 자신이 과거에 얼마나 공허한 생각에 사로잡혀 있었던가를 절실하게 깨닫게 된다. 전제 정치 아래에서 신음하고 있는 러시아 민중들에게 자유와 정의와 평등을 주겠다는 대의를 내세우면서 체제 전복 운동에 투신하고 있던 1840년대 러시아의 자유주의 사상가들 즉 서구파의 사상이 얼마나 허구적인 것인지를 깨닫게 된 것이다. 유럽의 민주주의를 러시아에서도 수립하고자 하는 러시아의 자유주의 사상이 러시아의 민중 대부분을 차지하고 있는 러시아 농민에 대한 절대적 무지에서 나왔다는 것을 도스토엡스키는 유형 생활 10년에 걸쳐 농민들과 직접 함께 생활함으로써 알게 된 것이다.

러시아 민중에 대해서도, 그들이 살고 있는 대지에 대해서도 아는 것 하나 없이 그저 탁상 위에서 열심히 러시아의 미래를 설계할 뿐이면서도 자신들이 대의에 봉사하고 있다는 착각 속에 빠져있는 자유사상가들, 도스토엡스키는 자신이 한때나마 그들과 한 일원이었다는 것을 통렬히 후회하면서 그는 서구주의를 버리고 그 반대 진영이라 할 수 있는 슬라브주의 쪽으로 사상적 전환을 하기에 이른다. 물론 이러한 사상적 전향에 대해 모스크바나 상트페테르부르크에 살고 있는 문학계의 동료들이 조용히 있었을 리는 만무했다. 혁명가 도스토엡스키가 황제의 은사를 받기 위해 황제에 바치는 송가를 썼다는 둥 하면서 도스토엡스키를 조롱하는 소문이 수도 일원에 쫙 깔리게 되었다.

그러나 이러한 치욕스러운 조롱도 도스토엡스키의 확고한 믿음, 즉 실제 체험에 바탕을 둔 믿음을 흔들 수는 없었다. 민주적 평등이 인간 상호 간의 폭력성을 제거해줄 것이라고 서구주의자들은 주장하고 있지만 이것은 이론에 불과하고 실제로는 폭력성을 더 악화시킬 뿐이며, 그들이 주장하고 있는 왕정의 폐지와 러시아 정교회의 척결은 사회적 정의를 실현하기는커녕 도리어 물질주의 및 개인주의적 이기주의가 지배하는 결과를 초래할 뿐이라는, 다시 말하면 유럽의 부르주아 민주주의는 결국은 돈의 지배를 초래할 뿐이라는 그의 믿음은 그만큼 확고한 것이었다.

그리고 페트라셰프스키 서클 구성원들이 신봉하고 있던 사회주의에 대해서도 도스토엡스키는 근원적으로 부정하는데 그것은 사회주의자들의 인간 본성에 대한 이해가 너무도 평면적이라는 이유 때문이었다. 인간은 근본적으로 이성적이고 선한 존재이며 따라서 지식이 인간을 광명으로 인도할 것이라는 것이 사회주의자(당시의 푸리에주의자)들의 인간에 대한 기본적 인식이었다. 그러나 도스토엡스키는 인간이 얼마나 복잡한 존재이며 인간성 속에 깃들어 있는 악마적 속성이 얼마나 집요한 것인지 그리고 인간의 감정과 신앙의 문제들은 결코 이성의 범주에 속하지 않는다는 사실들을 너무도 절절하게 알게 되었지 않았던가. 그것도 유형 생활이라는 최악의 인간 조건이 부과하는 지극한 고통을 통해서. 따라서 그들 사회주의자들의 꿈은 이러한 인간 본성을 고려할 때 결코 원만하게 실현될 수 없는 성질의 것인바 사회주의는 한낱 이상주의에 지나지 않는 것이기에 도스토옙스키는 그것을 깨끗이 부정하기에 이른 것이다.

페트라셰프스키 사건과 시베리아 유형 생활을 거치면서, 유럽의 민주주의와 사회주의에 기반을 둔 서구파와 확연하게 결별한 도스토옙스키는 슬라브주의가 지향하는바의 가치들을 새롭게 인식하게 되었는데, 이것이 바로 앞으로 그가 꽃피워낼 위대한 문학 세계의 진정한 토양으로써의 역할을 하게 된다.

4. 슬라브주의자 도스토옙스키와 그의 문학 세계

1859년 도스토옙스키는 육군 소위로서의 퇴역 군인의 지위를 회복한다. 1854년 유형에서 풀려난 후 사병으로서 다시 군복무를 해야 했던 도스토옙스키에게 이는 대단한 사건이다. 1722년 표트르 대제에 의해 확립된 러시아의 '14관등 제도'가 여전히 위세를 떨치던 당시에 퇴역 사병 신분과 퇴역 소위 신분은 그 차이가 현격했기 때문이다(그런데 사실은 1856년 도스토옙스키는 황제의 대관식에 바치는 송가를 써서 그 덕분에 사병에서 소위 후보생으로 승진을 하게 되었다. 혁명가 도스토옙스키가 황제 송가를 쓰다니 이게 무슨 추태란 말이냐고 문학계가 그를 조롱했던 것의 계기가 바로 이 승진 사건이었다. 그러나 소위보는 관등표에 등재도 되지 않는 최하급에 속하는 장교일 뿐이었다).

아무튼 도스토옙스키는 주위의 곱지 않은 시선에도 개의치 않고 갖은 노력을 다한 끝에 1857년에는 귀족 신분을 회복했고(도스토옙스키의 아버지는 1827년 8등관에 속하는 군의관으로 승진하였는데 8등관부터는 귀족 칭호가 내려지고 그것은 세습이 된다. 참고로 8등관 군의관은 육군 소령에 해당된다), 자신의 책을 출판할 수 있는 자유를 얻게 되었다. 그리고 1859년 마침내 수도인 상트페테르부르크에 거주할 권리를 부여 받는다. 단, 평생 비밀경찰의 감시를 받는다는 조건으로. 그리고 이때부터 도스토옙스키는 본격적인 작품 활동을 시작한다.

그런데 당시의 러시아 정치 상황이 도스토옙스키가 보기에는 기묘하게 흘러가고 있었다. 극단적인 전제 정치를 펼쳤던 니콜라이 1세 황제가 1855년 죽자 그를 계승한 알렉산더 2세 황제는 자기 아버지와 달리 적극적으로 개혁 정책을 실천에 옮겼고 그 결과 1861년에는 러시아의 후진적 봉건성을 상징하는 농노제가 드디어 폐지되었다. 사법 분야의 개혁도 착실하게 진행되어 러시아는 이제 전제주의로부터 부족하나마 민주주의로 나아가고 있는 중이었다. 그러나 그것이 일시적 미봉책에 지나지 않는다고 판단한 자유주의자와 사회주의자(1860년대 러시아의 진보 세력은 1840년대의 진보 세력과 본질적 차이를 보이게 되는데 『악령』 속에 그것이 잘 나타나 있다)들 사이에서는 이러한 유화 국면이 혁명을 일으킬 절호의 기회라고 생각하는 기류가 형성되고 있었다. 전제 체제에서 민주 체제로 이행하는 과도기에 흔히 목격되는 혁명 운동의 과격화 양상이 러시아에서도 예외 없이 일어나고 있었던 것이다.

특히 무신론에서 출발하고 있는 허무주의자들과 무정부주의자들 그리고 인터내서날을 결성한 사회주의자들 및 공산주의자들 등 다양한 스펙트럼의 진보 세력들이 1840년대의 소박한 자유주의자들을 대체하여 혁명 운동의 전면에 나서는 현상이 전개되고 있었다. 도스토옙스키에게 이것은 결코 바람직한 현상이 아니었다. 왜 이러한 현상이 바로 1850년대 후반부터 1860년대에 걸쳐 일어나고 있는 것인지 그 원인을 따져본 도스토옙스키는 앞에서 언급한 바 있는 시베리아 유형 경험에서 깨달은 교훈들을 되새김하면서 확고한 슬라브주의자로서의 태도를 더욱 분명히 하게 된다.

도스토옙스키에 의하면 1850년대에 급작스럽게 취해진 러시아 사회의 민주화는 사회적 갈등을 완화시키기는커녕 도리어 격화시키는 유감스러운 결과를 가져왔다. 민주주의는 국민 각자에게 행복할 수 있는 평등한 권리를 약속하는 정치체제인바, 해방된 농노들과 하급 공무원들 그리고 가난한 대학생들 등 모든 민중들은 민주적 조치가 취해진 러시아 사회에서는 자신들이 귀족들이나 상층 부르주아들과 어떤 차이도 없는 동등한 존재들이라고 생각하게 되었다. 그러나 이것은 이상이었을 뿐 현실은 곳곳에 거대한 장벽이 놓여있고 세상은 여전히 가혹한 모습 그대로였던바, 이에 민중들은 기대가 좌절되어 환멸감을 맛보고 결국은 원한의 감정을 가지게 된다. 바로 이러한 감정이 사회에 널리 퍼져 결국 이것이 과격한 혁명 운동이 일어날 수 있는 토양을 제공하게 된다. 결론적으로 1840년대의 서구주의자들이 주장했던 러시아 사회의 민주화는 역설적이게도 이러한 파국적 현상으로 귀결되었다. 도스토옙스키는 바로 이러한 인식 위에서, 총체적 붕괴의 위기에 처해있는 러시아를 구원할 수 있는 방향이 무엇인지를 깊게 성찰하고 슬라브주의 속에 그 해답이 있다는 결론을 내린다.

슬라브주의는 '러시아 황제의 강력한 권위', '러시아 정교회의 신앙', 그리고 '러시아 민족 정체성'이라는 세 가지 기둥 위에 축조된 이념 체계라 할 수 있다. 그 발생적 기원이 나폴레옹의 러시아 원정까지 거슬러 올라가는 슬라브주의는 러시아의 국가적 국민적 자긍심에 호소하는 신비주의적 요소를 내포하고 있는데 바로 이러한 요소가 도스토옙스키에게 호소력을 발휘하게 된다. 이성에 기반을 둔 유럽의 계몽주의에 매혹되었던 서구주의자의 일원이었던 도스토옙스키가 이성과는 정반대인 이러한 신비주의에 이끌리게 된 것은 앞에서 이야기한 적 있는 시베리아 유형 생활 덕분이었다.

황제정 타도를 외쳤던 과거의 서구파 도스토옙스키가 황제의 대관식에 바치는 송가를 썼다는 사실은 그에게 황제정이 러시아의 질서를 보장할 유일한 정치 체제로 새롭게 이해되었다는 사실을 말해 준다. 손발이 쇠사슬에 묶인 채 화물차에 실려 유형지 옴스크로 가는 도중 잠깐 멈춘 시베리아의 작은 역에서 어떤 불행한 여인(데카브리스트 사건의 연루자로서 시베리아에서 23년째 유형 생활 중인 어떤 정치범의 부인)이 그에게 건네주었던 성서를 평생 손에서 놓지 않았다는 사실이 증명해주듯 그의 러시아 정교회에 대한 신앙은 그렇게 뜨거운 것이었다. 사실 그는 상상을 초월하는 지옥 생활인 시베리아 유형지 가장 어두운 곳에서 그리스도를 새롭게 만났다고 한다.

한편, 정치범이었던 도스토옙스키는 유형지 강제 노역장에서 소위 일반 잡범들과 함께 생활해야 했는데 그는 그때야 비로소 러시아 민중들이 어떤 사람들인지를 알고서 소스라치게 놀란다. 그는 바로 그들 속에 러시아의 가장 큰 재능과 가장 강력한 힘이 숨어 있다는 것을 확인하고는 그가 지난날 그들을 단순한 계몽의 대상으로 낮춰 봤다는 것을 크게 반성한다. 특히 러시아의 민중들이 지니고 있는 연민[compassion]이라는 보편적 정서에 그는 감동하고 그들이 살고 있는 러시아의 대지에 대한 사랑으로 그의 가슴은 벅차오른다. 러시아를 구원할 신비한 힘이 바로 이들 민중에게 있다는 것을 발견한 것이다.

그리고 지식이 있는 것도 아니고 무엇 하나 내세울 것 없는 러시아 민중들에 대한 도스토옙스키의 이러한 애정과 기대는 그가 이성에 대해서 가지고 있는 불신과도 깊은 관계가 있다. 진정으로 중요한 문제, 예를 들면 무엇이 선이고 무엇이 악인지에 대해서 이성은 어떤 능력도 없다. 본능적 직관 그리고 선량한 심성에서 우러나는 보편적 연민의 소유자 러시아 민중들은 그러므로 이성적 철학자나 사상가보다 훨씬 도덕적이라고 생각하기에 이른 것이다.

러시아 민중이 하느님의 보지자이며 예수의 재림이 반드시 러시아의 대지 위에서 이루어질 것이라는 러시아 정교회의 신비주의가 이제 도스토옙스키에게 내면화 된다. 신이 그들 속에 계시는 러시아 민중 그리고 예수가 그 위에 재림할 것이 분명한 새로운 약속의 땅 러시아의 광대한 대지. 이런 국민과 이런 국토를 가지고 있는 러시아는 단순한 국가가 아니라 이제 '성스러운' 러시아로서의 민족 정체성을 드높여야 할 의무를 지닌 그런 존재로 신비화 된다. 황제와 러시아 정교회와 러시아 민족에 대한 이러한 신비한 사랑, 여기에 이르면 마침내 도스토옙스키의 슬라브주의는 완결된 형태를 갖추게 된다. 그리고 이것이 도스토옙스키의 작품 세계의 본질적 토대로서 작용하는 철학이고 사상이며 비전이다.

5. 소설 작품들

젊은 날의 정치적 방황과 그 대가로 치러야 했던 혹독한 시베리아 유형 생활을 거치고 한 사람의 온전한 러시아적 작가로 다시 태어난 도스토옙스키는 자신의 시대가 당면하고 있는 문제들에 대한 진지하고 심오한 성찰로 가득 찬 소설들을 써낸다. 그리고 작가 자신의 처절한 경험에서 직접적으로 우러나온 박진감 넘치는 주제들이 입체적으로 얽히고 섞이면서 극적 반전을 거듭하다가 마침내 비장한 대단원까지 이르는 그의 소설 하나하나는 절로 독자의 감탄을 자아내기에 충분한 걸작들이다. 그의 소설을 읽고 난 후 독자가 받게 되는 느낌은 딱히 뭐라고 말할 수는 없지만 어떤 형이상학적 미로를 오래오래 헤매다니다가 전율을 가득 안고서 밖으로 튕겨져 나온 것 같다는 그런 느낌이다.

사실 세계 문학사에서 가장 철학적인 작가가 바로 도스토옙스키라고 꼽히곤 한다. 정작 도스토옙스키 자신은 철학을 본격적으로 배운 적도 없는데 말이다. 그가 전문적 철학을 공부했건 안 했건 그의 모든 소설들은 인생에 대한 철학의 근본적이고 영원한 문제들(인간과 신의 문제, 선과 악의 문제, 이성과 감정의 문제, 개인과 사회의 문제)을 소름끼치는 상상력을 동원하여 우리 앞에 펼쳐 보여준다, 특히 『죄와 벌』, 『백치』, 『악령』 그리고 『카라마조프가의 사람들』은 가장 철학적 작가 도스토옙스키의 심오한 정신세계와 소설가로서의 그의 천재적 상상력을 가장 잘 보여주고 있는 대표작들이다. 인생의 어느 때이건 이들 네 편의 소설을 꼭 읽어 보기를 권하면서 이제 우리의 주제인 『악령』의 세계로 건너가기로 하자.

03 작품 읽기

1. 『악령』의 탄생 배경

도스토옙스키는 1869년 초 소설 『악령』의 집필에 들어가 1871년 1월부터 잡지 러시아 통신에 연재를 시작하여 1872년 12월에 연재를 마친다. 그리고 연재 기간 동안 보여준 독자 대중의 호응에 힘입어 1873년 그것을 단행본으로 출간한다. 그런데 그가 집필을 시작할 때는 현재 우리가 알고 있는 『악령』을 쓰려는 생각은 아니었다. 그는 어떤 '위대한 죄인의 일생'에 관한 소설을 구상하고 1869년 초 그것의 집필에 들어간 것이었다.

그런데 1869년 10월 그가 머물고 있던 독일의 드레스덴으로 그의 처남이 찾아온다. 도스토옙스키는 2년 전 즉 1867년부터 채권자들을 피해서 러시아를 떠나와 오갈 데 없이 독일과 이탈리아를 헤매고 있는 처지였다. 모든 돈을 탕진할 때까지 도박판을 떠나지 못하는 도박 중독증 때문에 많은 빚을 지게 되었던 것이 이러한 해외 유랑이라는 비극을 초래하였던 것이다. 돌아갈 수 없는 조국 러시아에 대한 소식에 목말라 있던 도스토옙스키에게 처남이 이렇게 찾아와 전해준 조국의 소식 중에는 실로 충격적인 사건이 들어 있었다. 바로 '네차예프 사건'이었다. 처남이 드레스덴을 방문하고 있는 1869년 9월 현재로는 아직은 계획 단계에 있었던 그 사건은 도스토옙스키가 가장 우려하고 있던 성격의 사건이었다.

인간의 정의를 위한다는 대의에서 시작되었던 혁명 운동이 과격해지고 타락하다보면 그 마지막 단계에서 꼭 나타나는 현상이 있는데, 인간보다 혁명이 우선시되어 인간의 생명을 혁명의 수단으로 전락시키는 비인간적 현상이 바로 그것이다. 목적을 위해서 수단을 정당화하는 혁명 효율주의, 다시 말하면 혁명이 혁명공학으로 타락하고 마는 현상 말이다. 네차예프 사건은 혁명이 혁명 공학으로 타락하면 어떤 결과가 일어나는지를 모범적으로 보여주는 사건이었다.

도스토옙스키가 처남에게서 계획 단계에 있는 그 사건의 소식을 들었던 것이 10월이었는데 바로 한 달 후인 11월 말 그는 신문을 통해서 그 끔찍한 계획이 실제로 실행되고 말았음을 알게 된다. 이 사실을 알고서 그가 받은 충격이 얼마나 컸던지 그는 당시 한창 쓰고 있던 중이던 소설 『어떤 위대한 죄인의 일생』을 포기하고 네차예프 사건으로 상징되고 있는 러시아의 혁명 세력의 타락상을 신랄하게 비판하는 정치 풍자 소설을 쓰기로 한다. 이것이 『악령』이라는 소설이 탄생하게 된 계기이다. 그러나 이렇게 정치 풍자 소설이 될 운명이었던 이 소설은 집필 도중이었던 1870년 8월 작가가 이제까지 써오던 원고를 다 버리고 원점에서부터 다시 시작함으로써 두 번째 방향 전환을 하게 된다.

네차예프 사건을 계기로 포기한 『위대한 죄인의 일생』에서 다시 그 주인공 '어떤 위대한 죄인'을 『악령』의 주인공으로 삼으면서 네차예프 사건에서 따온 인물들은 모두가 다 부차적 인물들로 격하된다. 네차예프를 모델로 삼은 인물인 표트르 스테파노비치가 위대한 어떤 죄인인 스타브로긴에게 정신적으로 지배 받는 인물로 내려앉음으로써 『악령』은 형이상학적이며 존재론적이고 종교적인 모티브들이 숨 막히게 전개되는 철학적 소설로 다시 태어나게 된 것이다.

네차예프 사건은 이제 스타브로긴이라는 신비한 매력을 지닌 위대한 죄인이 소설 속에 들어오도록 만들어주는 계기적 사건으로서만 다루어지는 것으로 그 역할이 대폭 축소되게 되었고, 그 결과 정치 풍자 소설의 색채는 거의 사라지게 되어버린다. 도스토옙스키가 왜 이렇게 두 번에 걸쳐 계획을 바꾸었는가에 대해서는 전문가들의 영역에서 많은 논의가 되고 있지만, 아무튼 여기에서는 그런 문제는 전문가들에게 맡기고 두 번에 걸친 큰 계획 변경을 통하여 우리는 위대한 철학적 소설 『악령』을 갖게 되었다는 것만을 알고 넘어가도록 하자.

그리고 집필 과정을 거치면서 그 비중이 크게 약화되기는 했지만 『악령』의 탄생에 직접적 계기를 제공 했던 네차예프 사건의 내용이 무엇인지는 간단히라도 언급하고 넘어가야 할 일이지만, 『악령』 속에서 표트르 스테파노비치 및 그의 혁명 조직원 소위 5인방들이 샤토프를 살해할 때 그 살해 동기나 살해 방식 그리고 살해 이후의 행동 방식 등에서 네차예프 사건이 그대로 재현되고 있다는 점을 들어 그냥 넘어가기로 하겠다.

그러나 도스토옙스키가 네차예프 사건에 왜 그렇게 분노했는지에 대해서는 그 이유를 분명히 밝히고 넘어갈 필요가 있다. 왜냐하면 『악령』의 이해에 있어서 그것이 핵심적 사항으로 작용하고 있기 때문이다. 그리고 왜 그것이 중요한지 그 이유는, 1873년 『악령』이 막 단행본으로 출간되었을 때, 장차 1881년 알렉산더 3세 황제가 될 당시의 황태자에게 도스토옙스키가 보낸 편지 속에 잘 나타나 있다(황태자가 『악령』의 작가 자신은 『악령』에 대해서 어떤 생각을 가지고 있는지를 궁금해한다는 말을 전해 듣고서 도스토옙스키는 『악령』 한 부를 황태자에게 헌정하면서 편지를 함께 보냈다). 그 편지 속에서 도스토옙스키는 네차예프 사건을 '괴물스러운' 사건이라고 부르면서 그러한 괴물 같은 사건이 일어날 수 있다니 러시아 사회가 얼마나 '기이한' 사회인가를 '역사적'으로 연구하고자 했다는 것을 밝힌다.

1840년대의 서구주의자들이 20년 후에 발생한 네차예프 사건에 대해서 직접적으로 책임이 있다는 사실을 말하고서, 1840년대의 사상적 지배자들이었던 벨린스키나 그라노프스키를 통렬하게 비판하는 데에 지면의 대부분을 할애한 후

도스토옙스키는 러시아 사회의 가장 위험한 악이 네차예프 사건에 고스란히 드러나 있음을 말하고 나서 편지를 끝맺고 있다. 그런데 1840년대의 사상을 추종했던 사람이 바로 도스토옙스키 자신이었지 않은가? 따라서 1840년대 세대를 통렬히 비판하고 있는 이 편지는 사실 도스토옙스키 자신에 대한 비판에 다름 아니었던 것이다. 자신이 그러한 죄악의 직접적 책임자라는 사실, 따라서 이제 자신으로 하여금 그 죄악을 속죄할 수밖에 없도록 만들고 있는 것이 바로 네차예프 사건이었던바, 도스토옙스키는 그 사건의 소식을 듣고서 그렇게 충격을 받았던 것이다.

『악령』은 그래서 도스토옙스키에게는 자기 자신의 과거에 대한 속죄의 성격을 강하게 지니면서 출발하게 된다. 그리고 이러한 속죄적 성격을 가지고 출발함으로써 『악령』은 집필 과정에서 최조의 의도였넌 성치 풍사 소실로서의 싱격을 잃을 수밖에 없었고 그 결과 오늘날과 같은 모습의 철학적 소설로 재탄생하게 된다. 자신을 이러한 속죄의 길을 가도록 만든 장본인들인 1840년대의 소위 사상적 지도자들에 대한 증오와 멸시의 감정이 집필 과정에서 작가 자신의 내면에서 마침내 대폭발을 하게 되는데 이러한 감정적 폭발이 결국은 작품의 성격을 완전히 바꾸어 버린다. 자신의 감정을 통제하지 못하고 이렇게 감정의 과잉 상태에 빠짐으로써 도스토옙스키는 정치 풍자 소설 작가로서 갖추어야 할 가장 기본적 자질을 잃어버리게 된 것이다. 그 자질이란 정치 현실에 대한 정확하고도 객관적인 인식을 가지고 있어야 한다는 사실이다.

그런데 이렇게 감정이 폭발한 결과 네차예프 사건은 소설 속에서 객관적 정치 정세와의 관계 속에서 묘사되는 것이 아니라 작가 자신의 상상력이 만들어내는 비현실적이고 주관적인 측면에서 그것도 너무 과장되게 기술되고 만다. 그리하여 그 사건 자체가 현실 세계의 실제 이야기라고는 도저히 받아들여질 수 없는 사태가 발생하고 만다.

정치 풍자 소설에서 풍자 대상의 현실성이 이렇게 사라짐으로써 자신의 작품이 정치 풍자 소설로서는 실패가 너무나 명약관화하게 예견되었던바, 도스토옙스키는 1870년 8월 지금까지 써온 모든 원고를 버리고 새롭게 작품을 쓰기로 작정할 수밖에 없었다. 네차예프 사건에서 따온 인물들, 정치 풍자 소설의 주인공들은 부차적으로 밀려날 수밖에 없었고 스타브로긴이 뒤늦게나마 작품의 주인공으로 급부상하면서 철학적 인물 스타브로긴의 성격에 힘입어 『악령』은 철학적 소설로 재탄생하기에 이른다.

2. 『악령』의 기본 줄거리

『악령』은 제1권, 제2권, 제3권 이렇게 세 권으로 구성되어 있는 방대한 소설이다. 게다가 단일한 하나의 사건이 일목요연한 도표에 따라서 질서 바른 인과론적 논리를 충족하면서 기승전결의 과정으로 전개되는 그러한 소설이 아니다. 무질서라고 해도 지나친 말이 아닐 정도로 무수한 사건들이 작품 여기저기에 뚜렷한 이유도 없이 끼어들다가 갑자기 사라지고 또 다른 어떤 인물이 그렇다 할 필연적 이유도 없이 등장해서 또다시 어떤 인물과 만나서 엉뚱한 이야기를 한없이 늘어놓기도 한다.

현실을 충실하게 반영한다는 19세기의 사실주의 소설의 입장에 서서 보자면 이것은 소설이라 부르기도 민망할 정도이다. 그러나 이러한 점이 바로 이 소설의 위대성이라고 전문가들은 설명하고 있다. 그러나 줄거리를 명확하게 파악해야만 직성이 풀리는 소설 독법을 사랑하는 우리 독자들에게는 아무튼 이 소설은 직성이 풀리지 않는 그런 소설이다, 줄거리 요약이 불가능한 것이다. 요약 불가능하다면 그건 줄거리라고도 할 수 없겠지만 그래도 너무 방대한 소설의 이해를 조금이라도 쉽게 하기 위해서 부족한 대로 요약을 시도해 보겠다. 그리고 그 요약은 풍경화의 기법, 즉 대상을 그리기 전에 먼저 대상 중에서 무엇부터 제거해야 할지를 결정하는 것으로부터 시작하는 기법을 따르기로 하겠다.

그런데 이런 풍경화의 기법을 가지고서 『악령』을 연극으로 각색한 사람이 있었으니 그 사람이 바로 알베르 카뮈이다. 방대한 소설 작품 속에서 쳐낼 것은 다 쳐내고 핵심적인 것만을 취해서 공연 시간 두 시간에 맞도록 연극 대본을 만드는 일은 실은 풍경화의 기법으로 소설의 줄거리를 요약하는 것에 다름 아니다. 카뮈의 연극 『악령』에 크게 의지해서 요약해 보는 소설 『악령』의 줄거리는 다음과 같다. 그리고 이 줄거리는 소설 속에서 전개 되고 있는 무질서한 사건들의 순서와는 약간 다르다는 것을 미리 알려 둔다.

지방의 작은 도시에 지극히 이상주의자인 스테판 트로피모치 베르호벤스키가 살고 있다. 그는 유럽과 정의와 진보를 사랑하는 사람이다. 실제 생활을 보자면 그는 스타브로긴 상군의 미망인이자 부유한 귀족 부인인 바르바라 페드로브나 스타브로긴의 집에서 그녀의 아들 니콜라 프세볼로도비치 스타브로긴(이제부터는 스타브로긴으로 부르겠다)의 가정 교사로서 얹혀살고 있다고 말하는 편이 진실에 가깝다. 자신은 추호도 그렇게 생각하지 않고 있지만. 스타브로긴은 16세가 되어 상트페테르부르크로 유학을 떠난다. 몇 년 후 그에 대해서 도덕적으로 사회적으로 흉흉한 소문이 돈다.

한편 스테판은 자신의 아들 표트르 스테파노비치 베르호벤스키를 그가 겨우 영아였을 때에 우편을 통하여 외국으로 보내고서는 그런 아들이 외국에 살고 있다는 것조차도 잊고 있다.

바르바라는 아들 스타브로긴이 곧 고향 집으로 돌아올 것이며 그러면 그 아들과 리자 드로즈도프를 결혼시킬 것이라고 스테판에게 알린다. 리자 드로즈도프는 현재 자신의 어머니 그리고 다샤와 함께 스위스를 여행 중이다. 다샤는 농노의 딸로서 바르바라가 수양딸 삼아 거두어 키웠는데 샤토프의 누이 동생이다.

고향에 돌아온 스타브로긴은 상상을 초월하는 악행을 거듭한다. 나이 많고 점잖은 귀족 지주인 가가노프에게 모든 사람들이 보는 가운데 모욕을 가하는가 하면 그 지역 최고 행정관에게도 마찬가지의 수모를 안긴다. 상식 차원에서는 도저히 이해할 수가 없어서 사람들이 스타브로긴이 미쳤다고 가정하고 그의 죄를 묵인하는 모양새를 취해줘서 사태가 미봉되기는 했지만 들끓는 여론을 피해 그는 다시 고향을 떠나 외국으로 떠난다.

스위스에서 얼마간 머무는 동안 스타브로긴은 리자 드로즈도브 모녀와 다샤를 만나서 함께 지낸다. 리자와 스타브로긴은 좋았던 사이가 틀어지게 되는데 리자의 어머니 프라스코바는 스타브로긴이 다샤와 놀아나서 그렇게 된 것이라고 바르바라에게 넌지시 변죽을 울린다. 바르바라는 눈치 빠르게 프라스코바의 속 뜻을 이해하고서 대책을 마련한다. 스타브로긴과 리자의 결혼에서 장애물로 등장했음이 분명한 다샤를 스타브로긴에게서 결정적으로 떼어놓기 위해서 다샤를 스테판 트로피모치에게 시집 보내기로 한 것이다. 마지못해 스테판은 그 결혼에 동의하지만 스타브로긴이 다샤에게 안겨준 여자로서의 치욕을 무마하기 위한 목적으로 바르바라가 다샤와의 결혼을 자신에게 강요하는 것이 아닌가 하는 의혹에 사로잡혀 괴로워 한다. 여기에서 고상한 이상주의자 스테판이 현실 생활에서는 얼마나 졸렬한 생각을 하고 있는지가 적나라하게 폭로되고 있다.

수상스러운 사람들 몇 세대가 세 들어 살고 있는 필리포프의 집(과거에 술집이었다가 지금은 싸구려 임대 주택 역할을 하고 있다)을 무대로 『악령』에서 상당히 중요한 역할을 하는 인물들의 파노라마가 펼쳐진다. 키릴로프, 샤토프, 레비아드킨과 그의 여동생 마리아 티모페예브나가 바로 그들이다. 키릴로프는 인간은 반드시 자살을 해야 한다는 철학을 가지고 있다. 그에 의하면 인간이 자유로운 존재가 되기 위해서는 자살을 해야 하며 그때 비로소 인간은 신이 된다. 샤토프는 자기 아내가 스타브로긴과 한때 놀아났다는 것을 괴로워한다(샤토프와 그녀와의 결혼은 2주 동안만 지속된 짧은 것이었지만 그래도 아내는 아내인지라). 리자가 이 집에 등장하여 어떤 책을 출간하는 것을 함께 하자고 샤토프에게 제안한다. 그러나 그것은 핑계에 불과하고 리자는 마리아 티모페예브나를 직접 눈으로 확인하고 싶어서 필리포프의 집을 찾아 온 것이었다.

다리를 절면서 정신이 오락가락하는 서민 출신의 마리아가 기절초풍하게도 스타브로긴과 신비한 관계로 맺어져 있다는 믿을 수 없는 소문이 돌고 있어 리자는 심사가 편치 못한 것이다. 마리아는 왕자님을 기다리고 있다면서 그 왕자님이 자신을 사랑해 주고 있다고 샤토프에게 말한다. 이때의 왕자님은 물론 스타브로긴이다. 스타브로긴이 상트페테르부르크에서 방탕 생활을 하던 시절 술집에서 심부름을 하고 있던 그녀는 터무니없게도 스타브로긴에게 매혹을 당하여 정신이 이상해져 버렸던 것이다. 그녀의 오빠 주정뱅이 레비아드킨은 자신이 폭로만 하면 세상이 놀라 자빠질 그런 대단한 비밀을 알고 있다고 술만 취하면 떠들어대고 다닌다. 자신의 여동생 마리아의 남편이 누구라는 것, 그것이 바로 그 대단한 비밀이다.

스타브로긴의 어머니 바르바라, 리자의 어머니 프라스코바 이 두 사람은 학창 시절을 함께 한 친구 사이인데 얼마 전에 익명의 투서를 동시에 받았다. 그 내용은 레비아드킨의 여동생 마리아가 스타브로긴의 법적 아내라는 것이었다. 여러 사람들이 모인 앞에서 바르바라는 스타브로긴에게 마리아가 정말로 그와 법적으로 결혼했느냐고 묻는다(귀족적 품위를 지닌 단호한 목소리로). 스타브로긴은 어머니 바르바라에게 대답하는 대신 마리아에게 다가가서 애정 어린 목소리로 "당신은 내가 당신의 남편이 아니라는 것을 잘 알지요"라고 말하면서 그녀를 그녀가 살고 있는 필리포프의 집으로 데려다 주러 밖으로 나가버림으로써 난처한 질문 현장에서 사라진다.

그리고 『악령』의 핵심적 사건인 샤토프의 살해 사건을 즈음하여 표트르 스테파노비치의 선동에 의해서 폭동이 발생하고, 샤토프의 옛날 아내가 샤토프의 집을 찾아와 샤토프의 침대 위에서 스타브로긴의 아이를 출산하고, 키릴로프의 자살이 실행되고, 스테판 트로피모비치가 바르바라의 집을 떠나 정처 없이 먼 길을 떠나고, 아무튼 이렇게 숨 가쁜 진행을 거쳐 가면서 『악령』 속에 이름이 나오는 22명의 주요 인물들 중 12명은 모두 죽고 만다. 마침내 『악령』은 대단원의 막을 내려야 하는 시점에 도달한다.

그 대단원을 담당할 사람은 당연히 스타브로긴이다. 마리아와 다샤와 리자, 이들 모든 여자를 사랑도 없이 유혹하여 그녀들의 인생을 지옥으로 만들어 버린 남자 스타브로긴, 몸에는 귀족적 품위가 넘쳐흐르고 부드럽고 우수에 찬 눈을 바라보노라면 모든 여자들이 정신을 잃고 마는 매력적 미남자 스타브로긴, 그러나 그의 깊은 내면에는 악령이 깃들어 살고 있는 스타브로긴, 그 악령을 몰아내 줄 구원자를 찾아 세상을 헤매고 다니지만 이 세상 어디에서도 구원의 빛은 오지 않는다는 사실에 절망에 빠지고 마는 스타브로긴, 온갖 비상식적 행동과 목적 없는 악행과 얼음처럼 차가운 냉소주의로 그 절망과 싸우고 있는 스타브로긴, 대단원은 오직 이 사람 스타브로긴에게 달려 있다. 그리고 그는 자살한다. 이렇게 비극은 대단원의 막을 내린다.

그런데 다시 막이 오르고 만다. 우리는 스타브로긴의 고백이라는 인간 최악의 어둠이 깔려있는 찌혼의 집으로라는 또 하나의 장을 마주해야 하는 것이다. 그리고 이렇게 새롭게 막을 올리면서 스타브로긴의 고백이 시작되고 이 고백에서 뿜어 나오는 거대한 빛을 받고 나서야 지금까지 이 소설을 지배하고 있던 카오스적 사건들은 한낱 찻잔 속의 태풍이었음이 드러나게 된다. 소설 악령의 모든 의미 그리고 진정한 의미는 스타브로긴의 고백 속에 블랙홀의 밀도로 압축되어 있다가 이렇게 마지막에 이르러 대폭발을 일으키면서 『악령』을 완벽한 철학적 소설로 만들어 주는 것이다.

3. 『악령』의 이해 혹은 불가능성

스타브로긴의 고백! 소설 『악령』을 진정한 철학적 소설로 만들어 주고 있는 스타브로긴의 고백! 마침내 소설 『악령』에서 빠져나왔다고 생각하는 바로 그 순간 다시 우리를 악령의 울타리 속으로 가두고 마는 스타브로긴의 고백! 과연 우리는 그것의 의미를 이해할 위치에 있는 것일까? 이렇게 묻고 있는 것은 두 가지 차원에서이다.

첫째는 스타브로긴의 고백은 오로지 기독교 문명 속에서만 가능한 고백이라는 차원이다. 다시 말하면 겨우 3백 년 남짓한 역사 밖에 안 되는 얇은 기독교적 토대 위에 서 있는 우리에게 그것을 이해할 능력이 과연 있기는 한 것인지의 차원이다. 두 번째는 스타브로긴의 형이상학적 고뇌와 방황과 절망이 독특하고 특별한 인간 스타브로긴만의 문제가 아니라 우리 모두의 문제라는 차원이다. 스스로 알고 있지만 결코 인정하지는 않는 어떤 어두운 진실, 우리 모든 인간들이 가지고 있기 마련인, 그래서 우리들 인간 정신의 가장 깊은 곳에 웅크리고 앉아 우리를 실제적으로 지배하는 어두운 진실, 그것을 고백할 능력을 과연 우리가 가지고 있는가의 문제 차원이다. 거울에 자신의 얼굴을 대고 자신의 어두운 진실을 묻고 또 물어야만 우리는 스타브로긴의 고백을 진정으로 이해할 수 있다.

그러나 우리 인간은 살면 살수록 그것에 비례하여 더 많은 죄악을 쌓아가고 있는 셈이 되고야 마는 삶을 기계적으로 살아가다가 결국 죽는다. 자신들이 악령에 사로잡혔음을 고백하자 소스라치게 놀란 악령들이 악령 들린 자들에게서 뛰쳐나와 돼지 떼 속으로 쫓긴 듯 들어갔다는, 그래서 악령 들린 자들이 구원 받았다는 이야기는 이제 우리 시대의 이야기가 아닌 것이다. 지금 여기에 있는 우리에게 『악령』의 이해는 과연 가능한 것인지를 진지하게 물어 보는 것, 그것이 진정 『악령』을 이해하는 것이리라.

바로 이렇게 우리에게는 이해의 차원을 넘어서 있는 스타브로긴의 고백! 그래서 더욱 더 역설적으로 우리에게 깊은 의미를 지닐 수 있는 스타브로긴의 고백! 그것이 마치 우리들 자신의 거울인 양 진지하게 읽어 보기를 권유한다.

4. 더하는 말

『악령』 속의 스타브로긴을 형이상학적 고뇌 속으로 몰아넣었던 것이 왜 기독교 세계에서만 가능한 것이라고 말하는가? 그 이유는 기독교 하느님의 성격이 기독교 세계가 아닌 다른 문명권의 신 개념과는 절대적으로 다르다는 점 때문이다. 전지전능하시며 오직 한 분이시고 또한 인간을 사랑하사 인간의 모든 일에 직접 주관하시는 선하신 인격신, 이런 존재가 바로 기독교 하느님이다. 이런 존재 앞에서 인간은 무력하기 짝이 없는 어린애에 지나지 않을 뿐이다.

하느님/인간의 관계는 아버지/어린애의 관계 바로 그것이라 할 수 있다. 그래서 하느님 아버지이다. 그런데 이런 하느님 아버지에 대한 믿음이 근대의 시작이라 할 수 있는 르네상스 시대부터 서서히 흔들리기 시작하다가 18세기의 계몽주의 시대를 거치면서 크게 약화되고 마침내 1789년 프랑스 대혁명을 계기로 결정적으로 와해된다. 근대 유럽의 휴머니즘의 완성이라고 평가되는 이러한 기독교 신앙의 파탄은 그러나 유럽인들의 정신적 동요로 이어진다. 전지전능한 유일 인격신의 관념 속에서 2천 년 가까이 살아왔던 그들에게 기독교 신앙의 붕괴는 마치 혼잡한 광장에서 어머니의 손을 놓쳐버린 어린애가 느끼게 될 그런 공황 상태를 가져다 준 것이다. 하느님을 스스로 파괴했지만 하느님 속에 내포되어 있는 '아버지'의 개념은 파괴되지 않고 여전히 살아 있었던 것이다.

근대 유럽의 모든 정신적 고뇌는 바로 여기에서 시작된다. 스스로 아버지를 살해하고 그 아버지의 부재 때문에 울고 있는 어린애로서의 근대 유럽! 그러나 진정한 비극은 러시아에서 시작된다. 유럽은 수백 년에 걸쳐 하느님 아버지의 부재라는 사태를 서서히 준비해 왔던 셈이었다면(유럽의 기독교는 로마 제국의 국교가 된 이후 역사적으로 수차례 신학적 위기를 겪었고 그때마다 위대한 신학자 및 철학자들이 나타나 그 위기를 무난히 극복했다. 5세기의 아우구스티누스, 13세기의 토마스 아퀴나스, 17세기의 파스칼 등이 바로 그러한 사람들이다), 1840년 세대 즉 서구파를 통해서 유럽에서 무신론을 수입한 러시아는 아무런 준비 없이 무신론의 등장이라는 신학적 위기를 처음으로 맞게 된 결과 감당할 수 없는 혼란 속에 빠져 버린다. 그야말로 위기가 압축적으로 폭발해 버린 것이다(러시아는 유럽에 비하여 대단히 늦은 시기, 즉 988년에야 기독교를 받아들인 나라이다. 그리고 그 이후 신학적으로 위기다운 위기를 맞이한 경험이 없었다).

신이 없다면 인간이 신이 되어야 한다는 키릴로프의 논리가 보여주는 극단적 논리 전개는 준비 없이 맞이한 신의 부재라는 사실이 러시아인들의 정신에 미친 충격이 어떠한 것이었는지를 잘 보여주고 있다. 그리고 이러한 논리는 더욱 확대되어 "신이 존재하지 않는다면 모든 것이 다 가능하다"는 『카라마조프가의 형제들』의 극단적 허무주의 속에서 최종적 형태를 취한다. 이렇게 러시아에서 극단적 양상으로 폭발하게 되었던 무신론적 허무주의, 즉 스타브로긴의 형이상학적 고뇌가 기독교의 전지전능하고 선한 유일 인격신 문명에서만 가능하다는 사실은 다른 문명권에서는 신이 없다 해서 인간이 도덕을 벗어난 행위를 할 권리가 있다고는 결코 주장하고 있지 않다는 사실로부터 충분히 반증된다 하겠다.

그러므로 『악령』과 스타브로긴의 고백을 진정으로 이해하기 위해서는 기독교의 본질에 대한 깊은 지식이 필요한 것이다. 특히 변신론[theodicy], 호교론[apology] 등 카톨릭 신학 이론 및 러시아 정교회의 신학적 핵심, 예를 들면 『카라마조프가의 사람들』에서 조시마 장로가 나타내고 있는 러시아 정교회의 신학적 내용 등을 참조하면 크게 도움이 될 것이다.

4장

어린 왕자
Le Petit Prince

생텍쥐페리
Antoine Marie Roger de Saint Exupéry

01
주요 용어 해설

1. 장미

장미는 『어린 왕자』의 핵심 요소이다. 장미가 없었다면 어린 왕자가 지구에 오지도 않았을 것이고, 이야기도 존재하지 않았을 것이다. 어느 날 어린 왕자가 사는 별에 갑자기 나타난 장미는 아름답지만 까다롭고 거만하다. 장미의 요구와 변덕에 지친 어린 왕자가 별을 떠나 다른 별의 사람들을 만나고 지구까지 내려와 사랑을 이해하게 되고, 자기의 장미가 세상에서 유일하고 소중한 존재임을 깨닫게 된다. 장미는 생텍쥐페리의 아내 콘수엘로 순신Consuelo Suncin의 상징으로도 알려져 있다.

2. 여우

여우는 생텍쥐페리가 사막지대인 캅쥐비Cap-Juby에 근무할 때 키우던 페네크 여우에서 가져온 캐릭터이다. 어린 왕자에게 사랑, 길들임, 의례, 우정, 마음의 눈 같은 『어린 왕자』의 가장 중요한 의미를 가르쳐 준 정신적 안내자 역할을 한다. 지혜의 상징이기도 하다.

3. 바오밥나무

바오밥나무는 아프리카 열대에만 서식하는 거대한 나무다. 키가 20미터에 이르고 2,000년을 산다고 해서 아프리카에서는 그 안에 들어가 살기도 하고 무덤으로 사용하기도 한다. 실제로는 사람에게 많은 이로움을 주는 나무지만, 위협적인 모습으로 인해 『어린 왕자』에서는 어린 왕자의 별을 파괴할 수도 있는 위험한 나무로 등장한다. 우리들 각자의 마음속에 들어 있는 어둠의 씨앗, 세상의 해악, 그리고 당시의 시대에 비추어 보면 나치 독일을 상징하고 있다.

4. 뱀

『어린 왕자』에는 세 종류의 뱀이 등장한다. 화자가 어렸을 때 『체험담』이라는 책에서 본 보아뱀과 자신이 직접 그린 보아뱀, 그리고 지구에 내려온 어린 왕자가 처음 만난 사막의 뱀이다. 사막의 뱀은 삶과 죽음의 수수께끼를 어린 왕자와 공유하고 있다. 치명적인 독으로 어린 왕자를 '원래 있던 땅'으로 돌려보낸다. 태초에 이브를 유혹하여 신의 명령을 거역하게 하고 결국 인간이 낙원에서 추방되게 하는 원죄의 상징이다. 죽음과 지혜를 동시에 상정케 하는 동물로서 작품에서 의미심장한 역할을 수행하고 있다.

5. 별

생텍쥐페리는 별의 시인이라 할 만큼 별을 사랑한 작가였다. 『어린 왕자』에는 많은 별이 등장한다. 어린 왕자의 소행성 B612를 비롯해 왕, 허영심에 빠진 사람, 술꾼, 사업가, 점등인, 지리학자의 별이 있고 지구가 있다. 별의 존재 이유는 제각기 다르다. 지구를 떠나는 어린 왕자는 조종사에게 별들의 웃음소리를 선물한다. 희망과 꿈의 세계를 상징한다.

6. 사막

사막은 어린 왕자를 만나는 장소다. 조종사가 어렸을 때 그렸던 그림을 진정으로 이해해 주는 사람을 만나는 공간이며 잃어버린 자아를 되찾는 공간이다. 죽음을 넘나들었던 생텍쥐페리의 기억이 새겨진 곳이며 고독한 땅이다. 또한 인간 세상을 상징하며 황량한 가운데 보물이 숨겨진 곳이기도 하다. 이 사막에서 사물의 본질을 찾아가는 여정이 시작된다. '사막이 아름다운 건 어딘가에 우물이 있기 때문'이라는 어린 왕자의 아포리즘을 낳는다.

02 작가의 생애와 시대 배경

1. 유년기

앙투안 드 생텍쥐페리Antoine Marie Roger de Saint-Exupéry(1900-1944)는 1900년 6월 29일, 프랑스 리옹에서 태어났다. 5남매 중 셋째로, 마리 마들렌과 시몬이 손위 누이이고 밑으로는 남동생 프랑수아, 여동생 가브리엘이 태어났다. 네 살에 뇌충혈로 쓰러진 아버지를 여의고 어머니를 따라 랭l'Ain 지방의 생모리스 드 레망Saint-Maurice de Rémens 성과 바르le Var 지방의 라몰La Môle 성에서 전원의 공기를 만끽하며 풍부한 문학적 상상력을 키운 것으로 보인다. 그림, 독서, 음악을 즐기며 작가적 재능을 키울 수 있었던 것은 어머니의 직접적인 영향이 컸다. 아홉 살이 되던 해에는 집안이 르망Le Mans에 정착하여 꼴레주 노트르담 드 생크루아에 입학했다.

생텍쥐페리가 처음으로 비행기에 타본 것은 열두 살 때 조종사 베드린Védrines의 호의 덕분이었다. 이때 처음으로 바이올린도 배운다.

2. 청소년기

열네 살에 동생 프랑수아와 함께 빌프랑쉬-쉬르-손Villefranche-sur-Saône에 있는 몽그레Montgré 중학교에 입학하지만, 1차 세계대전과 건강상의 이유로 3개월 후 스위스 프리부르의 마리아회 수도원으로 간다.

열일곱 살에 동생 프랑수아가 심장병으로 사망하자 깊은 슬픔에 잠겨 운명론적 기질이 강해진다. 10월에는 해군사관학교 입학 준비를 위해 파리 뤽상부르 공원 근처에 있는 사립 기숙학교인 보쉬에 에꼴에 입학하여 열아홉 살까지 생루이Saint-Louis 고등학교에서 공부한다. 그러나 해군사관학교 시험에 낙방한 그는 스무 살에 미술대학 건축과에 청강생으로 입학하여 6개월 간 공부한다.

3. 성년기

1918년, 군대에 징집되어 공군 전투비행단 제2연대 소속으로 스트라스부르에서 복무한다. 정비부대를 거쳐 조종사가 된 그는 사관생도 자격으로 카사블랑카로 파견되어 1922년 2월까지 근무한다. 같은 해 10월에는 제33비행연대 전투중대 소위로 부르제에서 2년차 근무를 마친다. 이때 시인이자 소설가인 루이즈 드 빌모랭과 약혼했지만, 1923년 초에 비행 도중 추락하여 두개골 골절상을 입고 파혼한다. 바레스 장군은 그가 공군에 남기를 원했으나 타일제조회사인 튈르리 드 부아롱 사무실에 취직한다. 그는 기회가 있을 때마다 비행을 계속한다. 튈르리 사무실을 사직한 후 소레Saurer 자동차사의 트럭 영업사원으로 일하면서 글을 쓰기 시작한 그는 1926년 4월에 『르 나비르 다르장』지에 단편소설 「비행사」(l'Aviateur)를 발표하고, 10월 11일에 라떼꼬에르 항공사에 입사한다.

1927년 봄, 바세, 메르모즈, 에스티엔, 기요메, 레스크리뱅 등과 함께 툴루즈-카사블랑카 간 우편기와 다카르-카사블랑카 간 우편기를 조종한다. 캅쥐비Cap-

Juby 기착지로 발령이 난 그는 적의에 가득 찬 무어인들이 위협하는 그곳에서 1년 6개월간 머물며 『남방우편기』(Courrier Sud)를 쓴다.

1928년에 프랑스로 돌아와 『남방우편기』를 출판, 브레스트에서 해군 항공 운항 고등교육을 이수하고 학위를 취득한다. 9월에는 남아메리카 근무를 위해 출국한다.

1929년 10월 19일에 부에노스아이레스에서 동료들을 다시 만나고, '아에로포스타 아르헨티나' 회사의 개발부장으로 임명되었다.

1930년 4월에 민간항공 업무에 봉사한 공로로 〈레지옹도뇌르〉 훈장을 받는다. 6월 13일에는 가장 절친한 벗 기요메가 22번째로 안데스 산맥을 횡단하다 눈보라에 실종되어 그를 찾아 5일간 헤매지만 찾지 못한다. 6월 30일에 기요메의 생환 소식이 그에게 통보되자 벤도사로 그를 데려온다. 그해 가을에 알리앙스 프랑세즈 리셉션에서 콘수엘로Consuelo Suncin를 처음으로 만난다. 그녀는 과테말라 출신의 작가 엔리께 고메스 까리요Enrique Gomez Carrillo와 두 번째로 결혼했지만 11개월 만에 사별한 엘살바도르 출신의 여인이었다. 생텍쥐페리는 그녀와 사랑에 빠져 청혼하고 이듬해 4월에 만난 지 7개월 만에 프랑스 아게(바르 지방)에서 그녀와 결혼한다.

1931년에 두 번째 작품 『야간비행』(Vol de Nuit)을 출판하여 12월에 페미나상을 수상했다.

1935년 4월에 『파리 수아르』(Paris Soir)지의 특파원으로 모스크바에 파견된 그는 기사를 써서 큰 호응을 받고 지중해 일주 강연에 나서기도 했다. 12월 31일에 맞춰 자가용 비행기인 시문기로 빠리-사이공 비행기록을 세우기로 하고 12월 29일에 부르제에서 이집트로 출발했으나 카이로에서 200킬로미터쯤 떨어진 리비아 사막에 불시착하여 5일 동안 사경을 헤매며 걸은 끝에 베두인 유목민의 카라반에 구조되었다. 이때의 체험이 『어린 왕자』 구상에 깊은 영향을 주었다.

1938년 2월 15일에 뉴욕에서 이륙한 그는 과테말라에서 추락하여 심한 부상을 당하고, 7월에 앤 린드버그의 『바람이 인다』(Le Vent se lève)의 서문을 썼다.

1939년 2월에 『인간의 대지』(Terre des Hommes)를 출판하자 6월에 미국에서 『바람과 모래와 별』이라는 제목으로 번역 출판되어 '이달의 책'으로 선정되었고 전미도서상을 수상한다. 프랑스에서는 다시 레지옹도뇌르 훈장을 받고 프랑스 아카데미 소설 대상을 받는다. 9월 3일, 독일과의 전쟁이 시작되어 공군 대위로 동원되어 툴루즈 비행대 소속 교육장교로 임명되었다. 전투비행사가 되고자 했지만 정찰대로 배속되어 고공정찰 임무를 수행했다.

1940년 6월에 휴전 협정이 이뤄지고 7월에 전역하여 『성채』를 구상한다. 미국으로부터 프랑스 전쟁에 관한 책을 집필하도록 권유받고 12월에 미국으로 건너간다. 11월 16일에는 친구 기요메를 잃었다.

1942년 『어린 왕자』 집필 시작. 『전투기 조종사』(Pilote de Guerre)의 영역판인 『Flight to Arras』가 뉴욕에서 출판되고 프랑스에서도 출판되었으나 독일 당국에 의해 판매 금지를 당했다. 11월에 독일이 프랑스 전역을 점령하자 12월에 『뉴욕 타임스』지에 「모든 곳에 있는 프랑스 사람들에게」라는 공개서한을 발표하고 프랑스 공군에 합류하려고 노력한다.

1943년 2월에 뉴욕에서 『어느 볼모에게 보내는 편지』를 출판하고, 3월에 『어린 왕자』를 영어와 프랑스어로 출판한다. 5월에 알제로 건너간 그는 미군의 지휘를 받는 자신의 부대에 합류하여 정찰 임무를 수행하지만 연령이 초과되었다는 이유로 미군 사령관에게 소환되어 비행이 금지된다. 알제의 작은 방에 기거하며 『성채』 수정작업을 하던 도중 31편대 대장인 샤생 대령의 주선으로 사르데뉴 Sardaigne 주둔 부대에 배속되어 비행훈련을 받는다. 5회만 비행한다는 조건으로 알제의 2/33비행중대에 복귀하는 데 성공한다.

4. 실종

1944년 7월에 부대가 코르시카 보르고 기지로 이동하고 7월 31일 아침 8시 30분에 그르노블-안시 정찰임무를 띠고 마지막으로 이륙한 생텍쥐페리는 귀환 예정시간인 13시 30분이 넘도록 돌아오지 않았고, 남은 연료를 한 시간 분량으로 판단한 부대는 14시 30분에 귀환 불가 판정을 내렸다. 바스티아 북쪽 100킬로미터 부근 코르시카 해상에서 독일군 정찰기에 의해 격추되었을 것으로 추정하기도 하고, 비행기 결함으로 추락했을 가능성도 제기되었으며, 자살로 추정하는 견해도 있었다.

03 작품 읽기

『어린 왕자』는 지금까지 전 세계 270여 개 언어로 번역되어 인류 역사상 『신약성경』 다음으로 많은 나라의 언어로 번역 소개된 작품으로 알려져 있다. 1943년, 뉴욕에서 영어판과 프랑스어판으로 처음 나온 『어린 왕자』는 작가가 미국 망명 시절에 구상하고 완성한 작품으로서 어린 시절의 순수함을 토대로 인간 및 사물의 관계에 대해 잠언과 같은 경구들로 이루어져 있어 세계인들의 가슴속에 깊은 울림으로 자리잡았다. 생텍쥐페리의 마지막 작품 『어린 왕자』는 인류의 영원한 고전이 되었고, 우리나라에서도 거의 모든 권장도서에 올라 있으며, 가장 많이 읽히는 스테디셀러이다. 모든 책읽기가 그렇지만, 『어린 왕자』는 특히 다양하게 읽힐 수 있는 고전이다. 여기에 소개하는 내용은 가장 보편적으로 해석되는 항목들을 간추린 것이다. 각자의 책읽기를 통해 보석 같은 삶의 문장들을 간직하기 바란다.

1. 작품의 줄거리

화자는 여섯 살 때 맹수를 삼킨 보아뱀 그림을 책에서 본 후 상상력을 동원해 처음으로 자신만의 보아뱀 그림을 그리지만 그 그림을 제대로 알아보는 어른은 없었다. 화가의 길을 포기하고 비행기 조종사가 된 화자는 비행기 고장으로 사하라사막에 불시착하여 어린 왕자를 만나고, 보아뱀 그림을 첫눈에 알아본 그의 부탁을 들어주어 양 그림을 그려준다.

어린 왕자는 B612라는 집 한 채만한 크기의 작은 행성에 살았는데, 매우 위험한 바오밥나무의 씨앗들이 있어서 싹이 돋아나자마자 뽑아내며 별을 관리했다. 그의 별에는 활화산 두 개와 어떻게 될지 모르는 휴화산 한 개도 있어서 매일 청소를 해준다. 어느 날 그의 별에 장미 한 송이가 피어나고, 어린 왕자는 물을 주고 바람을 막아주며 장미를 보살핀다. 그러나 까다로운 장미는 허영심으로 어린 왕자를 괴롭혔고, 그 불화로 인해 어린 왕자는 별을 떠나 여행길에 오른다. 첫 번째 별에서는 왕을, 두 번째 별에서는 허영에 빠진 사람을, 세 번째 별에서는 술꾼을, 네 번째 별에서는 사업가를, 다섯 번째 별에서는 점등인을, 여섯 번째 별에서는 지리학자를 만난다. 그리고 마지막으로 지리학자의 권유에 따라 일곱 번째 별인 지구에 온다. 사막에 내려온 어린 왕자는 지구에서 처음으로 뱀을 만나 대화하고 친구를 찾아 높은 산에 오르지만 메아리만 만날 뿐이다. 오랫동안 걸은 뒤 길을 찾은 어린 왕자는 별에 두고 온 자신의 장미와 흡사한 장미 오천 송이를 만나자 실망하고 풀밭에 쓰러져 운다. 그때 여우를 만나 길들임의 의미와 삶의 비밀을 배우고 여우를 길들인다. 그리고 어린 왕자는 선로통제사와 갈증을 달래주는 알약을 파는 상인을 만난다.

이제 사막에서 비행기 조종사를 만난 어린 왕자는 물이 떨어진 조종사와 함께 우물을 찾아 나서고 사막 한가운데에서 마을에나 있을 법한 우물을 발견한다. 그리고 지구에 온 지 꼭 1년이 되는 날, 그리고 조종사를 만난 지 일주일이 되는 날,

어린 왕자는 자기 별로 돌아가기 위해 치명적인 독을 지닌 뱀에게 물림으로써 비행기 수리를 끝낸 조종사와 이별한다.

2. 니체 철학과 『어린 왕자』

초인[übermensch]으로 가는 정신의 변화에는 세 단계가 있다.

낙타: 공경하고 두려워하면서도 잘 견디는 강한 정신에게는 무거운 짐이 많이 있다. 정신의 강인함은 무거운 짐을, 가장 무거운 짐을 요구하며 낙타처럼 무릎을 꿇고 짐이 가득 실리기를 바란다. 그리고 짐을 가득 지고 사막을 향해 서둘러 간다. 그러나 외로운 그 사막에서 두 번째 변화가 일어난다. 정신이 사자로 변하는 것이다.

사자: 사자는 자유를 획득하여 사막의 주인이 되고자 한다. 그는 자신이 섬겨온 최후의 주인을 찾아 나서고, 자신이 믿어온 최후의 신에게 대적하려 하며, 거대한 용과 싸워 승리하고자 한다. '너는 마땅히 해야 한다'가 그 거대한 용의 이름이다. 그러나 사자의 정신은 "나는 하고자 한다"고 말한다. 그 용이 사자가 가는 길을 금빛을 번쩍이며 막아선다. 용의 비늘 하나하나에는 "너는 마땅히 해야 한다!"는 명령이 금빛 찬란하게 빛나고 있다. 이 비늘들에는 천년의 역사를 자랑하는 가치들이 찬란하게 빛나고 있고, 모든 용 가운데서도 제일 힘이 센 그 용은 "만물의 모든 가치는 내 몸에서 찬란히 빛난다"고 말한다. "모든 가치는 이미 창조되어 있다. 창조된 모든 가치가 바로 나다. '나는 하고자 한다'는 요구는 더 이상 용납되지 않을 것이다"고 용은 말한다. 새로운 가치의 창조. 사자도 아직은 그것을 하지 못한다. 그러나 새로운 창조를 위한 자유의 쟁취를 사자의 힘은 해낼 수 있다. 부과된 의무에 대해 "아니오"라고 말하며 자유를 획득하려면 사자가 필요하다.

아이: 아이는 천진무구함이고 망각이며, 새로운 시작, 놀이다. 스스로 굴러가는 바퀴이며 최초의 운동이자 신성한 긍정이다. 창조의 놀이를 위해서는 신성한 긍정이 필요하다. 이제 정신은 자기 자신의 의지를 원하며, 세계를 상실한 자는 자신의 세계를 획득한다.

- 니체, 『차라투스트라는 이렇게 말했다』 중에서 요약 발췌

3. 어른들을 위한 동화

『어린 왕자』는 생떽쥐페리의 영혼의 친구인 레옹 베르뜨에게 헌정하는 말로 시작한다. 레옹 베르뜨는 프랑스에 사는 유대인으로서 당시 독일군의 추적을 받고 있었다. 『어린 왕자』가 출판되기 직전에 출판된 『어느 볼모에게 보내는 편지』는 그에게 쓴 편지였지만 그것만으로는 부족해 보였던 모양이다. 한 달 뒤에 출판된 『어린 왕자』는 그를 위해 쓴 것이다. 이 '위로받을 필요가 많은 어른'은 생떽쥐페리의 마지막 작품이자 세기의 걸작인 『어린 왕자』를 태어나게 한 결정적 동인이다.

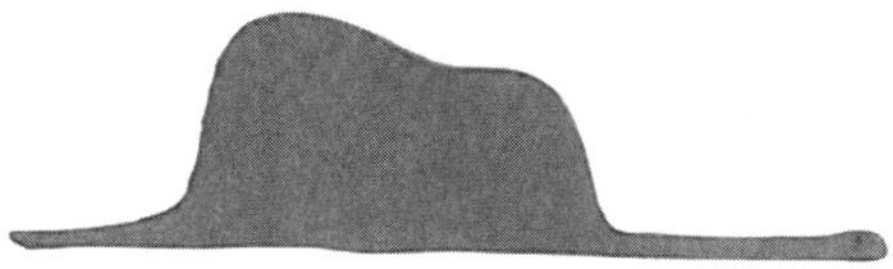

화자는 여섯 살 때 코끼리를 삼킨 보아뱀을 처음으로 그렸지만 어른들은 그 그림을 모자로 생각했고, 보아뱀의 내부를 그려서 설명해도 시큰둥하게 여기며 지리, 역사, 산수, 문법에 더 관심을 가지라고 충고함으로써 그림을 그리려는 화자의 용기를 꺾는다. 비행기 조종사가 된 화자는 수많은 어른들을 만났지만 보아뱀 그림을 이해하는 어른은 하나도 없었다. 눈으로가 아니라 마음으로 보아야 한다는 작가의 중심사상이 첫 장에 암시되어 있다.

화자는 진정한 대화를 나눌 사람이 없이 혼자 살다가 비행기 고장으로 사하라 사막에 불시착하고, 고립무원의 모래 위에서 잠이 든다. 금발의 어린 왕자가 그를 깨우고 양 한 마리를 그려달라고 부탁하자, 화자는 그릴 수 있는 두 그림 가운데 속이 보이지 않는 보아뱀을 그려 준다. 어린 왕자는 첫눈에 코끼리를 삼킨 보아뱀이라는 것을 알고, 화자는 시행착오 끝에 어린 왕자의 마음에 드는 양 그림을 그려 주는 데 성공한다.

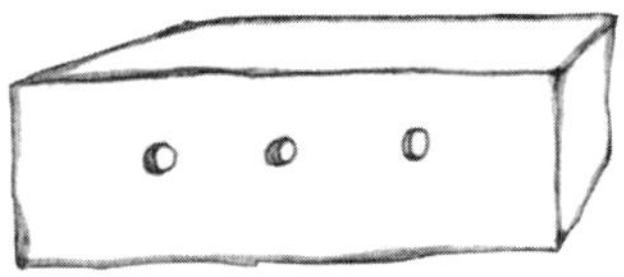

집 한 채만한 크기의 소행성 B612에 살던 어린 왕자. 소행성의 이름이 숫자로 불리게 된 것은 숫자를 좋아하는 어른들 때문이다. 과학의 시대를 사는 어른들은 숫자로 말해야 정확하다고 생각하고 제대로 이해할 수 있다. 어린 시절의 꿈과 아름다움은 어른이 되어가면서 서서히 과학의 위력에 눌려 사라진다. 생활의 무게도 한몫을 한다. 하늘을 올려다 볼 여유도 없이 땅만 쳐다보며 바쁘게 살아가야 한다. 이상은 현실에 짓눌려 빛을 잃은 지 오래고, 어른이 되면 경쟁과 계산으로 점철된 삶이 부과된다. 작가는 그렇다고 어른들을 원망하지 말고 너그럽게 대해야 한다고 말한다.

어른들은 숫자를 좋아한다. 여러분이 새로 사귄 친구에 관해서 어른들에게 이야기하면, 그들은 가장 중요한 것에 관해서는 절대로 묻지 않는다. 그들은 "그 애 목소리는 어떠니? 좋아하는 놀이는 뭐지? 나비를 수집하니?"라고는 절대로 말하지 않는다. 그들은 여러분에게 이렇게 묻는다. "그 애는 몇 살이니? 형제가 몇이지? 몸무게가 얼마나 나가니? 그 애 아버지는 얼마나 벌어?" 그래야만 어른들은 그 친구를 안다고 생각한다.

만약 여러분이 어른들에게, "제가 아름다운 장밋빛 벽돌집을 보았는데요, 창가에는 제라늄 화분이 있고, 지붕 위에는 비둘기가 있어요……."라고 말한다면, 그들은 그 집을 상상해내지 못한다. 그들에게는 이렇게 말해야 한다. "제가 십만 프랑짜리 집을 보았어요" 그러면 그들은 소리친다. "정말 예쁜 집인데!"

… (중략) …

어른들은 그렇다. 그들을 원망해서는 안 된다. 어린이들은 어른들에게 아주 너그러워야 한다.

4. 규율

어린 왕자는 바오밥나무의 비극을 들려준다. 작가는 인간의 심성을 어린 왕자의 별에 돋아나는 좋은 풀과 나쁜 풀의 씨앗에 비유한다. 바오밥나무는 무서운 씨앗이어서 늦게 손을 쓰면 별이 폭발할 지경에 이를지도 모른다. 바오밥나무는 인간의 내면에 자라나는 나쁜 마음을 상징한다. 일찍 제거하지 않으면 걷잡을 수 없는 지경에 이르게 되고 끝내는 사람을 파멸시킬 수 있다. 1943년 당시의 상황에 빗대어 보면 바오밥나무는 프랑스를 점령한 나치 독일로 볼 수도 있다. 주로 아프리카에 많이 사는 바오밥나무는 실제로는 사람에게 많은 이로움을 주는 나무이지만, 그 거대함과 무시무시한 생김새로 인해 『어린 왕자』에서는 제거해야 할 악의 상징으로 표현되고 있다.

어린 왕자의 별에도 어느 별이나 마찬가지로 좋은 풀과 나쁜 풀이 있었다. 따라서 좋은 풀의 좋은 씨앗, 나쁜 풀의 나쁜 씨앗이 있었다. 그러나 씨앗들은 보이지 않는다. 씨앗들은 땅 속 은밀한 곳에서 잠을 자다가 그 중 하나가 깨어나고 싶다는 생각에 사로잡힌다……. 그러면 그 씨앗은 기지개를 켜고 처음엔 수줍어하며 태양을 향해 매혹적이고 무해한 어린 싹을 내민다. 그것이 빨간 무나 장미나무의 싹이라면 마음껏 자라도록 내버려두어도 된다. 그러나 그것이 나쁜 식물의 싹이라면 그것을 알아차리자마자 즉시 뽑아 버려야 한다. 그런데 어린 왕자의 별에는 무서운 씨앗들이 있었으니……바로 바오밥나무의 씨앗들이었다. 그 별의 흙에는 바오밥나무 씨앗들 투성이였다. 그런데 바오밥나무는 너무 늦게 손을 쓰면 영영 없애버릴 수가 없다. 바오밥나무가 별 전체를 막는다. 그 뿌리들이 별에 구멍을 뚫는다. 그래서 별은 너무 작은데 바오밥나무가 너무 많으면 별은 폭발하고 말 것이다.

바오밥나무를 제거하는 일은 규율의 문제라고 어린 왕자는 말한다. 규칙적으로 뽑아내어 별을 보호해야 한다. 다른 일은 나중으로 미루어도 지장이 없지만, 바오밥나무는 즉시 제거하지 않으면 큰 재앙을 불러오기 때문이다. 마음속에 솟아나는 나쁜 욕망은 즉시 제거해야 한다. 그것이 삶의 규율이다.

5. 사랑과 길들임의 미학

사랑과 길들임은 『어린 왕자』에 나오는 여러 주제 가운데 처음부터 끝까지 관통하는 가장 중요한 삶의 주제이다. 어느 날 어린 왕자의 별에 피어난 장미가 사랑을 상징하고 있다. 어린 왕자의 마음속에서 떠나지 않는 꽃이다. 생텍쥐페리의 아내인 콘수엘로 순신을 비유한 꽃이지만* 남녀 간의 사랑에 대한 보편적 상징으로 읽힐 수 있다. 수많은 사람들 가운데 내게 찾아오는 사랑은 특별하고 아름다운 법이다.

어린 왕자의 별에는 아주 소박한 꽃들이 언제나 피어 있었는데, 이 꽃들은 한 겹의 꽃잎으로만 장식되고 자리도 차지하지 않아서 그 누구에게도 방해가 되지 않았다. 그 꽃들은 어느 날 아침 풀 속에서 모습을 보였다가 저녁이면 져버렸다. 그런데 어느 날 어딘지 모르는 곳으로부터 날아온 씨앗 하나에서 싹이 돋아났고, 어린 왕자는 다른 어린 가지들과는 닮지 않은 그 어린 가지를 아주 가까이에서 지켜보았다. 그것은 새로운 종류의 바오밥나무일 수도 있었다. 그러나 그 작은 나무는 이내 성장을 멈추고 꽃을 준비하기 시작했다. 커다란 꽃망울이 자리 잡는 것을 지켜보던 어린 왕자는 거기에서 어떤 기적적인 것이 나타날 것 같은 느낌이 들었지만, 그 꽃은 초록의 방 안에 들어앉아 아름다워질 준비를 끝낼 줄 몰랐다. 꽃은 정성껏 제 색깔을 골랐다. 천천히 옷을 입고, 꽃잎들을 하나하나 가다듬었다. 개양귀비꽃처럼 온통 구겨진 채로 나오고 싶지 않았다. 꽃은 아름다움이 절정에 이르렀을 때에만 모습을 드러내고 싶었다. 그래! 그렇다. 무척 멋을 부리는 꽃이었다! 그래서 꽃의 신비로운 단장은 며칠이고 계속되었다. 그러던 어느 날 아침, 정확히 해 뜨는 시각에 꽃이 모습을 드러냈다.

---

* 생텍쥐페리는 아내 콘수엘로에게 보낸 편지에서 『어린 왕자』는 그녀를 위해 썼다고 말했다. "알다시피 장미는 바로 당신이야. 내가 당신을 항상 돌봐주지는 못했지만 나는 늘 당신이 예쁘다고 생각했어."

그러나 이렇게 시작된 사랑에는 허영과 거짓과 의심의 씨앗이 언제나 존재한다. 어린 왕자는 장미의 허영심 때문에 괴로움을 느끼는데 장미는 언제나 주의를 끌고자 하며 있지도 않은 호랑이를 들먹이고 바람을 걱정한다. 이런 장미와의 불화 때문에 별을 떠난 어린 왕자는 제2차 세계대전으로 인해 미국으로 망명한 생텍쥐페리 자신이다. 멀리 떨어진 미국에서 과거의 불화를 후회하며 아내를 그리워하는 마음이 잘 나타나 있다. 꽃은 말이 아니라 행동으로 판단해야 한다는 사랑법을 깨닫는다.

> "꽃의 말을 듣지 말았어야 했어." 그는 어느 날 내게 속마음을 털어놓았다. "꽃들의 말을 절대로 들어서는 안 돼. 그냥 바라보고 향기나 맡아야 해. 내 꽃은 내 별을 향기롭게 해주었는데 나는 그걸 즐길 줄 몰랐어. 나를 그렇게 짜증나게 했던 발톱 이야기는 측은하게 여겼어야 했는데……."
>
> 그는 내게 속마음을 더 털어놓았다.
>
> "나는 그때 아무것도 이해할 줄 몰랐어! 말이 아니라 행동으로 꽃을 판단했어야 했어. 그 꽃은 나를 향기롭게 해주고 밝게 비춰주었어. 절대로 도망치지 말았어야 했어! 그 가엾은 속임수 뒤에 숨어 있는 애정을 눈치 챘어야 했는데. 꽃들은 앞뒤가 너무 맞지 않아! 하지만 난 너무 어려서 꽃을 사랑할 줄 몰랐어."

어린 왕자는 지구에 와서도 자기 별에 두고 온 장미를 늘 생각한다. 정원에서 오천 송이의 장미를 보고 똑같은 장미가 그렇게 많이 있다는 사실에 실망하고 울지만, 여우와의 만남을 통해 관계의 의미를 알게 되고 삶의 비밀과 지혜를 배운다.

> 어린 왕자가 말했다. "'길들이다'가 무슨 뜻이야?"
>
> "그건 사람들이 너무 잊고 있는 것인데," 여우가 말했다. "'관계를 맺는다'는 뜻이야."

"관계를 맺는다?"

"물론이지." 여우가 말했다. "넌 내게는 아직 수많은 아이들과 아주 흡사한 한 아이일 뿐이야. 그래서 난 네가 필요하지 않아. 너도 역시 내가 필요하지 않지. 난 너에게 수많은 여우들과 흡사한 한 마리 여우일 뿐이야. 하지만 네가 나를 길들인다면 우리는 서로를 필요로 하게 될 거야. 너는 나에게 세상에서 유일한 존재가 될 거야. 나는 너에게 세상에서 유일한 존재가 될 거고……."

"내 생활은 단조로워. 나는 닭들을 사냥하고 사람들은 나를 사냥해. 닭들은 모두 비슷비슷하고 사람들도 모두 비슷비슷해. 그래서 난 좀 지루해. 하지만 네가 날 길들인다면 내 생활은 햇빛이 비치는 것처럼 환해질 거야. 난 다른 모든 발소리들과는 다른 발소리를 하나 알게 되겠지. 다른 발소리들을 들으면 난 땅 밑으로 돌아갈 거야. 네 발소리는 음악처럼 날 굴 밖으로 불러낼 거야. 그리고 저길 봐! 저기 밀밭이 보이지? 나는 빵을 먹지 않아. 밀은 내게 소용이 없어. 밀밭을 봐도 난 아무것도 떠오르지 않아. 그건 서글픈 일이지! 하지만 넌 금빛 머리카락을 가졌어. 그러니까 네가 나를 길들인다면 정말 멋지겠지! 밀은 금빛이니까 너를 생각나게 할 거야. 그리고 나는 밀밭을 스치는 바람 소리를 사랑하게 될 거야……."

"가령 네가 오후 네 시에 온다면 난 세 시부터 행복해지기 시작할 거야. 시간이 지날수록 난 더 행복해지겠지. 네 시에는 난 벌써부터 흥분해서 안절부절못하게 될 거고, 행복의 대가를 알게 되겠지! 하지만 네가 아무 때나 온다면 난 몇 시에 마음의 준비를 해야 할지 절대로 알 수가 없을 거야……. 의례가 필요해."

"너희들은 아름답지만 비어 있어." 그는 장미들에게 다시 말했다. "아무도 너희들을 위해 죽을 수 없을 거야. 물론 평범한 행인은 내 장미가 너희들과 비슷하다고 생각하겠지. 하지만 내 장미는 오직 하나뿐이지만 너희들 모두보다 더 소중해. 내가 물을 준 장미이기 때문이야. 내가 둥근 덮개를 씌워 주었기 때문이야. 내가 바람막이로 보호해 주었기 때문이야. 내가 벌레를 잡아주었기 때문이야(나비가 되라고 두세 마리만 남겨 두고). 불평을 들어주고 자랑을 들어주고 때로는 침묵까지도 들어 주었기 때문이야. 그건 내 장미이기 때문이야."

그리고 그는 여우에게 다시 돌아왔다.

"잘 있어." 그가 말했다.

"잘 가." 여우가 말했다. "내 비밀은 이거야. 아주 간단해. 오직 마음으로 보아야만 잘 보인다. 가장 중요한 것은 눈에 보이지 않아."

"가장 중요한 것은 눈에 보이지 않아." 어린 왕자가 기억해 두려고 되뇌었다.

"네 장미를 그렇게 소중하게 만든 것은 네가 네 장미를 위해 소비한 시간이야."

"내가 내 장미를 위해 소비한 시간이다……." 어린 왕자가 기억해 두려고 말했다.

"사람들은 이 진실을 잊어버렸어." 여우가 말했다. "하지만 넌 그걸 잊어선 안 돼. 넌 네가 길들인 것에 대해서 영원히 책임이 있어. 너는 네 장미에 대해 책임이 있어……."

"나는 내 장미에 대해 책임이 있어……." 어린 왕자가 기억해 두려고 되뇌었다.

6. 어린 왕자의 여행

어린 왕자는 장미와의 불화 때문에 별을 떠나는데, 일거리도 찾고 견문을 넓히기 위해 여러 별을 여행한다. 여섯 개의 별을 여행한 후 일곱 번째 별인 지구에서 수수께끼 같은 말만 하는 뱀, 꽃잎이 세 개뿐인 꽃, 메아리만 있는 뾰족한 산, 5천 송이 장미, 여우, 선로통제원, 갈증을 달래주는 개량 알약을 파는 상인, 그리고 화자인 비행기 조종사를 만난다. 어린 왕자가 방문한 여섯 개의 별에는 우리 인간 세상의 전형적인 인물들이 살고 있다. 별 하나에 한 사람씩 살고 있는 것은 우리 모두의 존재가 하늘에 떠있는 별 하나에 해당한다는 의미로 해석된다. 한 사람만

살 수 있을 만큼 작은 별이다.

첫 번째 별에 사는 왕은 정치인을 상징하고 있지만, 권력욕, 지배욕이 두드러진 사람을 환기하고 있다. 그러나 힘과 권력이란 합당한 상호작용에 의해서만 성립되고 유지될 수 있음을 보여준다.

> "짐이 만약 어느 장군에게 나비처럼 이 꽃에서 저 꽃으로 날아다니라고 하거나 비극을 한 편 쓰라거나 또는 바닷새로 변하라고 명령했는데 그 장군이 받은 명령을 이행하지 않는다면, 짐과 장군 가운데 누가 잘못한 것이겠는가?"
>
> "폐하의 잘못일 것입니다." 어린 왕자가 단호하게 대답했다.
>
> "맞다. 누구에게나 그가 줄 수 있는 것을 요구해야 한다." 왕이 다시 말했다. "권위는 무엇보다도 이치에 근거를 두는 법이니라. 그대가 만약 그대의 백성들에게 바다에 몸을 던지라고 명령한다면 그들은 혁명을 일으킬 것이니라. 짐의 명령은 합당하기 때문에 짐에게는 복종을 요구할 권리가 있느니라."

두 번째 별에 사는 허영에 빠진 사람은 대표적으로 연예인을 떠올릴 수 있지만 남들에게 인정받고자 애쓰는 인간군상을 대변한다. 어린 왕자가 방문한 세 번째 별에는 술꾼이 살고 있는데, 알코올 중독자뿐만이 아니라 모든 종류의 중독자를 환기한다. 중독의 공통적인 현상은 만사를 '잊으려 하는' 것이며 수치심을 동반한다. 네 번째 별에는 사업가가 살고 있다. 그는 계산에 빠져 다른 일은 돌아볼 시간이 없다. 재물욕에 빠진 사람이다. 그러나 정작 중요한 일이 무엇인지는 망각하고 오로지 돈만을 추구하는 그에게 어린 왕자는 따끔하게 일침을 가하고 떠난다.

"저는요," 그가 다시 말했다. "제가 매일 물을 주는 꽃을 한 송이 갖고 있어요. 화산도 세 개 갖고 있는데 매주 청소를 해줘요. 불 꺼진 화산도 청소를 해주니까요. 어떻게 될지 모르잖아요. 제가 화산과 꽃을 갖고 있는 것이 화산들에게도 유익하고 꽃에게도 유익해요. 하지만 아저씨는 별들에게 유익하지 않아요."

사업가는 입을 열었지만 대답할 말을 찾지 못했고, 어린 왕자는 별을 떠났다.

다섯 번째 별에는 점등인이 살고 있다. 그는 명령에 따라 1분마다 가로등을 켰다가 끄는 일을 반복하고 있다. 1분이 하루인 것이다. 그가 제일 좋아하는 것은 잠자는 것이다. 그는 언제나 쉬고 싶다. 세상에서 가장 많은 수를 차지하는 노동자를 환기하는 별이다. 자기 자신이 아니라 다른 사람을 위해 일하는 점등인은 어린 왕자가 친구로 삼을 수 있는 유일한 사람이지만 그의 별은 너무 작아서 둘이 있을 자리가 없었다.

여섯 번째 별은 다른 별보다 열 배나 더 큰 지리학자의 별이다. 그의 눈에는 모든 사람들이 정보를 가져다주는 탐험가로 보인다. '덧없는 것'은 다루지 않고 '영원한 것'만을 기록하는 지리학자는 체험보다는 정보를 중요시한다. 그러나 변하지 않는 것들보다 덧없는 생명체들이 더욱 중요하다는 사실을 작가는 일깨우고 있다.

지리학자의 권유에 따라 어린 왕자는 일곱 번째 별인 지구로 간다. 지구에는 앞에 방문한 여섯 개의 별들에 사는 사람들이 무수히 많은 곳이다.

7. 이별과 죽음

지구에서 만나는 첫 번째 생명체인 뱀은 지구에 온 지 1년이 되는 날 어린 왕자가 자기의 별로 되돌아가는 수단이 된다. 치명적인 독을 지닌 뱀은 어린 왕자가 지구에서의 삶을 마치고 그의 별로 돌아갈 수 있도록 도와주는 것이다. 비행기 조종사로서 언제나 죽음을 가까이 두고 있던 생텍쥐페리는 그가 열일곱 살 때 처음으로 경험한 동생의 죽음 이후 많은 죽음을 보아왔다. 인간의 숙명인 죽음은 그에게 껍데기에 지나지 않는 육체의 소멸일 뿐 그 존재는 하늘의 별이 되어 마음속에서 영원히 빛난다. 어린 왕자는 마지막 이별의 순간에 별들의 웃음소리를 선물한다.

"사람들은 별을 가지고 있는데 다 같은 별은 아니야. 여행하는 사람들에겐 길잡이가 되는데, 어떤 사람들에겐 그저 작은 불빛에 지나지 않아. 또 학자들에게 별들은 풀어야 할 문제가 돼. 내가 만난 사업가에게 별은 황금이었어. 하지만 그 모든 별들은 말이 없어. 아저씨는 어느 누구도 갖지 못한 별들을 갖게 될 거야……"

"그게 무슨 뜻이니?"

"아저씨가 밤에 하늘을 바라볼 때면 내가 그 별들 중 하나에 살고 있을 테니까, 그 별들 중 하나에서 웃고 있을 테니까 아저씨에겐 그 별들이 모두 웃는 것처럼 보일 거야. 그러니까 아저씨는 웃을 줄 아는 별들을 갖게 될 거야!"

그리고 그는 다시 웃었다.

"그리고 아저씨는 슬픔이 가라앉으면(슬픔은 언제나 가라앉는 법이니까) 나를 알았다는 사실을 기뻐할 거야. 아저씨는 언제나 내 친구일 거야. 나와 함께 웃고 싶을 거야. 그리고 가끔씩 재미삼아 그냥 창문을 열겠지……. 그리고 아저씨 친구들은 아저씨가 하늘을 보며 웃는 것을 보고 깜짝 놀랄 거야. 그러면 친구들에게 이렇게 말해줘. '그래, 난 별들을 보면 언제나 웃음이 나와!' 그러면 친구들은 아저씨가 미쳤다고 생각할 거야. 내가 아저씨한테 아주 몹쓸 장난을 친 셈이 될 텐데……."

그리고 그는 또 웃었다.

만남은 이별을 전제로 한다. 이별도 만남처럼 아름다워야 하며, 죽음도 삶의 일부로 받아들여야 한다. 어린 왕자가 그토록 좋아하여 하루에 마흔네 번이나 본적도 있었던 석양은 하루의 그 어느 순간보다도 아름다운 광경으로 세상을 비춘다. 어린 왕자가 세상에 던진 말, '가장 중요한 것은 눈에 보이지 않는다'는 말을 가슴에 새기면 이별이 아름다워질 수 있다. 이별을 통해 영원히 남는 가장 중요한 사람이 될 수 있다. 사랑은 눈에 보이지 않지만 우리의 삶에서 가장 중요한 것이 아니던가! 사랑은 평범한 대상을 특별하고 아름답게 만든다. 어떤 존재든 사랑이 깃들면 빛나는 존재가 된다. 삶의 근본 물음인 '어떻게 살고 어떻게 죽을 것인가?'에 대한 답은 각자의 가슴속에 빛나는 별에게 끊임없이 물어볼 일이다.

– 더 읽어볼 생텍쥐페리의 작품

『남방우편기』(1928)

『야간비행』(1931)

『인간의 대지』(1939)

『전시조종사』(1942)

『성채』(1948)

5장

양철북
Die Blechtrommel

권터 그라스
Gunter Grass

01 주요 용어 해설

1. 47그룹(Gruppe 47)

제2차 세계대전의 결과에 대해 참담해하면서 나치 시대와 단절하고 새롭게 출발하자는 목표 아래 결성된 '47그룹'은 잘 알려지지 않은 젊은 작가들을 지원하는 일을 주로 하였다. 이 모임은 좌장 리히터가 1947년부터 매해 두 번 개인적으로 작가들을 초대하여 만나는 형식이다. 여기에 초대받은 작가가 우선 자신의 미발표 작품을 낭독하면 객석의 참석자들이 이에 대해 신랄하게 비판한다. 작가의 문학적인 성공 여부는 이때 낭독의 성패에 따라 결정될 정도였다. 문학계에 가장 큰 영향을 미친 47그룹의 모임은 해를 거듭할수록 규모가 점차 커져 작가, 비평가, 출판인, 영화인, TV팀 등이 북적거리는 '문학 시장'이 되었다. 1968년 이후부터 더 이상 모임이 없어 47그룹은 자연스럽게 소멸되었다.

2. 자유시와 단치히[Danzig, Gdańsk]

'자유시'는 원래 중세 유럽에서 어느 도시가 교황이나 황제 및 영주의 지배에서 벗어나 하나의 국가처럼 자체적으로 통치하는 형태의 도시를 말한다. '단치히'는 폴란드 북부 발트 해 연안의 항구도시로 10세기부터 동유럽의 주요 무역항으로 발전하였는데, 1224년에 독일 도시권을 획득하였으며, 1815년부터는 프로이센의 지배를 받았다. 제1차 세계대전 후 단치히는 국제연맹의 보호를 받는 자유시가 되었는데, 외교 관계는 폴란드가 담당하였다. 1939년 단치히 반환 문제로 독일이 침공하면서 제2차 세계대전이 발발하였다. 이때부터 단치히는 독일에 편입되었다가 전쟁 말기에 소련군에 의해 점령되어 폴란드의 관리를 받았고, 1970년 독일 · 폴란드 간 국교 정상화 조약으로 폴란드령으로 확정되었다.

3. 무장친위대[Waffen-SS]

바이마르 공화국과 국가사회주의 시대에 국가사회주의독일노동자당[NSDAP]과 히틀러를 위한 조직인 친위대[Schutzstaffel]가 폴란드 침공 후 개편되어 만들어진 무장 전투 집단이 무장친위대이다. 300여 명 규모였던 이 집단이 나중에는 90만 명 이상의 규모로 확대되었다. 이 집단은 유대인과 집시 대학살 등 수많은 범죄를 저질렀고, 무고한 일반 시민들에게도 잔혹 행위를 하였다. 그래서 무장친위대는 1946년 뉘른베르크 전범 재판에서 '전범 단체'라는 판결을 받았으며, 독일정부는 무장친위대의 선전 선동 자료의 유포 및 상징의 사용을 법으로 금지하고 있다.

4. 스카트(Skat)

독일인이 가장 즐겨하는 카드놀이인 '스카트'는 1700년대 중반부터 독일 남부 지역에서 유행하였던 카드놀이를 1820년경 알텐부르크에서 발전시킨 것으로 독일 무형 문화 유산 목록에 등재되어 있다. '놀이할 때 옆에 제쳐 놓기'라는 뜻인 스카트는 특정 점수가 배정된 A, 10, K, Q, J, 9, 8, 7의 카드 32장을 사용한다. 참여자 세 명은 각각 10장씩 카드를 받고 남은 2장은 우선 엎어 놓는데, 이 2장이 소위 스카트이다. 세 명이 차례로 수를 불러 베팅하고, 높은 수를 부른 사람이 선이 되어 스카트를 사용할지 결정하고 카드 한 장을 내면, 다른 사람이 이에 따라 카드를 내는 방식의 놀이이다.

5. 라스푸틴[Grigórij Efímovič Raspútin]과 여인들

라스푸틴(1869-1916)은 시베리아의 농민 출신으로 그리스, 예루살렘 등지를 떠돌며 수행하고서 환자를 치료한다든지 미래를 예언하는 능력을 보여주면서 영적 지도자라는 명성을 얻었다. 그는 1903년 상트페테르부르크에서 황태자의 치료를 계기로 황제 부부의 절대적인 신임을 얻어 10여 년 동안 황제의 집안과 국정에 막강한 영향력을 행사하다가 암살당했다. 그는 성적 욕망을 억누를 것이 아니라 오히려 이 욕망에 몸을 맡기고 따름으로써 죄를 짓고, 이어 이 죄를 참회함으로써 구원을 받을 수 있다고 주장하였다. 소위 '육체의 참회를 통한 구원'의 주장은 그가 상트페테르부르크에서 수십 명의 여성들과 관계하는 것을 가능케 했다.

6. 괴테[Johann Wolfgang von Goethe]와 『친화력』

괴테(1749-1832)는 프랑크푸르트 암 마인에서 태어나 법학을 공부하고 변호사가 되었으며, 바이마르 공국에서 공직을 수행하기도 했다. 그는 『젊은 베르터의 고통』을 비롯하여 수많은 걸작들을 남겼는데, 그중에서 『파우스트』는 구상에서 부터 완성에 이르기까지 60여 년이 걸린 작품이다. 『친화력』은 화학 용어 '친화력'에 빗대어 사람들 간의 분리와 결합 과정을 그린 작품이다. 작품에서 에두아르트 남작과 샤를로테는 서로 사랑했음에도 다른 사람과 각각 결혼했다가 다시 만나 결혼하고 부부가 되었다. 이 부부 사이에 에두아르트의 친구인 대위와 샤를로테의 조카 딸 오틸리에가 끼어들어 에두아르트와 오틸리에, 샤를로테와 대위 사이에 각각 애정이 싹트면서 부부 간의 관계가 변하고, 결혼 생활은 위기를 맞는다.

7. 분말 발포제[Brausepulver]

탄산수소나트륨에 구연산이나 포도산을 섞어 만든 것이 '분말 발포제'로, 이 분말은 물을 만나면 거품이 일며 부글부글 끓는다. 이 현상은 나트륨염이 물과 반응하여 이산화탄소가 생기기 때문에 발생한다. 19세기에 슈톨베르크 회사가 처음으로 분말 형태의 발포제를 생산 시판하였고, 1925년 로베르트 프리델 회사가 '레모네이드 분말 발포제' 형태의 '아호이-프리델 발포제[Ahoj-Friedelbrause]'를 생산하였다. 물에 타 마실 수 있도록 봉지에 담아 시판된 이 제품은 제1차 세계대전의 패전으로 우울해진 독일인들에게 청량감을 주는 새로운 음료로서 많은 인기를 얻었다.

8. 수정의 밤[Kristallnacht]

1938년 11월 9일 밤에서 10일 새벽 사이를 일컫는 '수정의 밤'은 유대인 관련 건물들이 약탈, 방화, 파괴되면서 깨진 유리 파편들이 널려 있었다고 해서 붙여진 이름이다. '수정의 밤 사건은 온 가족이 독일에서 폴란드 접경 지역으로 추방된 17살의 폴란드계 유대인 그륀츠판에 의해 파리 주재 독일 대사관 직원 폼 라트가 11월 7일 저격당해 이틀 후 사망하면서 촉발되었다. 이어서 자발적인 반유대적 분노 표출에는 관여하지 않겠다는 괴벨스의 발표가 유대인에 대한 폭력을 부추겼다. 이때 267개의 유대교 회당, 7,500개의 유대인 상점과 수많은 개인 주택이 약탈, 방화, 파괴되었고, 유대인 묘지가 훼손되었으며, 90명 이상의 유대인이 살해당했다. 이 사건을 계기로 수많은 유대인들이 강제 수용소로 보내졌고, 독일 내 유대인의 해외 이주가 가속화되었다.

9. 소시민

원래 '노동자'라는 의미로 사용된 '소시민'은 마르크스적인 의미에서 임금 노동자와 자본가 사이에 있는 사람들이다. 이들은 계층적으로 중류 사회의 낮은 계층에 속하며, 부유층 사람처럼 넉넉하고 호화롭게 살지는 못하지만, 그렇다고 해서 하류층 사람처럼 하루하루의 생계를 걱정하면서 살아가는 그런 사람들도 아니다. 이들은 무난한 삶을 살아가는 평범한 시민이라 할 수 있다. 또한 이들은 자기들이 생활하고 있는 세계를 벗어나려 하지 않기 때문에 자기들의 세계와 관련된 한정된 세계관을 갖게 된다. 따라서 이런 부류 사람들의 성향을 '소시민적'이라 하고, 이들을 경시하여 '속물'이라 부르기도 한다.

02

작가의 생애와 시대 배경

권터 그라스Günter Grass는 1927년 10월 16일 단치히-랑푸어에서 신교도이면서 독일인인 아버지와 가톨릭교도이며 카슈바이인인 어머니 사이에서 태어났다. 주로 외국에서 들여오는 식료품을 파는 가게를 운영하며 1936년에 나치당에 입당한 아버지는 '전형적이고 기회주의적인 들러리'의 성향을 가지고 있었다. 그라스는 1942년 군에 자원입대하여, 공군 보조병, 나치 노동 봉사단 일원으로 근무하다가 17살이 되던 1944년 11월에 무장 친위대에 징집되어 제10기갑사단의 전차병으로 복무하였다. 1945년 4월 그는 부상을 입고, 5월에 붙잡혀 1946년 4월까지 미군 포로가 되었다. 전쟁의 정당성을 믿었던 그는 종전 후 "어떤 이해할 수 없는 범죄가 나의 세대의 미래를 위한다는 명목으로 시작되었음을 알았다. 열아홉 살에 나는 우리 민족의 어떤 죄가 알게 모르게 축적되어 있음을 예감하기 시작했고, 그 책임과 짐이 나의 세대와 다음 세대에 맡겨짐을 예감하기 시작했다"라는 생각으로 바뀌었다. 그는 무장친위대 복무 사실을 숨겨오다가 2006년 자서전적 소설 『양파 껍질을 벗기며』에서 밝혔다. 이 고백에 대해 "겨우 17살의 철없던 나이의 행동일 뿐"이라는 우호적인 목소리가 있었는가 하면, "그동안 엄격한 도덕적 잣대로 독일 보수 진영을 강하게 비판해 온 그라스 스스로가 자기 자신에게는 그 잣대를 적용하지 않았다"라는 비판적인 목소리도 있었다.

미군 포로에서 석방된 그라스는 하노버 근처의 칼륨염 광산에서 1년 정도 일하였다. 이어 그는 뒤셀도르프에서 석공 실습 과정을 1948년에 마치고 1952년까지 뒤셀도르프 예술대학에서 그래픽과 조각 공부를, 1953년부터 1956년까지 베를린 조형예술대학에서 조각 공부를 하였다.

1954년 그라스는 스위스 출신 발레 전공 여대생 슈바르츠와 결혼하여 네 명의 아이를 낳았다. 1972년 그녀와 헤어진 그라스는 건축가이며 화가인 쉬뢰터와 살면서 딸 하나를, 강사 크뤼거와 살면서 또 딸 하나를 낳았다. 이어 그는 1979년 두 아들이 있는 오르간 연주자 그루너르트와 재혼하였다.

1955년 '남독일 방송'의 시 경연에서 3위로 입상한 것을 계기로 그라스는 그해 '47그룹'의 베를린 모임에 초대받는다. 그는 1958년 47그룹 모임에서 자신의 미완성 작품 『양철북』의 제1장을 낭독하여 참석자들로부터 호평을 받고, 이어 '47그룹상'을 받으면서 유명 작가의 반열에 오르게 된다. 그의 첫 시집 『바람 닭의 강점』이 1956년에, 희곡 작품 『홍수』가 1957년에 출판되었다. 그러나 그의 문학의 주된 영역은 산문이다. 작품으로는 단치히 3부작인 『양철북』과 『고양이와 쥐』, 『개들의 시절』이 있다. 그밖에 『어느 달팽이의 일기』, 『넙치』, 『텔그테에서 만남』, 『나의 세기』, 『게걸음으로』, 『양파 껍질을 벗기며』, 『박스』, 『그림의 단어들』 등이 있다.

그라스에게 있어서 현실 정치에 적극적으로 참여한다는 것은 정치적인 문제를 문학으로 형상화하고 이어 실천적 행동으로 옮겨 확장시킨다는 의미이다. 그는 1961년 '47그룹' 모임에서 빌리 브란트Willy Brandt를 만나 가까워져, 독일사회민주당(SPD)의 선거를 도우며 브란트의 연설문을 작성하였고, 1982년 당원이 되었다. 이러한 그의 정치적 행보는 "악마인 히틀러가 독일 국민을 꾀어낸 것"이라는 식으로 그의 세대가 마치 나치의 희생자인 것처럼 꾸며대는 것을 원치 않았기 때문이다. 그는 통일 후의 정치 현실에 실망하여 사민당을 탈퇴하였지만 당대의 논쟁에는 적극적으로 참여하였다. 그는 또 한국의 정치적인 문제에도 관심을 기울였는데, 1970년 '오적 필화 사건'의 김지하, 1980년 '5.18 내란 음모 사건'의 김대중, 1989년 방북으로 구속된 황석영 등의 석방과 구명을 위해 노력하였다.

2015년 4월 87세로 생을 마감한 그라스는 소설가, 극작가, 시인, 조각가, 화가, 그래픽 아티스트, 적극적인 정치 참여가로서 독일을 뛰어넘어 전 세계적인 인류의 보편성을 담아내려 노력했던 행동파 지성인이었다.

03 작품 읽기

1. 구성

1899에서 1954년까지의 한 인물의 가족사를 시대 순서에 따라 이야기하는 『양철북』은 형식상 3부로 나뉘어 있다. 작품 속의 주인공인 오스카는 단치히 출생으로 살인 혐의를 받고 뒤셀도르프의 어느 정신 병원에 수감되어 있다. 그는 간호사 브로노의 감시를 받으며 자기의 개인사를 회고하며 기록한다.

오스카가 병원에 수감된 1952년 9월에서 현재 30세가 되는 1954년 9월까지 자신의 이야기를 풀어나가며 편지지에 기록하는 기간이 소위 '서술 시간'이고, 46개의 단편들에서 이야기되는 1899년에서 1952년까지가 '서술된 시간'이다. 틀 소설 구조의 이 소설은 현재 병원에서 이야기를 엮어 가는 하나의 커다란 틀 속에 단치히와 뒤셀도르프에서 경험한 이야기들인 46개의 작은 틀이 서로 겹쳐 서술함으로써 현재와 과거가 긴장감 속에서 서로 순환된다. 단편들 하나하나는 대체적으로 비슷한 분량으로 이루어져 있다. 여기에서 하나하나의 이야기들은 단순하게 나열되는 것이 아니라 앞의 이야기와 뒤의 이야기가 서로 맞물려 이어지는 구조이다. 앞 장에서 언급한 이야기가 다음 장에서 짧게는 몇 줄로, 길게는 몇 쪽으로 요약되어 다시 언급된다.

제1부는 1899년부터 제2차 세계대전이 일어나기 직전인 1938년까지의 기간 동안에 일어났던 것을 다룬다. 성장을 멈춘 오스카가 양철북을 두드리고 소리를 질렀던 내용이 16개의 단편들에서 다루어진다.

제2부는 1939년 폴란드 우체국에서의 총소리로 시작된 제2차 세계대전의 발발에서 1945년 전쟁이 끝나 라인란트로 이주할 때까지 오스카가 경험했던 전쟁을 다룬다. 18개의 단편들로 구성되어 있다.

제3부는 오스카가 뒤셀도르프에 정착하여 활동한 시기를 다루며, 12개의 단편들로 구성되어 있다. 여기에서는 다시 성장하면서 기형적인 모습이 된 오스카가 조각가, 모델, 음악가로서 경험한 것과 정신 병원에서 맞는 그의 30번째 생일이 다루어진다.

2. 줄거리

1) 제1부

비가 내려 질척한 1899년 10월의 어느 날, 오스카의 할머니 안나 브론스키는 고향 카슈바이 밭에서 감자를 수확하고 구워먹던 중 경찰에 쫓기는 방화범 요셉 콜야이체크를 그녀의 '네 벌 치마' 속에 숨겨준다. 경찰이 되돌아가고 할머니가 일어나자 요셉의 바지는 열려진 채였다. 할머니와 결혼한 요셉은 경찰의 추적을 피하기 위해 뗏목꾼 요셉 브랑카의 신분으로 살다가 발각되자 목재들이 떠 있는 물속으로 뛰어들어 사라진다. 그는 미국으로 탈출해 그곳에서 돈을 많이 벌었다는 소문이 돈다.

어머니 아그네스는 폴란드 우체국에서 근무하는 그녀의 외사촌 얀과 '연애질'을 하면서 야전병원에서 만났던 독일인 마체라트와 결혼하고 할머니의 식료품 가게를 운영한다. '이미 태어날 때 정신적 발달이 완결된 귀 밝은 젖먹이' 오스카는 세 살이 되어 약속된 양철북을 선물로 받고, 육체적 성장을 멈추기 위해 지하실 바닥으로 추락한다. 마체라트는 오스카가 망가진 북에 다칠까 봐 북을 빼앗으려 하자, 오스카는 소리를 지르며 격렬히 반항한다. 이때 괘종시계의 유리가 깨진다. 그는 홀라츠 박사의 병원에서는 생물 표본 유리병들을 깨고, 학교에서는 여선생의 안경과 창유리를 깨며 북을 지킨다. 학교 교육을 받지 못하게 된 오스카는 빵집 아주머니한테서 『라스푸틴과 여인들』과 괴테의 『친화력』으로 읽기 교육을 받는다. 매주 목요일 어머니는 오스카를 유대인의 장난감 가게로 데리고 가 북을 사 주고, 가게 주인에게 몇 시간 동안 맡긴다. 얀과 밀회를 즐기기 위해서이다. 어느 목요일 오스카는 슈토크 탑에 올라 소리를 질러 시립극장 로비의 유리창을 박살낸다.

오스카는 '5월의 초원' 군중집회에서 연단 아래로 숨어들어가 양철북으로 왈츠 리듬을 연주하며, 집회에 동원된 악대들이 그를 따라 연주하게 한다. 이로써 군중집회는 무도회로 변한다. 그는 쇼윈도에 구멍을 내어 물건을 훔쳐 가도록 시민들을 유혹하기도 한다. '성심교회'에서 마리아가 안고 있는 아기 예수의 모습에 매료된 오스카는 북을 예수에게 걸어 주고 그가 북 치는 기적을 기대한다. 아그네스는 방파제에서 죽은 말 머리로 장어 잡는 광경을 보고 힘들어한다. 장어로 저녁 식사를 준비하던 마체라트와 격심한 언쟁을 벌인 그녀를 얀이 애무하면서 진정시킨다. 그 후 그녀는 생선을 마구 먹어 치우고 토하기를 반복하다가 죽는다. 등에 상처 자국이 많은 헤어베르트는 해양 박물관의 수위가 되어 자신이 지키는 니오베 목각상과 '교미'하려다 도끼에 박혀 죽는다.

1938년 11월 '수정의 밤'에 유대교 회당이 불타고, 양철북을 팔던 가게가 폐허가 되자 유대인 주인은 자살한다. 오스카는 그곳에서 북 몇 개를 가지고 나온다. 이 '학살의 날'에 시립극장 옆에서 '경건한 여인들과 지독하게 못생긴 소녀들'은 아무렇지도 않게 '믿음 소망 사랑'을 노래한다.

2) 제2부

1939년 9월 1일 전날 밤 오스카는 얀의 동료에게 북 수리를 부탁하기 위해 얀과 함께 우체국으로 간다. 우체국을 포위한 친위대와 수비대가 서로 교전하던 중 선반에서 떨어진 북을 오스카가 챙긴다. 우체국이 진압당하자 오스카는 울면서 자기는 납치당해 방탄막이로 이용된 것처럼 연기하여 시립병원으로 보내진다. 얀은 동료들과 함께 총살당한다.

마체라트는 마리아를 채용해 가게 일을 돕고, 오스카를 돌보게 한다. 1940년 여름 발트해변 여자 탈의실에서 옷을 벗다가 오스카는 '바닐라 냄새'가 나는 마리아의 몸에 얼굴을 묻고 처음으로 발기를 경험한다. 해변에서 마리아가 손바닥에 '분말 발포제'를 붓고 오스카가 침을 뱉어 부글부글 끓어오르면 마리아가 이것을 핥아 먹는다. 어느 날 마리아의 배꼽에 부은 분말 발포제에 침을 뱉어 끓어오르자 오스카가 핥으면서 서로 흥분하여 성적 관계를 맺는다. 마리아는 마체라트와 결혼하고 임신한다. 오스카는 자기가 그 아이의 아버지라고 생각하지만 무력감을 느낀다. 그는 '방치된' 그레프 부인의 성적 파트너가 된다. 사내아이들한테 관심이 많은 보이스카우트 대원 그레프씨는 채소 가게를 하며 저울을 속이곤 하였는데, 목매 자살한다.

오스카는 '전선 극장'의 일원으로 위문 공연을 다닌다. 파리 공연 후 상병 랑케스의 안내로 대서양 요새를 방문할 때, 해변에서는 다섯 수녀들이 게를 잡고 있다. 랑케스는 상관의 명령에 따라 그들을 사살한다. 캐나다군의 상륙 소식을 듣고 후퇴를 준비하던 중 오스카의 연인 로스비타는 아침 커피를 마시다가 함포 사격을 받아 죽고, 오스카는 귀향한다.

오스카는 불량청소년 패거리 '먼지떨이'에게 자신을 예수라 하면서 목소리의 위력으로 그들의 우두머리가 된다. 그들이 1944년 그리스도 강림절 밤 성심교회에 잠입하여 성모마리아의 무릎에 앉아 있는 예수상을 잘라 내자, 그 위에 오스카가 앉는다. 장난으로 시작된 미사가 진행되는 동안 경찰이 진입하여 그들을 체포한다. 오스카는 먼지떨이에 의해 유괴당한 아이인 것처럼 연기하여 무죄 석방 된다.

단치히의 중심가가 공습받을 때 오스카의 가족은 가게 지하 창고에 숨는다. 러시아 병사들이 들이닥치고, 당 배지를 목구멍에 숨기려다 핀이 걸려 야단법석을 떠는 마체라트를 러시아 병사가 사살한다. 마체라트의 전 재산을 폴란드인 파인골트 씨가 넘겨받는다. 마체라트를 매장할 때 다시 성장하겠다고 결정한 오스카는 쿠르트가 던진 돌에 맞아 무덤 속으로 추락하고 북과 북채를 무덤 속에 던져 버린다. 성장이 다시 시작된다. 1945년 6월 마리아는 오스카와 쿠르트를 데리고 그녀의 언니가 있는 라인란트로 가기 위해 기차를 탄다. 계속 성장하며 등에 자라나는 혹 때문에 고통스러워하는 오스카는 병원에서 치료받고 이듬해 퇴원한다.

3) 제3부

마리아와 아들 쿠르트는 암시장에서 인공 꿀과 부싯돌을 팔며 가계를 꾸려가고, 오스카는 석공 코르네프의 실습공으로 일한다. 오스카는 오버하우셈 묘지에서 여인의 묘 이장 작업이 진행되는 중에 포르투나 노르트 발전소의 굴뚝에서 힘차게 뿜어져 나오는 연기를 본다. 석공 일을 그만둔 오스카는 예술대생들의 모델이 된다. 그는 미술학도가 된 랑케스 상병을 만나고 그의 여자 울라와 함께 일을 한다. 그녀의 벌거벗은 왼쪽 넓적다리 위에 북을 치는 꼽추 아이가 앉아있는 그림 '마돈나 49'를 본 마리아가 오스카의 누드모델 일을 싫어하여, 오스카는 집에서 나와 차이들러 집에 세 들어 산다. 그 집에는 간호사 도로테아와 음악가 클레프가 세 들어 있다. 그는 도르테아에 대한 호기심에서 그녀의 방에 몰래 들어가 머리카락을 훔치고 옷장 속에서 그녀의 체취를 느끼며 자위한다. 오스카가 무력감에 빠진 클레프 앞에서 자신의 성장 과정을 북으로 연주하자 클레프는 플루트를 불어 화음을 맞춘다. 밤에 화장실에서 카펫 조각으로 몸을 가린 오스카를 만난 도르테아가 놀라 넘어지면서 그의 몸 밑에 눌리게 된다. 카펫의 자극을 받은 그녀는 흥분한다.

오스카는 클레프, 숄레와 함께 '라인 강변의 3인'을 결성하여 '양파 주점'에서 연주한다. 손님들은 양파를 썰며 눈물을 흘린다. 다시 찾은 대서양 요새에서 랑케스가 해변을 거니는 어린 수녀를 유혹하여 겁탈하자, 그 수녀는 물에 빠져 죽는다. '고수 오스카'는 단독 순회공연으로 명성과 부를 얻지만 고독하다. 개와 산책하던 중 개가 살해당한 도르테아의 약지를 물고 온다. 그는 이것을 병에 담아 가지고 다니며 숭배까지 한다.

어느 날 저녁 오스카와 비틀라는 비어있는 전차를 탈취하여 도시를 통과하다가 남자 셋을 태운다. 그들 중 둘이 한 사람을 죽이려 하는데, 그 사람이 단치히 우체국에서 도망친 빅토르 베룬이다. 오스카와 비틀라는 종점에서 그들과 함께 내려 살인을 저지한다. 이어 오스카는 비틀라에게 출세의 기회를 주기 위해 약지가 든 병을 건네주면서 자기를 경찰에 신고하라고 한다. 아침에 그는 요셉이 있을 듯한 미국으로 도망가기 위해 기차를 타고 오를리 공항 쪽으로 가다 국제경찰에 체포된다. 그는 도로테아의 살인범으로 몰려 정신병원에 수감된다. 그리고 2년이 지난 오늘 그는 30번 째 생일을 맞는다. 그는 살인 누명에서 벗어나 석방될 것이라는 소식을 듣는다.

3. 주요 내용

1) 성장을 멈추었다가 다시 성장하다.

(1) 성장을 멈춘 세 살배기

애초부터 이 세상에 태어나지 않는 것이 더 가치가 있다고 생각한 오스카는 세 살이 되던 생일날에 의도적으로 지하실 층계에서 바닥으로 추락하여 피를 흘리며 성장을 멈춘다. 그는 태어날 때 마체라트로부터 들은 식료품점을 물려주겠다는 말에 거부감을 가지고, 오스카는 소시민으로서 누리는 일상적인 삶을 거부하는 표시로 성장을 멈춘다. "나는 결심했었다, 어떠한 경우에도 정치가는 안 된다고, 더군다나 식료품점 상인은 되지 않는다고, 오히려 마침표를 찍고 현 상태로 머무르겠다고 결심했던 것이다. 나는 그렇게 머물렀고, 오랫동안 이 크기, 이 모습을 하고 있었다." 그는 94센티미터의 세 살배기의 모습이지만 '이미 태어날 때 정신적 발달이 완결된' 아이인 것이다. 어린이의 외모에 어른 이상의 지성을 갖춘 부조화의 오스카는 '어른들과의 거리를 유지'하기 위해 '양철북'과 '유리 깨는 목소리'를 무기로 사용한다. 오스카의 세 살배기와 같은 겉모습은 정치, 사회, 역사적인 면에서 올바른 의식으로 발전되지 못해 마치 어린아이와 같은 상태에 머문 나치 독일의 비정상적인 상태를 형상화한 것이다.

(2) 기형적인 성장

마체라트의 장례식 때 오스카는 다시 자라기로 결심한다. 그는 자기 아들이라 생각하는 쿠르트가 던진 돌에 맞아 무덤 속으로 추락하여 피를 흘리며, 북과 북채를 무덤 속에 던져버린다. 그는 이때부터 다시 성장하기 시작하고 동시에 유리 깨는 능력을 상실한다. 그런데 그는 완전한 성인의 모습으로 성장하는 것이 아니라 121센티미터까지만 자라고 등에 혹이 달린 꼽추의 모습이다. 이때부터 그는 석공, 모델, 악기 연주자로 일을 하며 돈을 번다. 불완전하게 성장한 오스카의 모습 역시 전쟁이 끝난 후 독일 사회와 소시민들에 대한 비유적인 형상화이다. 이것은 전후 소시민의 의식이 정치, 사회, 역사적인 면에서 발전하기는 하였지만, 완전한 의식에 이르지 못해 여전히 기형적인 상태라는 것을 보여준다. 즉 전후 독일 사회가 전쟁 중에 저지른 부끄러운 일에 대해 진지하게 성찰하고 이를 통해 제대로 청산한 것이 아니라, 경제적인 부를 좇고 향유하면서 부끄러운 과거를 더 이상 생각하지 않거나 잊으려함으로써 올바른 의식 상태에 도달하지 못했음을 의미한다. 그래서 오스카는 이러한 독일 사회와 소시민들을 일깨워주기 위해 양철북을 다시 들어 두드린다.

(3) 아래로부터의 시각

오스카는 세 살배기지만 '세 배나 총명한 아이'이다. 그러나 세 살배기의 모습이면 그에 걸맞게 세 살 아이의 지적 능력을 가지고 있을 것이라고 지레짐작하기 때문에, 오스카는 성인들로 부터 경계의 시선을 받지 않고 자유롭게 그들을 삶을 들여다 볼 수 있다. 아울러 94센티미터 키의 신체적 특징 때문에 그는 아래에서 위를 올려다보는 '아래로부터의' 시각을 갖게 된다. 이와 같은 이유 때문에 오스카는 사물을 오히려 보다 정밀하게 관찰할 수 있고, 성인들이 보지 못하는 이면까지도 자세히 들여다볼 수 있게 된다. 예를 들어 성인들의 시선은 일반적으로 탁자 위에서 셋이서 하는 질서 정연한 스카트 놀이를 볼 수 있다면, 오스카는 탁자 아래의 모습, 즉 얀의 발이 아그네스의 치마 속에서 무엇을 찾는지 볼 수 있는 것이다. 또 '5월의 초원' 집회에서의 질서 정연한 모습에서 그는 대독일 건설이라는 무모하고 허황된 배후를 파악할 수 있다. 이와 같이 오스카는 아래로부터의 시각으로 나치당의 이데올로기에 맹목적인 신뢰를 보내며 추종하는 소시민들의 의식과 부조리, 도덕적 타락과 부패를 꿰뚫어 볼 수 있는 것이다.

2) 두 전구 사이를 갈팡질팡하다.

태어날 때 오스카는 '평범한 60와트짜리 전구 두 개'에서 나오는 빛과 처음으로 마주하고, 이어 이 빛을 좇아 날아드는 나방을 바라본다. 이 모습은 마치 '중간 크기 털투성이의 나방이 60와트짜리 두 전구에 구애하는' 것 같다.

(1) 독일과 폴란드 사이의 단치히

자유시 단치히에서는 폴란드인은 물론 독일 국적인도 자유시 국민이 될 수 있었다. 아그네스는 카슈바이인 혈통을 지닌 단치히 토착인이다. 아그네스의 연인 얀 브론스키는 폴란드 국적으로 단치히의 폴란드 우체국에서 근무하고, 그녀의 남편 알프레트 마체라트는 독일 사람으로 1918년 전쟁 때 입은 부상을 치료 받은 후 독일 회사의 단치히 대리점에서 근무한 나치 당원이다. 이 둘 사이에서 적당한 거리를 유지하고 있는 아그네스는 폴란드와 독일 사이에서 균형을 잡고 있는 자유시 단치히와 닮은 모습이다.

두 남자의 운명은 단치히의 운명과 연관되어 있다. 1939년 단치히를 침공한 독일군이 폴란드 우체국을 공격할 때, 얀은 우체국을 방어하다 체포되어 군법회의에서 사형선고를 받고 처형된다. 이것은 단치히가 제2차 세계대전의 발발과 함께 독일령이 됨을 의미한다. 1945년 러시아 군이 마체라트의 지하실에 들이닥쳤을 때, 나치당의 배지를 삼키다 목구멍에 걸려 발광하던 마체라트는 사살되고, 이어 폴란드인이 들어와서 마체라트의 전 재산을 접수한다. 이것은 독일의 패전으로 단치히가 폴란드에 귀속됨을 의미한다.

(2) 얀과 마체라트 사이의 아그네스와 오스카

결혼식 직후 찍은 사진에서 '앉아 있는 한 여자와 서 있는 두 명의 남자'는 '삼각동맹'을 맺은 듯 행복해보인다. 이들은 예를 들어 스카트 놀이 때 탁자 위에서는 부부와 사촌이라는 아주 일반적이고 통념적인 관계에 따라 일정한 거리를 유지하는 모습이다. 그러나 탁자 아래에서는 이런 관계가 깨진, 즉 사촌이 부부관계를 맺기 위해 접근하는 모습이다.

마체라트는 남편으로서의 역할보다는 오히려 '앞치마에 대한 애착, 부엌일에 대한 애착'을 가지고 음식 만드는 데 자신의 능력을 발휘하지만, 부부 생활은 무미건조하다. 남편으로서의 정체성을 상실하고, 집에서 불필요한 존재가 된 그는 나치 행사에 참여함으로써 자신의 존재 의미를 찾는다. 얀은 '우아하고, 언제나 약간 엄살이 있으며, 직업에서는 저자세이고, 애정에서는 야심적이고, 어리석고 동시에 탐미적'으로 오로지 성적 쾌락만을 끊임없이 추구하는 '낭만적인 정부'이다. 그는 역사적으로 의미가 있는 사건들을 회피하거나 인식하지 못하는 나약한 사람이다.

아그네스는 이 두 남자들과 삼각관계로 얽혀있으면서 모호한 입장을 취한다. 이 관계는 죽음으로만 청산될 수 있다. 아그네스의 이러한 입장 때문에 아들 오스카의 친부 문제도 모호해진다. 얀과 마체라트 그 누구도 오스카를 자기의 아들이라고 이야기하지 않는다. 그래서 오스카는 이 둘 사이에서 적절한 거리를 유지하며 자기 자신을 '마체라트의 이름으로… 얀이 낳은' 것이라는 어정쩡한 결론을 내린다.

3) 양철북을 두드리다.

오스카는 북을 '일부는 직업적인 목적으로, 일부는 개인적인 목적으로' 사용하면서 어떤 때는 하루에 하나를, 또 어떤 때는 서너 달에 하나를 못 쓰게 만든다.

(1) 서술 기억의 매개체

병원에 수감된 오스카는 편지지 500장에 '자신이 태어나기 훨씬 이전부터' 1952년까지의 이야기를 기록한다. 이때 그는 북의 도움을 받는다. "나의 북을 능숙하고 끈기 있게 사용하면 중요한 일들을 기록하는 데 도움이 되는 온갖 자질구레한 것들을 머리에 떠오르게 할 수 있다." 오스카가 북을 두드리는 것은 기록을 위해 북을 '말하게 하는 것'이다. 때문에 그 자신이 직접 체험하지 못한 것도, 예를 들어 할머니가 카슈바이 감자밭에서 할아버지를 만나는 장면까지도 북의 힘을 빌려 이야기 할 수 있는 것이다. "어쨌든 나의 북이 말하는 바는 다음과 같다"라는 말로 할아버지 이야기를 풀어나가는 것처럼 양철북은 오스카에게 과거의 이야기를 매개해 주는 서술 도구가 된다.

(2) 존재의 의미

오스카가 태어날 때 마체라트는 '식료품 가게 일체'를 물려주겠다 하고, 어머니에게서는 "오스카가 세 살이 되면 양철북을 사줘야지"라고 하는 이야기를 듣는다. 그러나 어머니와 아버지는 그가 '반대나 결정을 이해하고, 경우에 따라서는 존경해 줄 수 있는 기관을 가지고 있지 않아' 앞으로 6, 70년 후에도 고독하게 살 것이라고 예견한다. 그래서 오스카는 "나는 전구 아래에서 인생을 시작하기도 전에 삶에 대한 욕망을 잃어버렸던 것이다. 다만 나에게 예정된 저 양철북만이 당시 다시 태아의 머리 위치로 되돌아가려는 나의 욕구를 더욱 강력하게 표현하는 나를 막았다"고 한다. 즉 어머니가 약속한 양철북이 오스카에게 세상에서 살 수 있는 명분을 준 것이다. 그래서 그는 언제나 북을 가지고 다니며, 북이 위험에 처할 때면 필사적으로 반항한다. 왜냐하면 북은 그의 존재의 명분이고 존재 그 자체이기 때문이다.

(3) 나치에 맞서는 도구

독일 민중을 하나로 묶고, 이념적으로 히틀러를 중심으로 단결하는 데 목적이 있는 군중집회는 히틀러와 나치를 찬양하고, 대독일 건설이라는 원대한 목표를 제시하며 순진한 사람들을 전쟁터로 내몰아 죽음을 당하게 한다. 그래서 오스카는 '5월의 초원'에서 북을 치며 "불쌍한 돌격대원 브란트, 가련한 히틀러 청소년 단원 크벡스, 너희들은 보람도 없이 쓰러졌구나!"라며 애도한다. 5월의 초원에서 나치의 취주악대와 고적대가 단조롭고 '직선적인 행진곡'을 연주하자 오스카는

'예술적이면서 밝고 쾌활한 왈츠 박자'를 치며 나치의 음악대가 따라 연주하게 한다. 오스카의 북에 나치 음악대가 동조하자 집회 군중은 기뻐하고 열광하여, 집회는 원무를 추는 무도회로 바뀐다. 이처럼 오스카의 북은 나치에 맞서 나치의 선전 선동을 방해하고 이들의 군중 집회를 와해시키는 역할을 한다.

(4) 나치에 봉사하는 도구

베브라가 이끄는 난쟁이 위문단 '전선 극장'은 유럽의 여러 전선을 찾아다니면서 독일 병사들을 위해 위문 공연을 한다. "북을 치고 노래를 불러 맥주 컵과 전구를 깨어 보세! 아름다운 프랑스, 영원히 젊은 파리에 있는 독일 점령군이 그대에게 감사하고 환호할 것이네"라는 베브라의 설득에 오스카가 따른다. 그는 '오스카넬로'라는 위조된 신분으로 '대독일 제국과 최후의 승리를 위해' 해외에서 전쟁에 참여하거나 주둔하면서 힘들어 하는 독일 병사들을 위로하고 독려한다. 그는 루스비타와 짝을 이루어 그녀의 신호에 따라 북소리를 점점 더 고조시키며 두들기다 맥주병이나 잔을 박살내 "사람들을 즐겁게 해주었다. 전선도 휴가도 잊게 했으며, 웃음이, 웃음이 끊임없이 터져 나오게 했다." 이때 오스카의 북은 나치 정권에 봉사하는 시녀 역할을 한다.

(5) 과거 성찰의 도구

과거를 잊고 미래만을 향해 달려가는 독일 사람들의 전후 시대는 감정도 메마른 "눈물 없는 세기라고 명명될 것이다. 도처에 슬픔이 수두룩하게 깔렸는데도 말이다. 슬퍼할 능력이 있는 사람들이 눈물이 없다는 바로 그 이유 때문에" '양파주점'에 비싼 돈을 내고 들어와 양파를 썰며 눈물을 흘린다. 어느 날 오스카가 '그 옛날 세 살짜리 오스카'의 눈에 비친 세계를 연주하면, 손님들은 "어린아이처럼 둥글고 커다란 눈물방울을 흘리고 울면서 몹시도 무서워하고 벌벌 떨며 불쌍히 여겨달라"고 한다. 이어 그가 그들의 "어린아이의 욕구를 충족시키면서 오줌을 싸게 한다." 그리고 그는 북을 쳐 '자유분방하고 명랑한 분위기'를 이끌어낸다. 북소리는 손님들에게 과거를 기억하게 하고, 이를 반성하고 참회하게 한다. 그럼으로써 그들은 비로소 과거로부터 해방될 수 있다. 이때 오스카의 북은 전후 독일의 과거를 잊고 회피하려는 경향에 맞서 이를 경고하고 각성시키는 역할을 한다.

4) 소리쳐 유리를 깨다.

오스카는 지하실 층계에서 추락한 직후에 "소리를 고음으로 유지하고 진동시키면서 노래한다거나, 외치거나, 외치면서 노래 부르는 것이 내게 가능케 하는 커다란 목소리도 가지게 되었다. …내가 소리를 지르면 값비싼 것들이 박살났다. 나는 노래를 불러 유리를 깰 수 있었다"라고 말한다. 이러한 그의 능력은 시기와 상황에 따라 변하며 달리 사용된다. "그는 맨 처음 시기에는 필요한 경우에만 노래로 석영제품을 철저하게 가루로 만들었다. 그러다가 나중에 그의 예술의 전성기와 쇠퇴기에는 외부의 압력을 느끼지 않으면서 자신의 능력을 발휘했다. 때로는 단순한 유희의 충동에서, 때로는 후기의 매너리즘에 빠져, 때로는 예술을 위한 예술에 몰두하면서 오스카는 유리 조직 속에 자신의 생각을 노래로 불러 넣었다."

(1) 북의 방어 수단

마체라트가 북을 빼앗으려 할 때 오스카는 괘종시계의 문자판 유리를 '최초의 파괴적이고 효과적인 외침 소리'로 박살낸다. 그가 소리 지르는 것은 그와 어른들 사이에 필요한 거리를 만들어 내기 위한 일종의 행위로, 어른들이 그의 존재 근거인 북을 빼앗으려 할 때 이에 대한 방어 차원에서 하는 행동이다. "소리를 내는 것은 오직 정당방위 때문이었다. 나의 북 공부의 존립 여부가 위협 받을 때면,

나의 성대를 목적 달성을 위해 사용했던 것이다." 마체라트의 강압에 맞서 소리친 것을 시작으로, 오스카의 입학식 날 여선생이 북을 빼앗으려 할 때, 또 진찰하던 홀라츠 박사가 북을 빼앗으려 할 때, 안경 및 창 유리와 생물 표본 병 등을 깨트리는 경우가 이에 해당한다.

(2) 불만과 분노의 표출 수단

네 번째 생일에 사람들은 오스카가 북을 원한다는 것을 알면서도 이를 무시하고 북을 멀리하게 하는 방법으로 어린이용 장난감만을 선물한다. 그래서 오스카는 그에 대한 불만 표시로 "모든 사람을 집 안에 매달린 전등의 전구 넷 모두를 차례차례 돌아가면서 파괴하는 외침 소리로 태고의 암흑 속으로 몰아넣어 버렸다." 또 다른 한편에서는 나치의 반인륜적인 만행에 눈을 감고 왜곡된 '믿음 소망 사랑'을 노래하는 기독교나 무능한 예수상에 대한 반감으로 유리를 파괴한다. "성심교회에서 늦은 시간에 돌아올 때면, 나는 으레 무엇인가를 노래로 파괴했다. …나한테 마주 오고 있는, 거의 승객이 없는 빈 전차에 분풀이를 하였다. 전차의 왼쪽 편에 어둡게 흐려져 있는 유리를 모조리 빼버렸다." 이와 같이 그는 '아무런 강요 없이' 소리쳐 유리를 깨며 주변 세계에 대한 거부감이나 반항심을 표현한다.

(3) 인간의 본성을 자극하는 수단

오스카는 '완성의 경지에 이른' 능력으로 쇼윈도의 신발, 향수, 담배, 장갑, 넥타이 등으로 지나가는 '점잖은 신사 숙녀들'을 유혹하여 그들의 도벽을 부추긴다. 그는 이들의 마음속에 잠재해 있는 어둡고 부도덕한 본성을 자극하는 것이다. 그는 "가지고 싶은 물건에 홀딱 반해 버린 사람들의 사소한 욕망이나 그저 그런 정도의 평범한 욕망을 만족시켜 주었을 뿐만 아니라 쇼윈도 유리 앞의 사람들에게 자신을 인식하도록 도와주었던 것이다." 또 한편으로 오스카의 능력은 사람의 감성을 자극한다. 그는 유리컵에 노래로 '하트 모양의 구멍'을 뚫고 그 아래에 아름다운 글씨체로 '오스카가 로스비타에게 바침'이라고 새겨 로스비타에게 선물하여 그녀를 기쁘게 한다. 이와 같은 '완성의 경지에 이른' 그의 능력은 선량한 시민들의 내면에 있는 욕망을 충족시켜 주어 그들을 즐겁게 한다.

5) 소시민들의 면면을 고발하다.

작품 속 소시민들은 식료품점, 빵 가게, 채소 가게, 잡화점, 시계 수리점 등을 운영하고, 음악가, 하급 공무원, 간호사, 석공, 시계 수리공, 주택 임대업자와 같은 직업으로 생계를 꾸려 나간다. 또 이들은 특별한 계기나 의식 없이 나치 당원으로, 돌격대원으로, 반공 감시인이나 보이스카우트 대원으로, 나치의 후생 협회와 동물보호협회 회원으로 또는 독일 소녀단 등으로 활동한다.

(1) 집단 폭력

일주일에 두 번씩 아파트 안뜰에서는 집 밖으로 카펫을 걸어놓고 막대기로 두들겨 먼지 터는 소리가 울려 퍼진다. "카펫을 터는 백 명의 여자들은 하늘의 일부를 점령할 수 있고, 어린 제비들의 날개 끝을 무디게 할 수 있으며, 오스카가 4월의 하늘에다 북을 쳐서 만든 사원을 카펫 몇 번 터는 것으로 무너뜨릴 수 있다." 소위 '한목소리로 내는 청결의 찬가'와 같은 집단적인 행동은 '하늘의 일부'를 습격하여 점령할 수도 있을 정도의 막강한 힘을 발휘할 수 있다. 이러한 집단의 힘은 이 집단에 속하지 않은 국외자에게는 위협적인 것이 되고 폭력이 된다.

안뜰에서 개구쟁이들은 온갖 오물을 섞어 '벽돌가루로 만든 수프'에 살아있는 개구리를 집어넣는 학살을 가하고 또 그 수프를 오스카의 입에 강제로 넣는 폭력을 가한다. 카우어 아주머니의 유치원에서는 얀의 아들이 "폴란드 놈!"이라는 조롱과 함께 폭행까지 당한다. 그럼에도 그녀는 오히려 얀의 아이에게 유치원에 더 이상 다니지 말 것을 권고한다. 또 그녀는 산책할 때 아이들에게 '통제용 줄'을 잡고 걷게 하며, "예수님 당신을 위해 내가 살고, 예수님 당신을 위해 내가 죽습니다"와 같은 노래를 부르게 한다. 이러한 과정을 거치면서 유치원 아이들도 나치 조직에 편입되는 것과 히틀러에 대한 충성과 희생을 당연한 것으로 생각하게 된다. 이처럼 소시민들은 나치당의 이데올로기에 세뇌 당해 전체주의적인 집단 속으로 쉽게 휩쓸려 한목소리를 내며, 집단의 힘을 무기로 국외자에게 폭력을 가하는 것이다.

(2) 유대인 학살

히틀러와 국가사회주의라는 이데올로기를 맹목적으로 추종하면서 소시민들은 비인간적인 만행도 주저하지 않는다. 1938년 11월 '수정의 밤'에 독일 전역에서 유대인의 교회당과 가게가 약탈당하고 불타며, 유리창은 박살난다. "유대교회당은 거의 전소되었고, 소방대는 불이 이웃집으로 옮겨 붙지 않도록 경비하고 있었다. 폐허 앞에서 제복을 입은 사람들과 민간인들이 책과 예배용 제구와 특이한 천들을 끌어 모았다. 산더미 같은 물건들에 불이 붙여졌다. 그러자 이 식료품점 상인은 기회를 놓치지 않고 이 공공연하게 허락된 모닥불 위에서 그의 손가락과 그의 감정을 따뜻하게 녹였다."

이때 돌격대원 마인은 '열심히 협력'한다. 자기가 기르던 고양이 네 마리를 죽여 쓰레기통에 버린, '당의 명예를 실추시키는 동물 학대' 문제로 고발당해 돌격대에서 추방당할 위기에 처했기 때문이다. 또 이들은 오스카가 북을 사곤 했던 유대인의 장난감 가게 유리창에 '유대인 돼지'라 갈겨쓰고 쇼윈도 유리를 산산조각 낸다. 그리고는 거기에서 '자기들다운 단순한 방식으로' 아이들 장난감을 가지고 논다. 유대인들에게로 향한 '공공연하게 허락된' 분노 표출은 약탈, 방화, 폭력 및 살인 등으로 이어지고, 공공기관은 이를 방관한다. 나치 돌격대와 소시민들은 이러한 일련의 행위들을 하면서 어린이들이 마치 장난감을 가지고 놀이하는 것처럼 전혀 죄의식을 느끼지 못한다.

인류애보다도 동물 사랑을 더 중시하는 것에서 국가사회주의 이데올로기에 세뇌 당해 맹목적으로 믿고 따르는 소시민들의 단면을 볼 수 있다. 이들은 '비둘기를 구울 수 있도록 성령을 보내주는', 즉 유대인들을 가스실에서 집단 학살할 수 있도록 했던, '가스 설비공' 히틀러를 '이 세상의 구세주'로 믿는다. 또 인류애를 노래해야 할 기독교는 유대인들에게 행한 반인륜적 행위에는 침묵하면서도 '믿음 소망 사랑'을 노래하는 이율배반적인 태도를 보인다.

(3) 과거 잊음

진후 자본주의 체제 아래 서독이 경세 부흥에 힘쓰면서, 탈나치화에서 경제 성장으로 무게 중심이 옮겨가게 된다. '하늘을 향해서 연기를 뿜고 있는 포르투나 공장의 여덟 개의 굴뚝, 늘 폭발하기를 원하는 것 같이 쉿쉿 소리를 내고 있는 포르투나 노르트의 신설 발전소'의 옆 묘지에서는 어느 여인의 묘 이장 작업이 진행 중이다. 현재의 경제 발전이라는 발전소의 역동적인 분위기가 과거의 상징인 여인의 무덤을 몰아내는 모습이다.

마리아는 '서독에서 잘 뿌리를 내린 인물'이다. 세련된 옷차림을 하고 병원으로 면회 온 그녀의 손바닥에 오스카가 해수욕장에서 하던 방식대로 분말 발포제를 쏟고 침을 뱉어 성적 유희를 즐겼던 일을 상기시키려 한다. 그러나 그녀는 세면대로 가서 비누로 손을 씻어버린다. "마리아는 기억하지 못했다. …그리고 그녀는 발작적으로 다른 화제를 찾다가 다시 한 번 쿠르트의 학교 성적, 스탈린의 죽음, 마체라트 식료품점의 새 냉장고, 오버카셀에 지점을 낼 계획 등"을 오스카에게 말한다. 마리아의 이러한 행태는 "어제까지만 해도 우리가 생생하고도 잔인하게 자행했던 그 모든 행위와 범죄들을 끊임없이 주절거리며 오늘 벌써 역사로 돌려 버리는 그러한 숙취를 수반하는" '술 취함'과 다르지 않다.

대서양 요새 '도라 7호'에서 군인 랑케스는 해변에서 게를 잡고 있던 선량한 수녀 다섯을 사살한 적이 있다. 그곳을 다시 찾은 화가 랑케스는 아그네타라는 또 다른 수녀를 겁탈하고 죽음으로 내몬다. 그는 과거에 잔인하게 자행했던 자신의 행위와 범죄들을 반성하는 것이 아니라, '당시에는 현재형이었지만 이제는 다 지난 일'이라고 말한다. 과거의 일을 현재에 반성하며 성찰하지 않고 단지 지나간 것으로 치부해 버리면, 같은 장소에서 같은 범죄를 저지르는 랑케스처럼 과거의 잘못을 반복할 수밖에 없다. 그래서 당시 사살 명령을 내렸던 중위는 과거의 잘못을 인정하면서 랑케스에게 "지난 일이란 없고, 계산은 아직 끝나지 않았으며, 나중에 몇 번이고 반복하여 역사 앞에서 책임을 져야 한다"고 말한다. 이것은 전후의 소시민들의 행태처럼 과거는 잊는다고 잊히는 것이 아니기 때문에 나치 시대에 대한 철저한 반성과 성찰이 우선적으로 이루어져야 한다는 점을 지적하고 있다.

6) 그런데 화자를 믿어도 될까?

소설 속의 화자 '나'는 "인정한다, 나는 정신병원에 수감된 환자라는 것을. 나의 간호사는 나를 관찰하고, 나한테서 거의 눈을 떼지 않는다. 문에는 엿보는 구멍 하나가 있기 때문이다. 그러나 내 간호사의 눈은 파란 눈의 나를 들여다볼 수 없는 갈색이다"로 시작하면서 이야기를 풀어놓는다.

독자는 화자인 오스카가 들려주는 이야기를 통해 정보를 얻을 수밖에 없기 때문에 그의 이야기를 믿어야 한다. 그러나 그의 이야기를 무조건적으로 믿을 수만은 없다. '갈색' 눈의 간호사가 '파란 눈의' 화자를 들여다 볼 수 없는 것처럼 독자는 화자의 이야기에 대하여 옳고 그름을 판단할 수 없기 때문이다. 그런데 화자는 '거짓말을 그럴듯하게 지어내었다'거나 '정확한 기억력'에 따라 이야기하고 있다고 말하는가 하면, 여러 추측성 이야기를 하기도 하다가 앞서서 했던 이야기를 스스로 번복하기도 한다. 이런 화자의 이야기 방식에서 화자의 '정확한 기억력'에 기초하는 이야기조차도 독자에게 믿음을 주지 못한다. 그런데 화자는 더 나아가 자기 자신을 '정신병원에 수감된 환자'라고까지 소개한다. 이때 독자는 더욱더 곤란한 상황에 빠지게 된다. 독자는 화자의 이야기 외에는 달리 정보를 얻을 수 있는 곳이 없기 때문에 그의 이야기를 그대로 인정하고 받아들여야 하는 것인지, 아니면 정신병원 환자의 말이기 때문에 받아들여서는 안 되는 것인지를 고민할 수밖에 없게 된다.

이처럼 『양철북』은 독자들에게 작품을 읽어가는 데 있어서 전통적인 독서 방법에서처럼 화자의 이야기를 수동적이고 무비판적으로 받아들이는 입장 대신에 거리를 두고 의심하며 비판하는 입장에서 읽어가기를 요구한다. 이런 적극적인 독서 방법을 통해 독자는 역사적 사실과 화자에 의해 창조된 세계 사이에서 긴장감을 가지고 제2차 세계대전 전·후의 독일의 역사를 새롭게 경험할 수 있는 것이다.

– 참조

권터 그라스의 『양철북』은 Günter Grass, Die Blechtrommel, in: Günter Grass, Werkausgabe in 10 Bdn. hrsg. von Volker Neuhaus, Darmstadt und Neuwied 1987, Bd. 2를 원전으로 삼았다. 한국어 번역서로는 민음사에서 펴낸 『양철북』(장희창 옮김, 세계문학전집 32, 33.)을 참조하였다.

6장

시 집

옥타비오 파스

Octavio Paz

01 주요 용어 해설

1. 아날로지

'아날로지'란 파스의 시학에 사용되는 중심 용어로서 서로 반대되는 두 힘 사이의 균형과 조화를 말하는데, 이성이 인간의 가치 체계를 지배하기 이전의 인류가 우주를 바라보던 시각을 말한다. 아날로지는 '사물과 사물', '사물과 인간' 사이의 '교감(코뮤니온Comunión)'을 의미하기도 한다. 과학과 이성이 분석을 통하여 사물의 부분밖에 파악하지 못하는 데에 비해 사물과 사물 사이의 유사점과 그 관계를 밝힘으로써 전체성을 파악하는 시의 작용을 '아날로지'로 설명하고 있는 것이다.

2. 코뮤니온(Comunión)

우리말로 '교감'으로 번역할 수 있는 이것은 이미지를 '한순간의 지적이며 정서적인 일종의 통합체[An intellectual and emotional complex]'로 정의하는 에즈라 파운드의 주장과 일면 통하는 개념이라 할 수 있다. 즉 그것을 표현하는 순간 갑자기 순간적으로 어떤 해방감을 느끼게 하는, 시간과 공간의 제약에서 해방된 것 같은 그런 순간적인 느낌, 갑자기 우리 자신이 한순간에 부쩍 커 버린 것 같다는 것을 깨닫는 바로 그 순간을 '코뮤니온'으로 말할 수 있다.

3. 아이러니

사물의 두 대립 관계를 가리키는 말이다. '통합', '포용', '교감'의 '아날로지'와 반대되는 개념으로 파스는 서구 사상의 근간을 이루고 있는 이성적 분석 방법에 기초를 둔 데카르트 및 뉴턴 세계관과 계몽주의를 부정적인 의미에서 이 용어로 빗

대고 있다. 과학과 이성이 사물의 부분만을 밝혀내고 전체를 바라보지 못함으로 개발에 따른 자연 파괴, 환경오염, 인간성 상실 등의 오늘날의 여러 문제들이 발생되었다고 파스는 보고 있는 것이다. 파스의 산문집 『활과 리라』에서 전쟁 무기인 '활'과 음악을 만들어내는 '리라'가 일견 대립되는 사물이다. 그는 이 대립되는 두 사물에서 '아날로지'를 통해 통합과 화합의 길을 모색한다.

4. 카오스적 세계관

'카오스'는 창세 이전의 세계로 성서 창세기 1장 2절에 그 모습이 잘 묘사되고 있다. "땅이 혼돈하고 공허하며 흑암이 깊음 위에 있고…." '혼돈'과 '공허' 이 두 글자는 창세전 카오스적 세계를 잘 대변하고 있는 말로 볼 수 있다. 옥타비오 파스는 이 '카오스'적 관점에서 세계를 바라보고 있다. 따라서 그의 시에는 혼돈 속에서 변화하고 생성하는, 그래서 고정된 것이 아무것도 없는 카오스적 세계관이 여실히 드러난다. 이러한 관점에서 그가 시를 통해 노리는 것은 의미의 전달이 아니라, 언어의 유희(변화, 생성)를 통한 끊임없는 새로움의 추구라고 볼 수 있다.

02 작가의 생애와 시대 배경

옥타비오 파스는 1914년 3월 31일 멕시코 혁명 기간 동안 전형적인 멕시코 집안에서 태어났다. 아버지는 변호사, 기자, 혁명가였으며 어머니는 스페인에서 건너온 이민자의 딸이었다. 그의 집안은 당시 거의 모든 멕시코의 중산층이 그랬던 것처럼 남자들은 자유주의 사상을 가진 자들이었고, 여자들은 열렬한 카톨릭 신자들이었다. 파스는 한집에 살고 있던 고모 아말리아에게서 프랑스어를 배웠고, 마리스타 수사들이 경영하는 프랑스 학교와 윌리엄스라는 영국 학교를 다니며 프랑스와 영어를 깨쳤다.

파스는 17세였던 1931년 『난간』(Barandal)이란 잡지를 시작하면서 문예 활동을 시작하였다. 1936년부터는 『시 작업실』(Taller Poético)의 편집에 참여했고 1938년에는 이 잡지를 다른 장르에도 열어놓기 위하여 『작업실』(Taller)로 이름을 바꾼 후, 이 잡지에 주도적인 역할을 담당하게 된다. 23세 살 되던 해 파스는 다니고 있던 법과대학을 중퇴하고, 남부의 유까딴 반도에 내려가 노동자 농민 자녀들을 위한 학교를 설립한다. 그곳에서 농민혁명으로 출발했던 멕시코 혁명의 진정한 뜻을 깨닫고 다시 멕시코시티에 돌아온 후, 1937년 칠레 시인 파블로 네루다의 추천으로 스페인에서 열린 세계 지식인 대회에 참가한다. 그곳에서 당대의 위대한 시인들을 만난 후, 돌아오는 길에 파리에서 초현실주의 시인들을 알게 된다. 1938년 귀국, 사회주의 리얼리즘을 탈피하고자 하는 고민이 엿보이는 『민중』(El Popular)이란 일간지에 논평을 쓴다. 이윽고 사회주의 리얼리즘 분위기가 강하게 드러나는 파블로 네루다와 시적 갈등에 회의를 느낀 그는 구겐하임 장학금을 신청해 미국으로 떠나 미국, 유럽, 아시에서의 9년간의 해외 경험을 쌓는다.

이후 파스는 1946년 멕시코 외교관이 되어 1962년부터 1968년까지 인도 주재 멕시코 대사 등 다양한 직책을 맡았으나 1968년 멕시코 정부가 과격파 학생들을 가혹하게 다룬 것에 항의하는 뜻으로 대사직을 사임한다. 그 후 문필 생활에 전념, 여러 시집들과 에세이집을 발표한다. 파스는 마르크스주의, 실존주의, 초현실주의, 불교, 힌두교, 유가, 노가 사상 등, 다양한 영역에서 영향을 받았고 성숙기의 작품에서는 풍부한 초현실주의 모습으로 형이상학적 문제를 주로 다루었다. 그의 주요 시집으로는 「통과 금지!」(¡No pasarán!)(1937), 『가석방 상태의 자유』(Libertad bajo palabra)(1949), 『독수리냐 태양이냐?』(¿Aguila o sol?)(1951), 『태양의 돌』

(Piedra de sol)(1957)이 있다. 같은 시기에 수필과 문학 평론을 모은 산문집도 출판했는데, 수필집 『고독한 미로』(El laberinto de la soledad)(1950)는 멕시코의 특성과 역사, 문화를 분석한 책이고, 『활과 리라』(El arco y la lira)(1956)와 『느릅나무에 열린 배』(Las peras del olmo)(1957)는 동시대의 스페인계 중앙아메리카의 시를 연구한 문학 평론집이다. 1962년 이후에 쓴 시로는 『백색』(Blanco)(1968), 『동쪽 비탈』(Ladera este)(1971), 『공기의 아들들』(Hijos del aire)(1981) 등이 있으며 후기 산문 작품으로는 『접합과 이합』(Conjunciones y disyunciones)(1970) · 『원숭이 문법학자』(El mono gramático)(1974)가 있다. 멕시코가 낳은 이 위대한 시인은 1998년 4월 19일 유명을 달리한다.

03 작품 읽기

1. 카오스적 세계관

파스가 바라보는 세계는 정형이 없다. 그는 원칙적으로 우리 시대가 르네상스식의 조화와 균형을 이룬 세계가 아니라 서로 다른 요소들의 변증법적 갈등 구조로 되어 있다고 보고 있다. 그는 이 시대를 구성하고 있는 이질적인 요소들이 합쳐졌다가 흩어지고, 대립했다가 화해하는 등, 다양하고 복합적인 모습을 보여주고 있다고 말한다. 이 이질적인 요소들은 서로에게 영향을 미치면서 끊임없이 변화한다. 희미하게나마 의미를 형성하다가 곧바로 다른 의미를 가진 모습으로 변형한다. 그러면서도 의미 형성을 멈추지 않는다. 변화와 생성, 이것이 파스가 바라보는 세계의 모습이다.

파스는 이러한, 모두에게 열려 있으면서, 모두에게 영향을 미치는, 그러면서 끊임없이 생성하고 변화하는 불안정하고 불확실한 이 세계를 '생성하는 기호들[signos en rotación]'로 부르고 있다.

파스에게 시는 모이고 흩어지는 기호들의 집합체이자 별자리와도 같은 작은 소우주 세계다. 시 안에서 기호들은 동일한 기호인 인간들에게 끊임없는 의문을 제기하고, 인간들 역시 기호에게 의문을 제기한다. 본질적 의미를 잃어버리고 '차이'만 존재하는 기호, 이 '기호들의 장난'이 바로 그의 시 세계라고 말할 수 있다.

파스는 시를 통해 끊임없이 새로움을 추구해왔다. 그의 시적 실험이 반드시 장난 충동에서 비롯되었다고는 볼 수 없지만 아방가르드적 실험에는 예외 없이 유희적 충동이 깔려 있는 점을 볼 때 그 역시 이 범주에서 벗어나고 있지 못함이 분명하다. 그는 텍스트의 변화를 통하여 얻는 유희적 즐거움을 문학의 중요 요소로 바라보고 있다. 『고독의 미로』(laberinto de Soledad)에서 그는 스페인 시인 다마소 알론소Dámaso Alonso의 견해를 빌어 "모름지기 시란 자연의 가장 이상적인 상태를 재창조하여 이를 통해 얻어지는 즐거움을 그 생명으로 한다"고 주장하면서 시의 인위적 재창조성을 강조하고 있다.

파스의 시 세계는 그가 바라보는 세계의 모습과 유사하다. 그의 시에는 혼돈 속에서 변화하고 생성하는, 그래서 고정된 것이 아무것도 없는 카오스적 세계관이 여실히 드러난다. 시를 통해 그가 노리는 것은 의미의 전달이 아니라, 언어의 유희를 통한 끊임없는 새로움의 추구이다.

2. 아이러니와 아놀로지

변화와 변형이 파스 세계의 주된 모습이라면 이를 웅변적으로 보여주는 것이 바로 '재 속에서 환생한 피닉스'의 모습이다. '재[ceniza]'는 피닉스의 마지막 모습이고 피닉스는 '재'의 처음이 된다. 재 속에서 피닉스는 환생하고 다시 불에 타 재가 된다. 피닉스와 재는 전혀 어울릴 수 없는 극단적인 대립의 모습을 보여주면서도 서로 소통하고 있다. 피닉스는 재를 품고 재는 피닉스를 품고 있다. 피닉스-재-피닉스의 끝없는 환생의 고리 속에서 대립은 그 극단을 버리고 포용과 화해의 길을 모색하게 된다.

이러한 모습은 파스의 글 『결합과 분리』(Conjunciones y Disyunciones)에서 보여주는 '태양과 배설물[sol-excremento]'의 관계를 통해 더욱 극명히 드러난다. 그는 17세기 스페인 바로크 대표적 시인들인 공고라와 께베도를 언급하며, 이들과 함께 유럽 문학의 위대한 시기가 끝나고 이들이 남긴 시들은 '태양-배설물'로 이어지는 '화려한 장례식'의 모습을 보여주고 있다고 주장한다. 이를 설명하면 다음과 같다. 화려한 장례식 뒤에는 쓸쓸한 죽음의 그림자가 드리워져 있고, 태양의 찬란한 불빛 너머에는 이의 소진小盡인 배설물이 소리 없이 대기하고 있다. 황금빛 금덩어리 뒤에는 어두움이 숨어 있으며, 피 끓는 청년기를 지난 다음에는 노년의 밤이 곧 다가온다. 태양/배설물, 화려한 장례식/죽음, 황금/어두움, 피/밤의 대립적인 관계는 마치 재/피닉스의 관계처럼 서로가 서로를 품고 있다. 대립이 보완으로 바꾸어지는 순간이다.

이 보완 관계는 논리적 질서에 근거한 과학적/진보적 사고방식으로는 이해할 수 없다. 이것이 가능할 수 있도록 파스는 '교감[comunión]'을 등장시킨다. 교감은 이성의 논리로는 알 수 없는 세계이다. 교감은 논리를 초월하기 때문이다. 교감은 동양 선禪사상의 '깨달음[覺]'과 유사한 작용이다. 이렇게 해서 파스는 이성 중심의 서양 철학의 한계를 극복한다. 이성 중심의 서양 철학으로는 파스가 주장하는 '교감'에 이르지 못하기 때문에 서양 철학은 여기서 힘을 잃게 된다. 파스는 이 '교감'을 통하여 대립된 두 요소의 유사성類似性[analogía]을 발견한다.

이로써 '아이러니'로 상징되는 대립 관계의 화해의 길이 모색된다. 바로크의 화려함 안에 쇠퇴의 어두움이 도사리고 있듯이 대립된 두 세계는 서로를 품으며 보완의 관계를 성립시킨다. '대립[ironía]'과 '보완[analogía]은 파스 시학의 핵심이다.

파스의 시는 이 교감의 산물이다. 그는 시를 통해 인류 화해를 모색한다. 그의 시는 새로운 역사를 가능케 한다. 그가 쓰는 역사는 포용의 역사이다. 그러므로 그의 시는 직선적 시간을 거부하고 포용을 보여주는 공간을 지향한다. 그의 공간 시 「白紙」(Blanco)는 두루마리에 쓰여 있다. 펼쳐지면서 읽어지는 이 시는 변화/생성/포용으로 특징되는 그의 시학을 잘 대변하고 있다. 이 두루마리를 완전히 펼치면 전체가 하나가 된다. 전체를 하나의 시로 읽을 수 있게 되어 있는 이 시는 작은 시군詩群을 이루고 부분을 가지고 있다. 각각의 부분은 서로 다른 크기의 활자체로, 그리고 서로 다른 색깔의 잉크로 인쇄되어 있다. 다양성의 표현이다.

따라서 이 시에는 페이지를 따라 읽는 순차적인 독서가 무시되고 전체 공간만 존재한다. 잎서 밀한 파스가 바라보는 우주의 모습과 비슷하다. 파스의 시는 대립의 해소와 화해의 길을 추구하며 모든 것을 현재로 귀일[convergencia]시키고자 하는 그의 시학을 웅변적으로 보여준다. 그의 시에는 이성 중심의 서양 사회가 쌓아 놓은 인류 문제의 해결을 향한 그의 목소리, '제3의 목소리, 화해의 목소리'가 담겨 있다.

3. 네오 바로크 미학

1) 바로크의 재등장

20세기 후반부터 우리가 살고 있는 시대적 특징을 바로크의 미학적 원리로 설명하고자 하는 움직임이 스페인어 언어권에서 두드러져 나타나고 있다. 세베로 사르두이Severo Sarduy, 레사마 리마Lesama Lima 등 일단의 중남미 지식인들이 주도하는 이 새로운 시도는 지금까지 우리 귀가 자주 접해 왔던 포스트모더니즘이란 용어가 더 이상 현대적 상황을 적절하게 표현하지 못하고 있다는 인식에서 출발된 것으로 보인다. 오히려 이미 지나가 버린 17세기 예술적 미학인 바로크가 현대의 모습을 더 잘 설명해 주고 있지 않나 하는 기대 속에서 이루어지고 있는 이 움직임은 현대 시대정신인 탈중심적, 반이성적, 다층적 미/철학적 흐름이 바로크와 어느 정도 일치하고 있다는 점에서 이른바 네오바로크Neobarroco란 이름으로 설명되어지고 있다.

이 용어는 주로 중남미 지식인들에 의해 먼저 사용되었다. 현 시대의 시대적 분위기를 표현하는 말로 '포스트모더니즘postmodernism'이란 단어가 중남미적 현실에 맞지 않는다는 비판이 스페인/중남미 지식인들 사이에서 일자 진정한 스페인/중남미적 문예 상황을 대변할 수 있는 적합한 용어가 17세기 바로크 예술 미학의 현대적 변용이라 할 수 있는 '네오바로크'라는 주장이 이 지역에서 제기되면서 우리 귀에까지 들려 온 것이다.

파스 역시 포스트모더니즘이란 용어 자체에 깊은 회의를 드러낸다. 그는 그의 시가 포스트모던 시로 불리는 것에 대해 강력한 거부 의사를 표현한다. 포스트모더니즘의 정신에는 동의하지만 이 용어 안에 그의 시가 갇히는 것을 거부한다. 모더니즘에 '포스트'를 붙여 만들어지는 포스트모더니즘은 다음에도 '포스트'란 접두어가 붙여질 것을 전제하고 있다. 다시 말해 이 용어는 완성된 의미를 가지고 있는 것이 아니라 다음에 보충해야 할 또 하나의 의미를 예상하고 있다는 점에서 미완未完의 불충분한 의미를 태생적으로 안고 있는 것이다. 그래서 이러한 불완전한 의미 안에 그의 시가 갇히는 것을 거부하고 있다.

그는 이렇게 주장한다. 현 시기를 포스트모던 시대라고 부르면 그것은 잘못된 것이다. 만일 우리 시대가 포스트모던한 시대이면, 우리 손자 시대를 '포스트 포스트모던 시대'라고 불러야 할 것인데 이러한 명칭은 끝이 없는 반복을 불러 올 뿐이다. 그리고 현대성을 규정짓는 여러 사상, 믿음, 가치 그리고 관례들이 오늘날 급진적인 변화를 겪고 있는 것이 사실이고, 만일 그렇다면 이 시대를 단순히 포스트모던이라고 부를 수도, 정의할 수도 없다고 말한다. 그러면서 이 시대가 단순한 모더니티의 연장[post]으로 설명할 수 없는 새롭고 고유한 독자적 요소를 지니고 있다고 강조하면서 이 시대를 모더니즘의 연장선에서 바라보는 것을 거부한다.

이러한 옥타비오 파스의 거부는 이 용어가 기본적으로 일직선적 시간 개념 안에 있기 때문에 일어나는 결과다. '포스트'란 접두어에서 보여지는 직선적 시간관을 거부하는 것이다. 이 직선적 시간관은 이성적 기반 하에서 출발하는 진보적 성장주의 가치관을 뒷받침해주고 있다. 그런데 '포스트'란 말이 붙으면 뭔가 새로운 것이 있을 것 같은 기대감을 주나 결국 시간이 흐르면서 이 '새로움'은 낡은 것이 되어 버리고 다시 '포스트'란 말이 붙어야 할 필요성을 느끼게 된다.

그러므로 파스는 현시대의 흐름을 이 용어가 정확히 전달치 못하고 있다고 믿고 있으며 이 용어가 포함하지 못하고 있는 '새롭고 고유한 요소'가 아직 남아 있다고 생각하는 것이다. 이 용어가 안고 있는 시간의 제한에서 벗어나기 위해서는 새로운 용어의 창출이 필요하다. 더 포괄적이고 시대 공유적인 의미를 담고 있는 새로운 용어, 보다 깊은 사상/이론적 기반을 가지고 개념 정의를 할 수 있는 용어가 요청된다. 이러한 이유로 바로크에 대한 논의가 제기된 것이다.

2) 변형과 치환

변화/변형은 바로크의 핵심적 요소이다. 세르두이가 주장하고 있는 '죽죽 늘어지고 일그러진' 모습으로 묘사한 케플러Kepler의 우주 모델이 바로 바로크의 본 모습인 것이다. 그러면서 바로크는 케플러의 우주처럼 고정된 모습을 지양하고 특정 방향 없이 팽창과 소멸을 끝없이 해 나간다. 이 모습 속에서 희미하게 변화와 변형의 원리가 생성됨을 볼 수 있다. '재속에서 환생한 피닉스'의 모습이다. 재[ceniza]는 피닉스의 마지막이고 피닉스는 재의 처음이 된다. 피닉스는 재 속에서 환생하고 다시 불에 타 재가 된다. 서로 어울릴 수 없는 극단적인 요소들이 서로 통하면서 서로를 만들어 낸다. 이 피닉스의 환생의 비밀이 바로크적 변형과 생성의 원리이다.

파스는 그의 글 『오직, 두 번의 목소리』(Solo a dos voces)에서 바로크의 위대한 시인들의 시에서 종종 '육체의 변형'의 모습이 발견된다고 고백하고 있다. 이러한 변형은 주로 '금빛 불에 의한 희생'의 형태로 이루어지는데 이의 예를 스페인 17세기 바로크 시인 께베도[Francisco de Quevedo Y Villegas] 시에서 발견한다. 께베도 시의 여러 구절, 예를 들어 '활활 타오르는 불꽃의 위협', '그것은 불타오르는 얼음, 얼려진 불/ 고통의 상처, 느낄 수 없는 고통', '영원한 재속에서 끊임없이 환생하는 너, 피닉스여', '바다가 그렇게도 존경했던 불길/ 어떠한 신神도 굴복시켰던 영혼/ 불길에 체액을 공급해 주는 혈관/ 영광스럽게 타 버린 골수', '영원한 사랑의 불길이 나에게 준 흔적' 등에서 나타나는 불의 이미지는 부정적인 모습으로 보이지 않고 오히려 육체의 영혼 승화를 도와주는 큰 힘으로 나타난다. 불을 통해 육체는 영혼으로 승화되고 영혼은 다시 육체의 옷을 입고 나타난다.

그러므로 초월을 가능케 해주는 불은 잠깐의 고통을 육체에 가져오지만 궁극적으로 육체의 소망을 실현시켜 준다는 점에서 대단히 긍정적인 모습으로 나타난다. 그리고 불의 결과인 재도 결국은 영혼 환생의 한 과정이기 때문에 역시 긍정적 이미지이다. 따라서 언뜻 대립적인 요소로 보이는 불과 재도 여기서는 보완 관계로 설정이 된다. 그러므로 불은 재를 품고 재는 불은 품고 있다. 결국 불은 재이고 재는 불이며 이런 의미에서 얼음은 불이고 불은 얼음이 된다.

이 불과 재는 얼마든지 그 위치를 바꿀 수 있다. 따라서 일체의 선/후, 높낮이가 배제된다. 그 동안 인간의 뇌리를 사로잡았던 우열이 사라지게 된 것이다. 이제 불은 재에 대해 어떠한 우월적 위치도 가질 수 없고 재 역시 열등한 위치에 머물 수 없게 되었다. 기존의 우열 관계가 해체된 것이다. 그러므로 여기서 변형이란 단순히 모습만 바꾸는 것이 아니라 '교감' 으로의 진입을 의미한다. 극과

극이 통할 수 있는 유일한 길은 '교감'을 통한 길이다.

파스는 이 교감을 설명하면서 역시 께베도의 소네트soneto를 예로 든다.

성 로렌소

로렌소는 석쇠 위에서 불타며 즐거워하고,
폭군은 로렌소 안에서 불타며 고통스러워한다.
노란 불길이 치솟을 때마다
로렌소의 용기는 더욱 더 치솟는다.

불길은 더욱 활활 타오르고
태양은 석탄 사이에 이글거린다.
이윽고 순교자의 몸은 음식이 되어
집행인에게 제공된다.
그리스도를 본받아 그의 몸이 음식으로
제공되니 그 얼마나 아름다운 성체聖體의
모방인가.

하늘을 보라. 그의 육신의 몸은 영원을 입었고
영광스런 승리의 찬가가 울려 퍼진다.
폭군은 더러운 모습으로 영원히 불타오르고.

순교의 고통을 영적인 기쁨으로, 그리고 순교자의 죽음을 영적인 승리로 묘사한 께베도의 시에서 파스는 중요한 시적 원리를 발견한다. 그는 그의 글 『활과 리라』에서 로렌소의 몸이 불로 말미암아 두 가지 모습으로 변형된다고 말한다.

하나는 불에 탄 육신의 모습이고 또 하나는 영적으로 승화된 육신의 모습이다. 후자의 경우는 이 시에서 태양으로 묘사된다. 변형 과정을 통해 불에 탄 육신의 모습이 영광스러운 육신의 모습(태양)으로 나타난다. 그리고 순교자와 폭군의 위치가 바꾸어진다. 그러므로 로렌소는 이 변형을 통하여 고통을 기쁨으로 느끼기 시작한다. 결국 로렌소는 집행자가 되고 폭군은 로렌소가 된다. 파스는 이러한 해체가 교감 작용으로 발생한다고 말한다. 아이러니컬한 대립 관계가 유사성을 띠면서 보완 관계로 바꾸어지는 것, 대립과 보완이 동시에 존재하는 것, 즉 아이러니ironía와 아날로지analogía가 동시에 존재하는 힘이 바로 이 교감을 통해 흘러나온다고 주장하는 것이다.

3) 유희

바로크는 유희의 미학이다. '새로움'을 추구하는 바로크인의 심리 기저에는 짙은 유희 충동이 깔려 있다. 이러한 유희 충동은 표현에 있어서 '기교'를 추구하게 되고 이렇게 해서 '대상[objetos]'은 변형 · 왜곡된다. 결과적으로 바로크 예술은 르네상스식의 모방보다 창의력을 인정한다. 이러한 점에서 시를 통해 끊임없이 새로움을 추구해 왔던 파스가 진정한 바로크 시인이다.

그는 문학을 작품들의 모음으로 보지 않고 하나의 체계로 보고 있다. 이 체계는 고정되어 있지 않고 다른 체계들과 관련을 맺고 있다. 결국 그의 문학은 열린 체계를 지향한다. 다른 텍스트와 관련을 맺고 다른 텍스트의 개입을 허용하면서 끊임없이 변화의 가능성을 추구한다. 결국 그의 문학 작품은 유희적 실험에 활짝 열려 있는 텍스트이다. 이러한 그의 문학관은 하나의 텍스트를 다른 텍스트의 번역으로 보는 그의 태도에서 여실히 드러난다. 그는 각 텍스트는 유일하면서 동시에 다른 텍스트의 번역이라고 말하면서 어떤 텍스트도 독창적인 것은 없다고 주장한다. 왜냐하면 언어란 것은 본질상 말로 표현되지 아니한 세계의 번역이고, 언어의 각 기호와 문장은 다른 기호와 다른 문장의 번역이라는 것을 그는 깊이 인식하고 있기 때문이다. 그러면서 동시에 각 텍스트는 독창적이 될 수 있다고 말한다. 번역마다 다를 수 있기 때문이다. 결국 번역은 또 하나의 창조 행위라고 그는 결론짓는다.

파스는 언어의 인위적인 '재창조' 과정을 통해서 얻어지는 기쁨을 '말장난[juego de palabras]' 속에서 발견한다. 파스는 이 '말장난'을 "감칠 맛 나는 시적 메커니즘"이라고 말하며 이 '감칠 맛'은 '순간적으로 나타났다가 곧 사라져 버리는 언어의 의미 작용'에서 얻어진다고 주장한다. 이 순간적 의미 작용은 결과적으로 '모호성[ambigüedad]'으로 나타나고 이 '모호성'이 '말장난'의 근간을 이룬다고 강조하고 있다.

파스는 께베도식 '말장난'을 대단히 즐겼다. 그의 시 곳곳에서 이러한 흔적들이 보인다. 파스의 시집 『불도마뱀』(Salamandra)에는 '상처의 입술들, 입술의 상처', '악의 모든 이름들/ 모든 이름들의 악', '순환하는 생각과 가족의 순환', '지금이 시간이다/ 시간이 아니다/ 지금은 지금이다' 등의 시구詩句들이 나타나는데 께베도식의 언어유희를 잘 보여주고 있는 증거들이다. 파스의 시가 반드시 언어의 유희만을 노린 것은 아니었지만 '형식의 변화'를 통한 '재창조의 새로움'을 끊임없이 추구한 그가 이 '말장난'의 즐거움을 외면했을 리가 만무하다.

시형식의 변화를 통한 즐거움을 얻고자 하는 파스의 유희 시학은 바로크 미학과 일치한다. 단선적 구조를 지양하고 복잡, 혼돈 구조를 띠면서 시간이 사라지고 공간만 남게 되는 그의 시는 분명 기존 시와는 다른 '비정상적' 모습을 보여준다. 이 '비정상'의 모습이 바로 바로크의 모습이다.

4. 도가사상의 그림자

파스는 자연을 향해 정복적인 입장을 견지하고 있는 서구의 사유 체계가 한계에 봉착했다고 생각했다. 진보의 미명하에 자연은 끊임없이 개발의 대상이 되어 왔고 그로 인해 인류는 이제 참담한 현실에 도달했다. 환경 파괴가 그것이다. 인간의 무분별한 자연 개발로 더 이상 지구는 인류가 살기에 적당한 장소가 되어가지 못하고 있다. 이성, 진보, 개발 논리의 한계다. 대안이 요구된다.

옥타비오 파스는 이 대안을 동양 사상, 특히 도가에서 찾고 있다. 도가가 보여주는 음과 양의 조화, 대립된 두 요소의 통합, 포용, 상호 의존적 모습, 무명無名, 비움, 수동의 역설적 비밀, 인간과 자연의 일치, 직관과 이성, 실천과 관념의 화해 사상 등은 자연과 인간, 인간과 인간 사이에서 인류가 진정으로 지향해야 할 실천적 방향을 제시해 주고 있다. 또한 도가는 진보, 이성, 개발에 기초한 빈부의 차이, 동서 갈등을 치료할 수 있는 적합한 처방책이 될 수도 있다. 화해, 포용, 통합을 지향하고 있기 때문이다.

파스는 도가를 처음 일본의 시가인 하이쿠에서 만난다. 하이쿠는 시어가 내뿜는 이미지의 공유를 순간적으로 붙들지 않으면 결코 즐길 수 없는 시가이다. 시어 사이에 엮어지는 이미지의 공유를 순간적으로 잡아야 이 시가를 즐길 수 있다는 뜻이다. 이 순간적 붙듦과 도가적 관조는 깊은 유사성이 있다. 장자의 말대로 '관조가 모든 것을 통합적으로 보는 힘'이라면 이 관조를 시에 적용하여 시어 사이의 이미지 공유를 순간적으로 붙잡는 것이 바로 하이쿠를 즐기는 방법이 된다. 이 하이쿠의 즐거움에 빠지면서 파스는 도가적 깨달음, 도가적 관조를 접하게 된다.

미국 체류 기간 동안 중국시를 번역한 여러 시인들, 중국 전문가들과의 만남, 이후 외교관 생활을 하며 방문하게 된 인도, 일본의 현지 방문을 통해 중국의 대표적 사상인 도가와 접촉할 개연성은 충분히 있어 보이고 특히 1997년의 『莊子』

번역본 출간은 그가 도가에 얼마나 관심을 갖고 사상적 대안을 도가에서 찾고자 했는지를 웅변적으로 증명해 주고 있다.

파스가 도가에 적극적인 관심을 갖게 된 또 하나의 동기는 바로 도가적 표현이 갖는 짧은 경구적 형식, 반어법, 고도의 함축성 등이었다. 이는 대립된 존재의 화해, 통합, 상호 의존, 포용을 가능케 하는 공간으로 시인인 파스가 매력을 느낄만한 좋은 철학·문학적 세계였다. 그래서 파스는 도가의 노자나 장자를 철학자 이전에 시인으로 받아들였다. 도가야말로 시와 사상을 가장 완벽하게 묶어 놓은 중국 사상이었던 것이다. 『활과 리라』에서 그토록 강조했던 '이것은 저것'이 가능한 시적 이미지를 도가에서 얼마든지 발견할 수 있었다.

도가는 파스 시학의 주요 부분을 차지하고 있다. 서구 사상의 대안을 찾고자 파스가 그토록 천착했던 '이것과 저것'의 구분이 아니라, '이것은 저것이다'라는 통합과 포용의 대명제를 그가 도가에서 발견했기 때문이다. 전체 속에 존재하는 부분의 사소한 차이를 인정하지 않고 이를 포용, 통합하고자 하는 도가의 주장을 파스가 자신의 시학으로 굳힌 것이다.

5. 파스의 몇 시선(詩選)

확신

전등의 저 흰 빛이 사실이라면,
끄적 대고 있는 나의 이 손이 사실이라면,
쓰여 진 이것을 바라보는
이 두 눈도 사실일까?

지금 내가 말하는 것도
이 단어에서 저 단어로

사라져 간다.
나의 실존 역시
괄호 안에 맴돌고 있지 아니한가.

-「불도마뱀」에서

호기呼氣

1)
이 세상 끝 하늘. 다섯시.
하얀 음영. 목소리인가 또는 새들인가?
이마 언저리에 오토바이의 맥박이 부딪친다.
빛의 시간. 기억, 갈라진 탑,
두개의 선명함 속에 드러난 공허한 휴지기.

모든 돌 위에 생각은 회귀하고
도시는 자신을 탈출한다.
육탈. 세상은 더 이상 보이지 않고
빛이 세상을 먹어버렸다.
너의 기억 속에 나의 뼈들은
하얗게 달아오른 시간인가?

2)
사려 깊지 못한 불,
기억을 남겨두지 않은 물,
모두를 혼란으로 이끌어 버리는 바람,

침묵하는, 언어를 먹어버리는 땅과 함께
헛된 두개골의 대화.
나의 계산은 너의 글로 항상 남고
삶의 치아의 흔적,
비통한 세월의 각인,
하얀 뼈 위에 타버린 사랑의 검은 선이 보인다.

3)
태양의 그림자,
태양그림자는 눈을 멀게 만들어
나의 눈은 한 번도 보지 못한 것을 보고
결코 볼 수 없는 그것, 보인 것의
배후를 보게 만든다.

찬양의 서사를 연주하는 만돌린
소진된 비석과 재판의 판정
무자비한 돌의 동정심
경야의 촛불과 잔치집의 촛불

매장은 멕시코에서는 아직도 허례허식
죽음은 언제나 어디서나
다가오는 것
하얗게 밝은 날 눈을 감는다
어느 날에도 보이지 않은

그 날을
내 눈이 아닌 너의 눈은 보게 될 것이야.

-「헌사와 불경」에서

바람, 물, 돌

물은 돌에 구멍을 뚫고
바람은 물을 흐트리고
돌은 바람을 멈추게 한다.
물, 바람, 돌.

바람은 돌을 뱉어내고
돌은 물의 용기가 되고
물은 도망쳐 바람이 된다.
돌, 바람, 물.

바람은 돌면서 노래를 부르고,
물은 흐르면서 소근 대며,
돌은 움직이지 않고 침묵을 지킨다.
바람, 물, 돌.

이것은 저것 그리고 아무 것도 아니다.
공허한 이름 사이를 지나
이윽고 사라져 버린다.
물, 돌, 바람.

-「안에 있는 나무」에서

대화

어느 시에서
대화는 신에 속하는 것이라고
나는 읽었다.
그러나 신들은 말하지 않는다
사람들이 말하고 있는 사이
그들은 세상을 만들고 부순다.
신들은 침묵 속에
전율할 놀이를 계속한다.

영혼은 내려와
혀 마디를 풀어 헤친다.
그러나 단어를 말하지 않는다.
빛을 말할 뿐이다.
언어란, 불붙은 신에 의한
불같은 예언이며,
불타버린 음절로 이루어진
일종의 붕괴다.
의미가 사라진 재다.

인간의 말은
죽음의 딸.
우리가 말한다는 것,
우리가 불멸의 존재가

아니라는 뜻이다.

언어는 기호가 아닌 연륜.

다른 사람들이 말하는 것을

말할 때,

우리가 말하는 이름들은

시간을 말한다.

그리고

우리에게 말한다.

우리가 시간의 이름들이라고.

대화는

인간의 것이다.

-「안에 있는 나무」에서

갈겨쓰기

석탄 한 덩어리로

부러진 분필 한 조각으로

나의 붉은 연필로

어느 누구의 것도 아닌

벽에

너의 이름을,

네 입의 이름을,

너의 두 다리의 기호를,

그린다.

아무도 들어오지 않은

금지된 문에
네 몸의 이름을 새겨 넣는다.
나의 칼날에서
핏물이 흐를 때까지
새겨 넣은 돌이 소리를 지를 때까지
심장처럼 담벼락이 헐떡일 때까지.

-「불도마뱀」에서

– 참조

김현창 역,『옥따비오 빠스』, 이데아총서 41, 민음사, 1990.
손괄수 역,『고독한 미로』, 신원문화사, 1990.
김은중 · 김홍근 역,『활과 리라』, 솔출판사, 1998.
민용태 역,『태양의 돌』, 창비세계문학 15, 2013.

황갑연 전북대학교 철학과 교수
김성규 전북대학교 사학과 교수
박순철 전북대학교 중어중문학과 교수
김은희 전북대학교 중어중문학과 교수
최준호 전북대학교 일본학과 부교수
이강하 전북대학교 국어국문학과 강의전담교수
김요한 전북대학교 철학과 교수
박부순 전북대학교 영어영문학과 강의전담교수
이양재 전북대학교 프랑스 · 아프리카학과 교수
송덕호 전북대학교 혁신교육개발원 교수
이해경 전북대학교 독어독문학과 강의전담교수
최낙원 전북대학교 스페인 · 중남미학과 교수

동서양 인문고전선독

지은이 황갑연, 김성규, 박순철, 김은희, 최준호, 이강하
김요한, 박부순, 이양재, 송덕호, 이해경, 최낙원
펴낸이 김동원
펴낸곳 전북대학교출판문화원

초판 1쇄 발행 2018. 7. 20
초판 2쇄 발행 2021. 8. 30

전북대학교출판문화원 전라북도 전주시 완산구 어진길 32 (풍남동2가)
전화 (063) 219-5319~5322
FAX (063) 219-5323
출판등록 2012년 8월 20일 제465-2012-000021호

값 16,000원

ISBN 979-11-87892-88-5 03800

이 도서의 국립중앙도서관 출판예정도서목록(CIP)은 서지정보유통지원시스템 홈페이지(http://seoji.nl.go.kr)와 국가자료공동목록시스템(http://www.nl.go.kr/kolisnet)에서 이용하실 수 있습니다. (CIP제어번호 : CIP2018019459)